ENGRAVING BRAND OF
CULTURAL GENE

新时代河南企业创新发展论丛

文化基因的品牌镌刻
梦祥品牌文化

牛全保　李东进　张亚佩 等／著

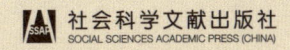

社会科学文献出版社
SOCIAL SCIENCES ACADEMIC PRESS (CHINA)

新时代河南企业创新发展论丛

总 主 编 薛玉莲

执行主编 牛全保　罗仲伟　李东进

编 委 会（以姓氏笔画为序）
　　　　　　牛全保　田启涛　孙　坚　李东进　罗仲伟
　　　　　　赵现红　谢香兵　蔡树堂　潘克勤　潘　勇
　　　　　　薛玉莲

总　序

地处中原地区的河南是华夏文明的重要发祥地，这片热土孕育出了璀璨的历史文明和无数的英雄人物。河南作为华夏文明中商人、商业、商业文化的重要发源地，也是考古学界、史学界的共识。自古以来，这里就有比较浓厚的商业氛围，人们也有较为敏锐的商业意识，涌现出滋润中华商业及商业文化的众多人物和事迹，脍炙人口、流芳后世。

3800年前的商代，河南商丘人王亥"肇牵车牛远服贾"，也就是用牛车拉着货物到远地的外部落去做生意，被奉为商业鼻祖。作为最早从事货物交易的商族人，后来被外部落的人赋予"商人"称谓。"商人"一词，沿袭至今。据历史考古，在商丘柘城老君堂遗址中曾出土商代早期的贝币200多枚，成为"商人"交易的见证。

孔老夫子的高足子贡，是河南浚县人，他善于经商致富，并以坚守"为富当仁"信条彪炳史册。正是在子贡的资助下，孔子才得以周游列国。被后人称为"商圣"的范蠡，是河南南阳人，他帮助越王勾践灭吴复国，在尊荣集于一身、权力达至顶峰之际，却"于天上看见深渊"，选择急流勇退、泛舟五湖，最后隐身于商业。其间三次经商成巨富，三散家财，自号陶朱公，成为中国儒商之始祖。河南新郑人弦高，在经商途中遇到了秦师入侵，遂以自己的十五头牛为代价智退秦军，挽救了郑国。享有"商祖"之誉的白圭是河南洛阳人，其在战国时期就创立的"人弃我取，人取我予"经商策略，至今仍为人们广泛运用。《吕氏春秋》的作者吕不韦是河南濮阳人，被誉为中国历史上最成功的商人，古今中外第一风险投资商，成为恢宏的豫商代表人物。西汉时的河南唐河人樊重善于农稼，爱好货殖，且乐善好施、扶危济困，是流芳史册的商人楷模之一。同时期的洛阳畜牧商人卜式，为帮助汉武帝打败匈奴平定边患，捐出了一半的财产充作军费，并且于战争结束后再次捐款用于移民实边。

明末清初，河南巩义的康氏家族以置办土地和店铺起家，靠河运贩盐发财，靠土地致富，创下"富过十二代，历经400年不败"的康百万时代，"头枕泾阳、西安，脚踏临沂、济南；马跑千里不吃别家草，人行千里全是康家田"是其真实写照，时列三大"活财神"之首，也使古代豫商达到了发展巅峰。

总之，在中华文明的历史长河中，豫商是中国商帮中非常重要的群体。千年豫商曾经创造了辉煌的历史，为中国的商业理论、商业实践和商业文化的确立和发展做出了伟大的贡献。

豫商作为中华文明发展史上最早的商业群体，其经商精神与中国传统文化一脉相承，并有独具特色的文化特征。豫商将儒家文化与商业结合起来，往往处变不惊、深藏不露，克服了根深蒂固的"学而优则仕""尊儒黜商"的传统观念，推崇文化，兼容并蓄，亦儒亦农亦商。有研究者指出，概括而言，豫商的商业特性主要体现在诚信为本、质量求胜，为富当仁、扶危济困，政商相融、爱国情怀，把握市场、注重供求等四个方面。当然，豫商商业特性及豫商文化的养成，离不开传统而深厚的儒家文化以及中原文化与豫商文化的和谐融通。

当改革开放的春潮席卷中原大地之时，由民营企业家群体构成的新一代豫商应运而生并快速成长。伴随着建设中国特色社会主义市场经济的历史进程，他们抓住破茧而出、再次崛起的良机，通过艰苦奋斗、顽强打拼，不断地创造辉煌成绩，不停地超越自己，书写了一个又一个商业传奇，铸就了新豫商这个响亮的"品牌"。如今，新豫商作为河南的一张新时代名片越来越响亮，影响越来越大，由新豫商创建和经营的新豫企，成为河南经济发展的中流砥柱，为经济和社会的发展做出了不可或缺的突出贡献。

随着中国特色社会主义进入新时代,河南作为全国重要的经济大省、人口大省,有厚实基础、有独特优势、有巨大潜力保持经济持续稳定发展,从而使新豫商、新豫企站在了新的历史起点上。特别是黄河流域生态保护和高质量发展、促进中部地区崛起两大国家战略叠加,为新豫商、新豫企的高质量发展提供了机遇。

习近平总书记2019年9月亲临河南视察工作时,把"中原更加出彩"与中国梦联系在一起。新豫商、新豫企深感初心如磐,使命在肩。为此,在深入、系统地研究豫商发展史,总结豫商经验,弘扬豫商精神的基础上,不断壮大新豫商队伍,振兴新豫企经济,不仅是河南民营经济实现突破、达成超越的现实要求,也是实现区域经济发展、"中原更加出彩"的客观需要。

正是在上述背景下,河南财经政法大学组织以工商管理学院为主的相关专业师生,深入企业基层开展调研,旨在以全球经济竞争为视野,从工商管理等学科的学术层面深入研究、细致刻画进入21世纪后中原大地上产生的具有典型性的领先企业创新实践,客观、准确地反映新豫商、新豫企因应新产业革命而创新发展的特色、远景和管理学启示,同时从区域层面展望新时代企业经营管理的发展趋势。而将陆续形成的研究成果结集成多部专著,就成为这样一套富有特色的丛书。

总体上看,这套丛书力争体现以下特色。

一是时代前瞻。紧紧扣住数字智能新时代对微观经济实体提出的现实挑战和提供的重大机遇,梳理新豫商、新豫企的具体创新性实践,发现和揭示具有示范性、引领性甚至颠覆性的企业创新实践路径,而不是简单地对经典教科书或传统管理理论的重新整理。

二是问题导向。聚焦数字智能新时代新豫商、新豫企的战略决策和经营管理,着眼于最具特色的新豫企创新实践及其突破性实绩,展现新豫商、新豫企的时代经营特性和商业精神,而不是面面俱到的新豫企发展史也不是新豫商企业家的个人奋斗史。

三是案例分析。以经典、规范的案例研究方式对新豫商、新豫企的创新实践展开学术分析,通过符合逻辑的学理性思考和分析,增进对新豫商、新豫企经营管理实践和创新的认识，并构建企业经营管理理论，而不是对企业经营经验和绩效的一般性总结。

　　新豫商、新豫企涉及一个动态发展的过程，对新豫商、新豫企的认识同样是一个不断深入的过程，这样就需要研究长期持续下去，以不断反映这片热土上激动人心的伟大创造和变化，不断充实中国特色社会主义工商管理理论和相关学科内容。衷心希望这套丛书的出版有助于促进对新豫商、新豫企的研究，推动更多有特色、高质量的研究成果为新时代管理实践服务，为工商管理理论创新服务，为工商管理教育服务。

目　录

前　言 / 1

第一部分　梦祥的历程

第一章　梦祥是什么企业 / 3
第一节　梦祥公司的简介 / 3
第二节　梦祥的产品生产及销售发展阶段 / 4
第三节　梦祥的使命 / 6
第四节　梦祥品牌的力量 / 7
第五节　梦祥发展三阶段 / 8

第二章　梦祥的创业期（1989~1996年）/ 10
第一节　因缘际会，串巷匠人（1989~1992年）/ 10
第二节　铁杵磨针，携手小康（1992~1993年）/ 15
第三节　鸿鹄之志，梦想初现（1994~1996年）/ 17

第三章　梦祥的发展期（1996~2012年）/ 20
第一节　坚如磐石——石磊工厂（1996~2002年）/ 20
第二节　渐入佳境——梦祥（2002~2012年）/ 21

第四章　梦祥的拓展期（2013年至今）/ 32
　　第一节　大鹏展翅，梦祥领航 / 32
　　第二节　工匠精神，非遗传承 / 34
　　第三节　步生莲华——梦祥银 / 42
　　小　结 / 44

第二部分　梦祥品牌文化创新

第五章　梦祥是如何"炼"出来的——创业者篇 / 51
　　第一节　创业者——梦祥公司董事长李杰石 / 51
　　第二节　创业者的执着——工匠精神 / 53
　　第三节　创业者的管理理念——"五行理论" / 58
　　第四节　创业者的追求——白银文化 / 64
　　第五节　创业者的胸怀——感恩 / 68

第六章　梦祥是如何"炼"出来的——员工篇 / 77
　　第一节　梦祥人——梦祥企业文化 / 77
　　第二节　梦祥人——凝聚与忠诚 / 81
　　第三节　梦祥人——就是匠人 / 90
　　第四节　梦祥人——认同与大爱 / 94
　　小　结 / 99

第三部分　梦祥品牌文化传递

第七章　梦祥品牌文化——对外展示 / 105
　　第一节　梦祥品牌及其代言人策略 / 105
　　第二节　全方位媒体传播 / 113
　　第三节　多元合作聚实力 / 123

第四节　展现梦祥新姿态——《银饰界》/ 126

　　第五节　"不怕吃亏"——树立品牌好形象 / 130

第八章　梦祥品牌文化的渠道展示 / 134

　　第一节　起航"梦祥+"/ 134

　　第二节　梦祥家展翅腾飞 / 146

　　小　结 / 154

第四部分　梦祥品牌文化共享

第九章　直接客户的梦祥品牌文化体验 / 161

　　第一节　直接客户关于梦祥品牌文化的认知 / 161

　　第二节　梦祥与直接客户共享品牌文化的途径 / 174

第十章　终端消费者的梦祥品牌文化体验 / 186

　　第一节　终端消费者对梦祥品牌文化的认知 / 186

　　第二节　梦祥与终端消费者共享品牌文化的途径 / 201

第十一章　梦祥的品牌文化——共享"梦想"/ 206

　　第一节　梦祥：有"文化梦想"的品牌 / 206

　　第二节　梦祥：奋斗是追求"文化梦想"的最美姿态 / 214

　　小　结 / 217

结束语 / 222

附录　梦祥公司发展年谱（1989～2019年）/ 226

前 言

中原文化是中华文化的源头、核心和代表。三皇五帝兴于中原，万姓之根始于中原，文明源头发自中原，帝都圣贤遍布中原。中原文化是华夏之魂，它所倡导的"有容乃大"的天下精神、"天人合一"的和谐精神、"自强不息"的奋斗精神、"中庸兼爱"的宽厚精神、"精忠报国"的爱国精神、"革故鼎新"的创新精神、"恋家念祖"的内聚精神等，也是中华优秀传统文化的集中体现。

中原文化博大精深，源远流长。孕育在底蕴深厚的中原文化土壤中的豫商文化，是中原文化中的一颗璀璨明珠。豫商文化与中国商业文化同根同脉，是河南籍商人在漫长的经商历史过程中形成的，其精神可以概括为：勤劳敦厚，重义轻利；厚德载物，自强不息；饮水思源，富不忘本；捕捉机遇，敢于创新。优秀的豫商文化精神和经营智慧，一直对豫商的价值观念、思维方式产生着巨大的影响。而在这种优秀文化中成长起来的企业，也肯定具有鲜明的豫商文化特质。本书以优秀的本土企业——河南梦祥纯银制品有限公司为个案，从品牌文化角度来考察豫商文化精神的形成、特征、传播和共享过程，以期在保护和传承优秀豫商文化的同时，进一步挖掘具有价值性的新型品牌文化特质，增强豫商文化自信，充分彰显和发扬其独特魅力和感染力，进而产生良好的社会效益。

河南梦祥纯银制品有限公司（简称"梦祥公司"或"梦祥"）成立于1993年，是一家土生土长的中原草根企业，创始人李杰石董事长白手起家，带领企业员工经过20多年的拼搏和努力，将公司发展成为一家集传统中国白银文化研究、白银衍生品制造、产业园规划、珠宝首饰设计及批发零售于一体的综合性文化公司，是首家进入全国500强的银饰产品企业。20多年来，梦祥把品牌职能和企业文化巧妙地融合在一起，创造出一条以"创新、传递、共享"为特征的独特品牌文化之路。梦祥的品牌文化内涵丰富，包括吃苦耐劳、坚韧不拔、低调内敛的创业精神及工匠精神，诚信笃实、重德尚义、开拓创新的文化传递精神和守正厚德、仁义亲民、好运幸福的文化共享精神。

为深入剖析豫商草根文化企业"破茧成蝶""裂变增长"的深层原因和文化根源，探究品牌文化对国家中心城市经济高速发展的"助推剂""倍增器"作用，引领更多的企业快速发展，河南财经政法大学市场营销课题组针对"梦祥"这一中原文化名牌企业，探析梦祥由草根成长为全国500强企业的发展历史，深挖品牌和文化的战斗力。我们认为，这些寓意梦祥的文化特质，既有优秀豫商文化的精髓和典型表征，同时还蕴含着值得深挖和阐释的新型品牌文化。因此，我们决定以梦祥的品牌文化为主线，研究这个典型豫商企业的文化传承、创新和发展之路。

自2018年12月开始，课题组对梦祥公司展开了全方位的调查和访谈。多次赴公司生产基地、郑州总部展示厅和下属营业厅实地考察，在李杰石董事长的全力支持和相关部门的积极配合下，进行了80多人次的访谈。对象既包括公司董事长、副董事长、中高层领导以及财务、人力、营销等部门主管，也包括全国各地的加盟商、经销商和终端消费者，以及公司一般员工和生产基地所在的河南省新密市来集镇苏寨村的村民。作为一家"有心"的企业，梦祥公司记录完备，资料翔实，尤其是2010年创刊、月发行量为10000册的公司内刊《银饰界》成为我们获得第一手宝贵研究资料的重要来源。

全书共分四个部分：第一部分（第一章至第四章），主要介绍草根起家的梦祥公司的发展历程，包括创业期、发展期、拓展期；第二部分（第五章、第六章），主要介绍梦祥品牌文化创新，包括创业者和员工如何"精锻"出梦祥品牌，详细剖析了梦祥人共创梦祥品牌的全过程；第三部分（第七章、第八章），主要介绍梦祥品牌文化的传递方式和发展历程，从品牌代言人的选择、传统媒体和新媒体的助力到"梦祥+"的新定位，全面解析了梦祥品牌生命力和独特文化特质的传递过程；第四部分（第九章至第十一章），主要介绍梦祥品牌文化的共享内容和方式，包括直接客户和终端消费者对梦祥品牌文化的感知、期望和共享途径，还包括梦祥人的品牌"文化梦想"以及为建立这种品牌文化自信而不断学习和创新的奋斗精神。全书的四个部分都有小结，提炼总结内容，并对公司的长远发展和市场定位提出了建设性的意见。

　　本书由河南财经政法大学工商管理学院院长牛全保教授和南开大学商学院市场营销系主任李东进教授总体构思和策划，由河南财经政法大学工商管理学院市场营销博士教研团队——张亚佩、董伶俐、雷蕾、李志兰老师撰写（具体分工：张亚佩承担第一部分，董伶俐承担第二部分，雷蕾承担第三部分，李志兰承担第四部分）。张亚佩全面负责调研、访谈、组稿的总体工作，河南财经政法大学工商管理学院的硕士研究生郭鹏飞、马小娜、赵文静等积极参与了访谈和现场调查，在一手资料收集和分析的过程中做出了贡献。河南财经政法大学工商管理学院市场营销系主任李志兰及南开大学商学院博士生乔琳和郑舒曼对后期统稿做出了贡献。最后由牛全保教授、李东进教授和张亚佩博士对全书进行了审校并定稿。

　　出身草根，志在凌云。梦祥公司在不断发展壮大的过程中，形成了独特的品牌文化。"梦祥"品牌文化创新、传递和共享的历程，也折射出我国企业特别是中小企业朝着"隐形冠军"（Hidden Champion）目标而奋进的轨迹。通过本书，读者将了解到"草根企业"的"冠军成长之路"，以及豫商、银饰企业的独特文化魅力，相信其会有更多的收获和感悟！

　　因为水平有限，加上我们对企业的认识和全面了解存在必然的盲点，书中内容难免有错误或不合理的地方，敬请谅解。

第一部分　梦祥的历程

习近平总书记指出:"幸福都是奋斗出来的!""奋斗本身就是一种幸福,只有奋斗的人生才称得上幸福的人生。"梦祥的成长历程就是顽强奋进的中原人勇于探索、共同奋斗,创造幸福、共谋幸福的创业史。

第一章
梦祥是什么企业

> 创办梦祥是一个振奋人心的举措。董事长李杰石白手起家，经营品牌近30年，梦祥从一个小银匠到上百名银匠，从一名员工到上千名员工，在全国发展了数千个网点，影响和带动了一大批人过上幸福生活。这是梦祥千名员工的幸福，是品牌发展的幸福，也是全社会文化共享的幸福。
>
> ——公司副董事长路英霞

第一节 梦祥公司的简介

河南梦祥纯银制品有限公司（简称"梦祥公司"）成立于1993年，总部位于河南省郑州市紫荆山路兴达国贸大厦，公司创办人是李杰石。提及梦祥公司的发展，就不得不提及李杰石董事长和他的《小银匠》一诗。梦祥经历了从一个银货郎的挑担叫卖，到蒸蒸日上的手工作坊，又到初具生产雏形的石磊工厂，再到当前规模化、规范化、创新化的一家民营企业的发展过程。

梦祥品牌的发展与企业规模的发展紧密相连。2003年上半年，公司员工规模已经超过100人，规范化管理的需求开始显现，公司开始有了简单的规章制度，比如考勤、报销流程、物资申请、薪酬和奖惩等。如何使产品在市场上立足，发展和传播传统工艺和文化，李杰石董事长有了做自己企业品牌的想法，在 2003 年 5 月 7 日，正式注册"梦祥"商标。并在之后的两年时间里，在市场运营不断摸索前行的过程中，越发认识到品牌对企业发展的重要性，2005 年成立了郑州梦祥纯银饰品有限公司，此后三年左右的时间，品牌的市场号召力逐渐显现。

2008 年前后，公司在河南省已经有了几百家加盟商，并开始向全国全面拓展，全国市场布局初现端倪。市场的需求促使企业进入快速扩张期，也带动了企业的规范管理，公司成立了加盟部与客服中心。在经营管理过程中，梦祥越发感受到品牌在建立企业和消费者之间关系中的重要作用，2010 年，公司正式命名为河南梦祥纯银制品有限公司，品牌理念开始深入梦祥经营的各个方面。

目前，梦祥旗下拥有金梦祥、梦祥银、盈祥银饰、梦祥盛世、九龙银象等多个品牌，是一家集黄金、K 金、钻石、玉石和白银首饰设计、生产研发、模具加工、白银批发、珠宝销售于一体的独立法人企业。现拥有现代化标准厂房 9800 多平方米，展厅 8000 多平方米，员工 1000 多人，各类专业技术人员及管理人员近百人，全国市场有 5000 多家加盟商合作伙伴，近万个销售网点，实现了黄金、珠宝、银饰全国免费终身调换。

第二节　梦祥的产品生产及销售发展阶段

梦祥公司的产品生产与销售方式，两者之间是相互促进、相辅相成的关系。从时间的维度看，2000 年是生产和销售阶段的分水岭。2000 年之前，梦祥的产品生产处于个体加工阶段，销售属于单打独斗的"推式策略"方式。李杰石董事长动员亲戚们在家制作银饰，自己骑着车到处推销，除去生产成本，留余的微薄利润用来购买原料，然后再生产产品去销售。

2000 年之后，梦祥的产品进入规范化、规模化生产经营阶段，销售属于全体成员的"拉式策略"方式。一方面，梦祥通过契合品牌文化、借势名人效应和深度整合特色媒体资源渠道等方式激发消费者对产品的兴趣和需求，促使消费者向中间商、中间商向梦祥企业购买银饰产品。梦祥首先通过银饰文化内涵和中华传统文化将"梦祥银，带出好运来""遇见，在一起"等独具东方情调的宣传标语，将中国人自由神圣的爱情观以及对美好生活的向往作为契合点宣传银饰品，并借助杨丽萍的品牌代言人形象将梦祥银品牌定位具体化，带动了消费者的认知，最后在扩大影响力的基础上整合线上线下特色媒体平台并同步建设直营网站，加深渠道优势，扩大营销活动区域。另一方面，梦祥通过弘扬家文化和匠人精神、积极承担社会责任等方式把员工带动起来，让每一位员工意识到自己不再是独立的个体，而是梦祥人，一起致力于银饰发展、完善消费者的梦祥体验之旅。

不断拓展的成功的营销渠道，不仅是对于梦祥产品质量的验证，也对梦祥产品的生产方式提出了新的要求。为了满足市场的需求并确保品质和工艺水平，梦祥有专业设备数百台，包括世界一流的激光首饰造型机、镭射钻石雕刻机、激光焊接机等专业首饰生产设备，并已形成磨具设计、银饰器皿加工、成品包装等一体化的标准流水线作业。另外，梦祥斥巨资从德国、意大利、日本等国引进了数十台高密精加工车床、切割机械等设备，并先后购置了 6 台激光雕刻机、2 台美国 3D SYSTEMS 打印机，这些设备均为业内领先的模具模型制造设备，可以一次成型设计图样，提高了生产效率，节约了成本。也正因此，梦祥珠宝文化产业园在 2017 年被郑州市科技局授予"高新技术企业"的证书。

产品生产数量和质量的保证，为全国加盟店和代销店等渠道的成功开发，为梦祥品牌步入市场打下良好的基础。后来的发展也证明，依赖中间商，与中间商互惠互利，是适合公司具体情况的战略选择。2018 年，梦祥启动"梦祥家"和"梦祥+"的生态战略。"梦祥+"和"梦祥家"是企业针对内部和外部环境所采取的不同策略。对企业内部来说，"梦祥+"是一种新型的战略思维，它是以"互联网+"思维为基础，将企业的产品、品牌、IP 资源和文创融合起来，以期实现"1+1+1+1>4"的效果，从而实现企业资源的有效整合。"梦祥+"的生态战略需要一个开放的交易平台赋予梦祥更加广阔的展示空间。而对于企业外部来说，"梦祥家"就是联结企业与消费者并利用大数据辅助管理的生态零售店。它不仅推动新零售朝着智慧生态化方向发展，而且让合作商获得更便捷、更安全、更高效、更多元的综合服务，提升门店效益与效率。未来，梦祥将借助先进的互联网工具，打破传统模式，构建新的顾客中心模式，让消费者有全新的互动体验，力争在消费者心中构建一个珠宝行业新零售的标杆。没有线上线下之分，只有品牌和体验之分，以顾客为中心，提供便捷、舒适的购物体验。所以，梦祥也在不断推进销售业态的发展。

第三节 梦祥的使命

> 我们是传播中国高雅银文化的使者，我们身上要有强烈的使命感，在有限的生命里，要专心致志地做更多有意义的事。
>
> ——公司董事长李杰石

李杰石董事长在创建"梦祥"品牌之初，就确立以"为中国纯银制品享誉世界而孜孜以求"为企业的终极使命。这个远大的抱负，体现了一个民营企业家高瞻远瞩的战略眼光，也体现了当代民营企业家的民族胸怀。梦祥公司通过"传递""传承""传播"六字来全面阐释使命，而梦祥品牌就是该使命的承载者、传播者和传递者。

这种使命感已经融入梦祥的设计、管理、产品等各个层面，已经融入梦祥上千名员工的工作和生活的点点滴滴中，也已经融入几千个营销代理商的工作中，成为梦祥品牌从业者自发、自觉、自省的一种意识和历史责任感。梦祥对所有的合作伙伴，明确要求以传递爱和人性的善良、传承和弘扬民族工艺文化、传播正能量和正确的价值观为价值取向，以梦祥作为中国纯银制品的制造者、作为中国纯银文化发展的见证者和创造者、作为实现"万众创业""民族复兴"的实践者为事业定位，以让传统民族工艺文化发扬光大为责任。

梦祥每年对生产基地所在的苏寨村内的孤寡老人进行定向定时救助，帮助他们安享晚年；援建一所梦祥小学，并提供奖学金。汶川大地震发生后，梦祥紧急调派三辆专车，拉着需要的物资从郑州赶赴救灾现场，进行人道主义救援。这样的温暖，梦祥一直在传递，它肩负着企业的责任，并为社会发展做出了积极的贡献，成为社会文明前进的参与者和创造者。

第四节　梦祥品牌的力量

就是对实现梦祥使命坚定不移的信念才让我走向成功。

——区域代理商田东风

田东风是5000多名代理商中的一员，那么公司的一名代理商为什么说出这样的话呢？如前文所说的那样，公司以品牌为凝聚力，形成"梦想家"的销售生态系统，而形成这种"生态系统"的就是品牌。

对企业来说，品牌是一种无形资产，品牌意味着知名度。品牌有了知名度，就会具有凝聚力和扩散力，会推动企业更好地持续发展。梦祥在30多年的发展过程中，一直致力于品牌建设，从品牌定位、品牌诉求、签约品牌代言人等方面向外界传递清晰的品牌形象，时至今日，梦祥公司旗下汇集：婚嫁珠宝"金梦祥"、中国风银饰"梦祥银"、轻时尚"盈祥银饰"、养生银器"梦祥盛世"、国礼重器"九龙银象"等五大明星品牌，产品涵盖白银、黄金、钻石、K金等多品类。

品牌意味着文化的传播。梦祥品牌成了消费者心目中的"名牌"，它不仅具有良好的内在性能，还凝聚了民族传统文化，梦祥成为真正意义上的民族品牌。梦祥银文化将努力做大做强，让中国银文化享誉世界，让梦祥品牌走向世界。

未来，梦祥会更加关注品牌标准化运营的引领性和创新性，聚焦品牌和用户的互联，打造梦祥智慧大家庭，通过"梦祥+"App实现自媒体新闻推广、新闻发布、加盟订货、用户购买、快速推送、智能客户等功能，实现资源互联，真正把品牌植入客户心中。

第五节　梦祥发展三阶段

梦祥公司经历了几十年的风雨，在这几十年的历程中，梦祥慢慢地从小作坊发展成为传播中华文化的品牌企业，总体来说，梦祥历经了星星之火可以燎原的银饰小作坊（创业期）、逐步走向科学管理的梦祥工艺品厂（发展期）和从中国加工迈向中国制造的梦祥品牌（拓展期）三大发展阶段。

第一阶段，梦祥的创业期（1989~1996年）。勤勤恳恳的李杰石在拜别恩师后，通过诚信经营与银饰创新在四里八乡中获得了广泛的好评。渐渐地，李杰石自身的生产能力已经跟不上乡里乡亲对银饰品的需求。因此，李杰石就发动亲戚和朋友，进行劳动分工，银饰小作坊就这么运转起来了。在这个时期，李杰石对于"管理"这个词还没有什么概念，唯一的管理理念可能就是对银饰加工步骤进行拆分，让亲戚朋友分工完成某一环节从而提高银饰加工效率。但毫无疑问，这个小作坊已经为梦祥未来的辉煌奠定了基础。因为梦祥未来的企业文化在这个时期就已在李杰石的脑海中生了根，发了芽。

第二阶段，梦祥的发展期（1996~2012年），逐步走向科学管理的梦祥工艺品厂。这个时期经过艰辛的市场拓展和艰难的企业发展后，企业总体银饰销量稳步递增，企业员工也越来越多。家族式的企业管理已经不能适应梦祥的发展，必须变革管理方式，李杰石通过制定管理者学习、员工培训、分享交流等一系列管理策略和开展多元化、差异化的管理战略等手段给梦祥注入科学的规章制度、专业的生产流程、专注的银饰匠人精神和系统的管理流程，将非结构化、松散的口头管理变为科学的、适合梦祥的先进的科学管理。这个时期的梦祥还以消费者的喜好为中心，引进先进设备，增加产品样式，并发展电子商务，这个时期的梦祥正为品牌国际化而不断努力。

第三阶段，梦祥的拓展期（2013年至今），从中国加工迈向中国制造的梦祥品牌。2011年建成的梦祥银楼是梦祥承担起中国银文化传承责任的重要支点，这代表着梦祥已经准备好把中国银与中国文化展现给世界。中国制造并不仅仅是中国生产，亦不仅仅是依附于中国文化才能展现于世界。致力于打造国际品牌的梦祥是要凭借文化创新和技术创新将中国的梦祥银带给世界各地的人们。我们可以想象这个时期的梦祥会面临研发困难、推广困难、国际差异化等众多棘手的问题，但梦祥已经准备好承担起传播中华民族传统文化的重任，抱着合作、诚信、仁爱、专注的态度努力前行。

  梦祥是从草根开始起家的主营银饰品的一家民营企业。跟中国很多民营企业一样，梦祥起家、发展的很多故事从董事长李杰石说起。

第二章
梦祥的创业期（1989～1996年）

第一节　因缘际会，串巷匠人（1989～1992年）

一　童年的"路"

1968年，李杰石出生在河南省新密市来集镇的苏寨村，这里正如大多数农村一般的贫瘠、落后。普普通通的农家小院、实实在在的农民父母便是他的童年回忆，虽然家境贫寒，缺衣少食，但是在长辈处处细心的呵护下，李杰石健康顺利地长大成人。

1976年，李杰石入学了。20世纪七八十年代的农村经济远比现在落后得多，虽然当时的生活捉襟见肘，但是没有读过书的父母为了让李杰石未来有更好的生活，在他九岁那年，东拼西凑些钱，将李杰石送进了学校。九岁入学于现在而言，算是一个高龄入学者了，但对于李杰石来说已是不易。因此，他很珍惜这个宝贵的机会，勤奋刻苦的李杰石对学习有种强烈的渴求，他的成绩一直都很理想。

1981年，李杰石结束了五年的小学生涯，考入了来集镇李堂村岳庙重点初中。岳庙初中当时面向全县招生，录取的学生都是各乡各村的好苗子。李杰石不忘学习的初心，虚心求学，成绩依然名列前茅。

初中的生活转瞬即逝，17岁的他考入了来集镇高级中学，开启了一段难忘的青春时光。他的青春，甚至他们那一代人的青春远没有我们现在这样多彩而丰富，没有懵懂爱情，也没有年少叛逆。都说穷苦人家的孩子早当家，受环境的影响，少年的李杰石很懂事，在家的时候帮父母干活，减轻家庭的重担；在学校的时候，努力向上，孜孜不倦。

正如那个时代大多数的知识青年一样，李杰石也有着一颗挚爱文学的心。17岁的李杰石虽然沉默寡言，但是他的内心世界很丰富。他喜爱文学，喜欢文字，热爱写诗。因为性格上的原因，不愿向别人倾诉，李杰石将心里的所感所悟都化作文字，通过诗、日记和散文来表达。虽然这个时期的他文笔不太流畅，但是将自己的情感倾注笔端，也是少年能做并热衷做的事了。步入高中后，坚持写作了一年半的时间，思想和文笔渐渐成熟，也留下了许多作品。

高中时期，正是因为从小生活环境的艰苦，年轻的李杰石心里充满了对未来的希冀，不愿重复父辈的生活，想要去外面的世界追寻更为广阔的天地。小小世界里，也有大大追求。

  童年的路，就是曲曲弯弯的山路。
  山路旁，有我天真的梦幻，透明的童话，
  还有爷爷望眼欲穿的希冀……

——摘自《李杰石诗集》

二 辍学打工

命运就像一个不听话的孩子，喜欢跟你唱反调。李杰石原本以为自己会一直坚持写下去，高中毕业后考入一个好学校继续深造，实现他的作家梦。但高二下半学期，由于家里已经不堪重负，不仅弟弟妹妹们需要上学，还有一大家子的吃穿用度，无一不是开销花费，李杰石作为家里的长子，意识到自己身上的重担，经过多次考虑，毅然决然辍学。对于一个渴望知识的少年来说，做出这个决定需要莫大的勇气，但是少年不后悔，因为他认为这是自己需要背负也应该背负的责任。

家里人都反对学习成绩优异的李杰石辍学，尤其是他的爷爷奶奶，生气的同时又心疼他，父母也劝他继续回校学习，说家里就算砸锅卖铁乞讨过活也要供他读书。但是少年无疑是倔强而又懂事的，他知道经历变故的家已经不堪重负了。

离开了同学朋友，告别了学校生活，回到家里，李杰石一下子从梦想的云端跌入了现实的深渊，原来觉得只要辍学了找份活干，不仅能帮家里减少一份开销，还能挣钱养活家里的人。可任何事都没有表面看起来那么简单，社会现实的残酷就似一盆冷水，彻底浇醒了李杰石的天真。

辍学回家后，李杰石深深感到了生活的艰辛和压力，他作为家里的老大，迫切地想为家庭减轻负担。夜晚，他曾无数次辗转反侧难以入睡，他看着窗外的月光，目光变得越发坚定，在心里暗暗对自己说：我一定要出人头地，将来，让自己家人过上好日子，一定要干出一番成绩来，为社会贡献自己的一份力量。

穷且益坚，不坠青云之志，正是他当时的人生态度。他曾在日记里写道："天降大任于斯人也，必先苦其心志，饿其体肤，空乏其身，增益其所不能"，以此来勉励自己。

李杰石在家经过一段磨砺和思考，只身来到了郑州，寻找能改变自己命运的契机。初到郑州，他的第一份工作是省外贸仓库里的一名搬运工。每日枯燥而又繁重的体力劳作，让他的衣服整天都像是泡在水里一样，从未干过。这时的他更多地体会到了初入社会的种种艰辛。每当他看到别人过着朝九晚五、轻松自在的都市生活，而自己却在做着辛苦的体力劳作，内心就会产生巨大的心理落差，而这种巨大的落差常让他觉得自己生活于社会的夹层之中，内心的苦闷无处表达和宣泄。

塞翁失马，焉知非福。正是这一时期的经历，才锻炼了他坚韧的意志力。当吃苦成为一种家常便饭时，人们才会有更加强大的决心与毅力尝试改变自己的生活。

为了能够拥有一技之长，他还曾当过一段时间的厨师。在店里，李杰石每天都要跟形形色色的人打交道。一段时间下来，他发现人与人之间的交往，最重要的品质就是真诚，当你真诚地去对待别人时，别人也会同样地回报以真心。出于信任，饭店老板还让他担负起了采购工作。从校园到社会是一个巨大的跨越，渐渐地适应了这种差异后，李杰石白天努力干活，晚上则静静地思索未来，通过不断思考、观察、学习，不断地在不同的社会实践中寻找属于自己的机会。

当他逐渐在郑州站稳脚跟后，又开始了进一步的探索。这时，他开始尝试着去做自己感兴趣的事情，选择了水果生意。而当时，由于水果容易腐烂，买卖成本较高，在这种状况下要想赚钱是很难的。因此，市场上普遍存在着缺斤短两的现象，大多数商贩都不能免俗。但李杰石始终过不了自己这一关，有一次帮顾客称东西，称线不小心扭到了秤上而导致重量不足，这一直让他愧疚很久。也正是从那时起，他坚定了诚信经营的信念，李杰石认为无论做人还是做事，诚信是第一位的，没有诚信两字，人就无法立足于世间。

不经一番寒彻骨，怎得梅花扑鼻香。郑州对于年少的李杰石来说，是一个精彩的大舞台，但此时的他还没有能力在这个舞台演出，于是选择了离开。

三　生活处处是契机

1989年4月，回乡的李杰石终于等来了命运的转折点。经人介绍，他认识了有着精湛银饰手艺的民间艺人高师傅，抱着试试看的想法，拜在了高师傅的门下，这一拜，奠定了他事业的基石。功夫不负有心人，上帝终于为他打开了一扇通往梦想的大门，至此李杰石找到了新的人生目标，他想着：为了梦想的实现，吃苦受累又算什么。刚开始跟着高师傅学艺时，由于从来没有接触过这一行，李杰石学起来有些吃力，但是勤能补拙，他一遍又一遍地把不会的、不熟练的技艺反复练习，几个月下来双手满是学艺留下的伤痕，可是李杰石的心里是高兴的，因为三个月左右的磨炼使他技艺初成，就差实战经历了。

同年 7 月，他和高师傅前往山东省泰安市，跟着师傅走街串巷，迈出了银匠之路的第一步。第一次打首饰时，李杰石收了人家两块钱，打的是一枚光面的银戒指，在诚惶诚恐、万分紧张的心情中完成了第一笔生意，而少年的心里开心不已，他想自己会永远牢记这一刻。一回生二回熟，就这样，他不停地跟着高师傅走街串巷，穿行于各个家属区、菜市场，在人群聚集处打造银饰。

他已数不清初学艺时经历了多少艰辛，他只知道自己每流一滴汗，每付出一份辛劳，就是向梦想又近了一步。

数不清，初学艺时被锤子砸了多少次手；数不清，被冶炼银水时的氧气火苗灼伤了多少次手；数不清，推着首饰工具和师傅走街串巷时流了多少汗；数不清，多少个夜晚，他在灯下反复锤打、敲击，为设计一个新的模具而苦思冥想，彻夜不眠……李杰石渐渐地爱上了银饰，小小的白银已经嵌进了他的生命，他爱这些浸满他心血和汗水的"艺术品"。随后，李杰石学艺期满，在刻苦学艺后，他的银饰手艺比起师傅有过之而无不及了，实现了青出于蓝而胜于蓝。

1990 年，李杰石拜别高师傅，正式成为一名首饰匠。他对于自己打造的饰品有着严格的要求，不仅在手艺上精益求精，设计上更是要别出心裁。他会去搜集旧银子融化，依据自己设计好的新图样做模子，最后再打造新样式的银饰品。正是如此，他的银饰产品颇受市场欢迎，样式好，质量过关，邻村的人都愿意找他打银饰。不仅如此，李杰石为人诚恳，乡里乡亲都相信他，就这样，他的银饰口碑就树立起来了，影响力渐渐扩大，生意也慢慢好起来了。

我是一位年轻的首饰匠

日夜不停，敲击锤打

银在我手中，金在我锤下

它们痛苦地伸展，变化

为的是

纤手的美丽

耳垂下的优雅

我是一位年轻的首饰匠

日夜不停,敲击锤打

纯洁的心灵犹如白银

善良的心底犹如黄金

为了人人能够佩戴上它

我不分昼夜,敲击锤打

——摘自《李杰石诗集》

(李杰石学艺时所写。没有继续上学,没能走上文学道路,是李杰石最大的遗憾,但是用文字来表达自己,他从来没有放弃过。刚到郑州打工时,就算晚上累得想倒头就睡,也依旧坚持写作,哪怕是一首小诗,他也要写下来。这个小小的坚持和习惯,可以说是他苦中的一丝丝甜意了。)

第二节 铁杵磨针,携手小康(1992~1993年)

一 奔赴小康

李杰石打造的银饰小有名气了。人的名,树的影,口口相传的好名声是最有效的广告。慢慢地,四里八乡都知道来集镇苏寨村有个会做首饰的银匠,连百里之外的开封都有人闻名而来买他做的银饰,银饰需求越来越多,市场供不应求。李杰石已经不能完成应接不暇的订单了,他开始思考着找帮手和自己一块儿干。

发动家人!思前想后,李杰石考虑到从外面请师傅成本太高,并且打造的银饰样式是自己设计的,外请师傅的风格很容易与自己的风格产生冲突。于是,李杰石开始发动家里人分担工作。但银饰技艺不是一蹴而就的,短时间内教会家里人也是不现实的，所以银饰的重要工序还是由李杰石亲自把关，分给家人的是一些他们能干的杂活，这样就能帮他节省时间，做更多的工艺活了。家里人从杂活入手，慢慢地跟着学技术活，最后都成了李杰石的帮手。

亲戚朋友分工合作！后来，家里人也忙不过来了，李杰石就发动亲戚和朋友加入银饰行业。他把银饰加工的步骤分解开来，让家人和亲戚朋友分工合作，各自干好自己的那个环节工作，流水线的工作方式提升了产品加工效率，银饰产品快速地做出来了。但是新的问题来了，如何把更多的银饰品销售出去成为李杰石下一步的目标。随后，他把质量把关的活儿交给自己的兄弟，自己挎上工具包，带着首饰和原材料，开始了挨户推销的艰苦路程。

李杰石就这样开启了艰难的推销之路。他从周围的乡镇开始，再到其他市县，最后跑遍了整个河南。但推销之路并不容易，虽然他打造的首饰在四里八乡有口皆碑，但是要真正地"走出去"，少不了艰难险阻。在去外地推广时，李杰石吃了不少闭门羹，他的外地人身份让当地人或多或少产生了戒备心。最困难的时候，他不仅好多天没有卖出一件首饰，更是将身上的干粮和盘缠都用得所剩无几。那个时候的他，心里无疑是焦急的，日子无疑是难熬的，但是他从未想过放弃，因为李杰石知道在他的身后，是一起携手共进的家人，他的肩上承载着全家人的希望，不能后退，必须咬牙往前走。想着和自己一起吃苦受累的家人，李杰石便觉得眼前的这点困难不算什么，他需要坚持一点点，再坚持一点点，而家里人就是动力。

一分耕耘，一分收获。李杰石不畏风雨，不怕路途遥远，不惧困难重重，慢慢地，市场被他一点点地打开了缺口。李杰石做的银饰质量好，货真价实，吸引了不少客户，再加上大部分产品都是他们自己设计加工出来的，样式新颖别致，市场上找不到同样的款式，这也抓住了不少消费者的眼球。

市场渗入成功，携手迈进小康。没有去做一件事的时候，觉得很难，无从下手，但是真正实践时，便会克服面前的阻碍，一步一步努力步入正轨。李杰石认为银饰市场也是如此，在棘手的困境中，一次次地探索，找到了市场突破口，慢慢深入，自然而然，市场就越做越大。由刚开始来集镇苏寨村周边的几家代销商，逐渐增加到省内的几十家代销商，销售量也是由几件到几十件甚至上百件地增加。李杰石率领的家庭手工作坊蒸蒸日上，产品供不应求，他率领全家人实现了最初的梦想，完成了让家里人过上好日子的目标，带领他们走上了致富之路，迈进了小康。

二 再拜恩师

随着市场需求的增加，客户对于银饰的品质要求更为严格，为了学到更精湛的技艺，也为了手工作坊更长远的发展，李杰石四处拜访打探，终于找到了元朝著名银匠朱碧山的传人刘国乾老师傅。刚开始老师傅是拒收门徒的，但是李杰石怀着一颗真挚的求学心，每天坚持去刘师傅家里拜访他，和刘师傅一起交流银饰心得，向刘师傅请教问题。刚开始刘师傅对他态度淡漠，但经过一天天的接触，刘师傅被他的坚持和对银饰的赤诚所打动，最终收了李杰石为徒。

就李杰石而言，他的技艺传承于两位师傅，而两位恩师在他心里有着举足轻重的地位。没有高师傅的引领也就没有后来的首饰匠李杰石，他很感恩高师傅的启蒙。没有刘师傅对他的指点也就没有后来的企业家和工匠大师李杰石，刘师傅精湛的技艺和用心的教导，让李杰石的手艺更上一层楼，也让李杰石明白了身为工匠人应具备的精神。

第三节 鸿鹄之志，梦想初现（1994～1996年）

建厂构思初现，学成归来的李杰石开始大展拳脚。这时的他开始尝试着向商场供货，由于精湛的制作工艺与良好的信誉，他成功地将自己的银饰推入市场。随着市场需求的不断扩大，单一的家庭式手工作坊已经满足不了市场需求了，渐渐地，李杰石有了建厂的打算。李杰石曾说道："我并不知道怎样开公司，只能算是摸着石头过河，从公司的建立、运营，销售团队建设、培养，各个方面我们都是摸索着过来的。"出于投资成本的考虑，他果断选择了回乡建厂。李杰石将自己的想法与村党支部书记进行了交流,描绘了构想的蓝图,村党支书也是见过大风大浪的人,毫不犹豫地支持了他,还对李杰石说:"有什么困难就找我帮忙。"

建厂初遇阻碍。经过一番深思熟虑,他告诉了家里人自己的想法,但是遭到家人的反对。母亲首先站出来反对,她说:"你折腾那么大干啥,啥时候也有挣不完的钱,日子能这样过下来,就算祖上烧高香了,你还折腾啥?再折腾不行了,我们这一家人还得再受两回苦。"老人家前半生在困苦中度过,而今过上惬意的小康生活,对于李杰石母亲来说已经是心满意足了,她不奢求多富贵,只求一家人有衣穿有饭吃,和和乐乐地过日子。母亲的想法让壮志满怀的李杰石犹豫了,老人家话语不多,却句句在理,如今的生活来之不易,要扩大规模,自己攒的那点钱犹如杯水车薪,好日子还没过几天,就要再次负债。他原本想着自己失败了无非从头再来,可现实是一旦搞砸了就要连累全家人再次受苦。是维持现状还是建厂扩大生产规模,李杰石陷入了沉思。

下定决心,实现鸿鹄之志。人生最关键的步伐只有那么几步,选择很重要,是退还是进?李杰石在慎重的考虑后,下定决心集资盖厂。自己当初的梦想是让家里人过上好日子,让家乡蓬勃发展,让更多的人吃饱穿暖。如今他只是带领全家人和亲戚朋友过上了小康生活,可是自己的梦想远不止这些,他需要更大的舞台来实现自己的梦想,以前的他没有能力,选择离开了郑州,而现在的自己有能力也有机会重回舞台,如果自己不努力一把又怎么会看到明天的辉煌?

当然,他也不是贸然做出这个决定的,而是经过一番深思熟虑,结合自己的实际情况和市场需求做出的选择。作为一个公司的决策人物,除了要有胆识和勇气,更需要有远见和眼光。李杰石所打造的银饰款式不落俗套,迎合了消费者的喜好,销量逐月递增,代销商进货量越来越大,市场前景如此好,还有什么困难不能克服呢?

做出了决定,明确了目标,下一步就是朝着目标努力了。李杰石先是做通了母亲的工作,消除了老人家的后顾之忧,又跟家里人沟通了自己的想法。家人和朋友对李杰石是充满信心的,他们很快达成了共识,支持他建工厂的想法。

可是在建厂的过程中,资金上出现了问题,先前手工作坊赚的钱还不足以建厂房,但就在这个时候村党支书站了出来,帮李杰石牵线搭桥,办理了建厂贷款。有志者事竟成,在大家的共同努力下,工厂很快就建了起来,从这时起,梦祥银开始生根发芽。

大仁大富,小仁小富,不仁不富;

大义大富,小义小富,不义不富;

大礼大富,小礼小富,不礼不富;

大智大富,小智小富,不智不富;

大信大富,小信小富,不信不富;

大忠大富,小忠小富,不忠不富;

大孝大富,小孝小富,不孝不富。

——李杰石语录

(李杰石虽然高中辍学,但是热衷文学,酷爱知识,不断地自我学习、自我思考,不断地提高自己,让自己进步。)

第三章
梦祥的发展期（1996~2012年）

第一节 坚如磐石——石磊工厂（1996~2002年）

1996年，梦祥加工工厂的前身——石磊工艺饰品厂成立。名以显志，石磊这个名字也蕴含着深厚的寓意。李杰石在最早打制银饰时，也像其他的匠人一样，想着如何才能为自己的银饰品取一个别有新意的名字，最终想到了"石磊"两字。按他的理解，石头代表了一种坚韧的精神和追求，也是他对于自身的一个期许。正如"石可破也，而不可夺坚"所言，石是一种恒久与坚韧，而"石磊"二字则是李杰石对梦想的一种坚定。

然而，生意并非一帆风顺。1998年，石磊工厂从河南扩展到全国市场，有了100多名工人和50多名销售及后勤人员。那年初，为了扩大河南市场份额，李杰石贷款2000多万元，购买了一批原料和设备，并新购置了4辆业务车。然而，当年9月，金融风暴来袭，银行贷款紧缩，一下子打乱了他的资金运作计划。虽然其积极地加速市场拓展，但严峻的经济形势让原本答应加盟的投资者退却了，一些本来合作很好的伙伴，也缩减了产品采购。这使购置的原料来不及被市场消化，一批半成品在车间，一批成品还积压在仓库。同年10月，除了银行贷款，还有一部分私人借款要还，眼看数百万元欠款就要到期，李杰石彻夜不能安睡。怎么办？从创业初期的一帆风顺到现在的大难题，一筹莫展的李杰石第一次体会到了创业的艰难，如果不能找到解决办法，被银行告到法院，工厂就会被查封，一旦被查封，工厂上上下下这么多人将面临失业，自己也将背负近千万元债务，难以翻身。

面对危机，员工们表示愿意一起共渡难关。后来，李杰石在村党支书苏彦森的帮助下，通过入股的形式，渡过了难关。这一份真情是无价之宝，后来梦祥把"情"注入产品中、管理中、生产中和设计中，使这份难得的人间真情不断传播。

第二节　渐入佳境——梦祥（2002～2012年）

一　"梦祥"的起源

2002年，"梦祥"品牌注册成立，梦祥二字与石磊毫无关联，李杰石为什么会选择这两个字作为品牌名称呢？关于原因，这里就有一个不得不说的故事了。

元朝初年，有一位闻名于世的银匠，其名朱碧山。碧山承袭祖业，多年来，踏访各地，研究银的艺术创作，因酷爱中原文化，曾久居河南开封一带。

一日，开封府衙闻朱碧山名号，邀请其为之打造一款酒杯，以作皇家寿礼之用。如何将银打造成符合皇家身份的艺术品？朱碧山苦苦构思三天而不得，某月圆夜，伴着银色月光，漫步开封护城河畔，不知不觉竟在河边睡下，当晚得一祥梦：河面银月闪闪，一百岁老人捧卷坐于星槎（古代神话中往来天上的木筏）之上，面容慈祥，不时朝朱碧山捋须微笑。

第二日清晨，朱碧山回想那个神奇的梦境，顿觉思路开阔，成竹在胸，依据梦中长寿老者的形象开始着手创作。精妙的构思和精湛的工艺，成就了后来的旷世奇作"朱碧山银槎"。后有人据此作诗曰："梦祥明月，天开辅银成"。梦祥由此而来。

"梦祥"商标正式启用，标志着梦祥开启了新的篇章，并拥有了自己的专属商标。李杰石将当时已经在银饰市场上展示出旺盛生命力与市场潜力的"石磊"正式注册更名为"梦祥"，这也标志着他进入了一个新的阶段去追寻自己的白银文化之路。"随着公司的不断发展壮大，我们所要肩负的社会使命也就更多，这时候公司乃至整个行业未来的发展，需要承载的不再是我们个人的精神追求，而是中华民族的精神文明。"李杰石说道。"'梦祥'，更多体现的是我国白银文化的传承，它不再是以我们自身的精神追求为发展导向，而是代表着源远流长的白银文化和吉祥文化。"的确，在数千年的历史文明进程之中，无论国人遭受过多少战争与磨难，我们始终对生活怀以无限美好的期许，这正是中国人豁达精神的展现，也是古老的吉祥文化之源。"梦祥"的最终命名，可以说是李杰石目标和理想不断调整与完善的结果，从中我们看到的始终是一份卓绝向上的拼搏精神与责任担当，也正是这些动力支持，才成就了今天的梦祥。

二　管理方式的转变

1. "口头管理"转向规范管理

2000年，梦祥规模较小，30多名员工大多是朋友招揽过来的，部门分工不明确，领导们也没有系统学习过管理知识，完全凭借自己的直觉和经验去管理工厂，也就是"口头管理"。后来，随着银饰销售量的增大，订单量激增，消费者喜好慢慢呈现多元化，企业产品产量以及种类慢慢满足不了市场的需求，所以为了调查消费者的偏好，设计出更多的产品样式去满足消费者，公司招聘了更多的技术人员和营销人员，由此"梦祥"团队逐渐壮大。

2005年3月15日，梦祥纯银首饰有限公司成立，李杰石带领着他的"梦祥"团队开始了梦祥公司发展的新篇章。此时员工人数也达到100人左右。随着业务的增多，生产人员、销售人员等逐渐增加到500人左右。员工由几十人增加到500多人，长期以来的口头经验管理逐渐显露出它的弊端——员工增多，领导管理力不从心；产品需求量增大，缺乏现代化机器，人工生产跟不上进度。这种人才的任用和培养以及管理方式的落后，让李杰石意识到公司不能再依赖于人管人，不能再利用亲情、友情去管理公司，要想管好这么多员工，必须去学习去改变。

想到就去做！在公司政策的制定中，由于自身经验匮乏，知识不足，李杰石就出去学习优秀企业的管理经验，然后和大家分享、讨论。最初，每周每个部门的领导带着自己的员工进行培训，在培训过程中大家可以互相交流，并汲取来自各方的知识，或是李杰石从亲身经历中总结出来的经验，又或是买回来的书籍或光碟中包含的知识，大家在一起培训、交流，不同的人能够从中得出不同的感想，大家一起互动，收获甚多。在此过程中，公司的其他高层领导者也慢慢明白公司需要用标准化的制度进行管理，于是他们先后去了多家企业观摩学习，回来后将学到的管理知识与公司的具体情况结合，对制度进行了精细化处理。可以说，梦祥的每一天都在成长着，而梦祥人的每一天也在成长着。李杰石就这样摸索着制定出公司的规章制度，致力于打造出一支钢铁团队。

在团队的构建中，他们一直注重人员的有效培养与学习。从基层到高层，从个人到团队，他们的培训工作从未中断过。为了鼓励员工们积极参加学习培训，公司还制定了相关培训的奖励措施，以求让每一位梦祥员工都能够保持饱满旺盛的求知欲，通过不间断的学习，提高专业知识水平，提高个人精神境界，达到内外兼修的效果。

最后，梦祥在不断的学习与探索中锤炼出了科学的管理理念——以科学的制度管理人、以事业的前景激励人、以工作的目标锤炼人、以工作的绩效选拔人、以领导的魅力吸引人。以诚信、务实、严谨和创新为企业理念；以视质量为生命、以信誉求发展为经营理念；以对企业忠心，对客户热情，对员工关心，对同事诚心，对业务专心为公司的行为准则；以令行禁止，服从不找借口为梦祥的工作作风；以踏踏实实做事，实实在在做人为企业精神，在致力于打造中国银饰第一品牌的路上不断前进着。

2. 管理方式变革的阻力

在改革期间，梦祥或多或少会受到来自内部的压力与阻碍。这是人之常情，大家在公司工作时间久了，习惯之前的管理与生产方式，就算改革后的管理效果和生产效率会提高，但多种原因使大部分人并没有在第一时间接受这样的改革。比如，公司经过讨论调动一些人的岗位，招来了部分员工的不满；虽然最新的机器代替了手工程序，但是人们不愿去学习新的技能和知识。遇到这些情况，工厂厂长说道："这些都是不可避免的事情，我们遇到之后会先培训车间主任，告知这样管理的好处，将这些都细细摊开来看，从车间主任到师傅再到基层员工，层层递进地宣传改革，这样起到的效果会比将他们召集到一起通知的好。此外，公司每天早上 8 点都会准时开早会，改革初期在早会上宣导改革的目的和好处，并对整个行业的发展和趋势进行讲解，说明为什么这样做，这样做为个人、为工厂带来些什么，如此让员工先适应一个星期，如果一个星期之后依然有小部分人不满，就强制执行，毕竟要从整个企业的大局出发。"

动员基层员工接受改革的同时，高层管理者也不断地发现自身不足并去学习完善，他们主要有以下几点认识：①公司内部的管理与消费者需求不同频，必须学习新的经营和营销理念。②生产的产品样式没有及时跟随时代的潮流，存在滞后现象。他们就去深圳挖掘著名设计师，为梦祥设计既符合品牌文化，又能结合最新时代潮流的银饰花样。③高层管理者专业水平不高，需要组织到一起参加培训，学习先进的管理课程，同时重视实际市场与基层考察。梦祥公司执行副总经理陈瑾巍女士提到这些感慨道："不断向外界学习对于工厂的管理真的很重要，学习之后才发现自己之前的格局有多小，公司内部的要求标准有多低，学习之后就更加明白了自己肩上的责任与公司的真实需求，现在公司的运营需要结合信息化生产管理方式，而自己的学习能力仍需不断加强。"

3. 管理方式变革的成果

在不断的改革与进步中，梦祥公司规模逐渐扩大，2010 年公司正式命名为河南梦祥纯银制品有限公司，公司的产品由最初最简单的银饰——长命锁，拓展到工艺复杂的画珐琅。梦祥的产品线亦不断增多，单纯的线下销售已经满足不了市场需求。

2010年5月，梦祥选择与阿里巴巴合作，开始进军网络营销市场。随着电子商务的普及，梦祥开始注重网络营销。通过对网络营销平台的调查以及对消费者行为的判断，管理者发现线上销售的巨大潜力，公司决定为之设立专门的部门来负责线上业务，拓展线上市场。同年6月，电子商务部正式成立，梦祥的网络营销开始进一步规范和完善；7月，梦祥正式入驻淘宝，网上点击率不断增加，销售量也节节攀高。

2011年，随着公司实力的增强，梦祥在郑州市黄金商业圈中建造了中原第一银楼——梦祥银楼。梦祥银楼位于河南省郑州市管城区紫荆山路与东大街交叉口东北角，是集批发、零售和客户体验于一体的银饰品文化宣传展示楼。一楼为流行时尚饰品、传统吉祥用品和客户体验区，在这里客户可以看到传统的银制品加工过程，再现了中国银制品加工历史。二楼为高档礼品、工艺品和大型纯银制品摆件区，在这里可以看到国内为数不多的纯银藏品，让人充分感受中国白银文化。李杰石介绍说："梦祥银楼之所以选择这里，主要是该位置与紫荆山商圈、二七商圈一起，正好成为一个均匀分布的三个支点，地理位置优越，人口流动量大，周边遍布高档写字楼和成熟住宅社区，目标消费人群集中。"除此之外，李杰石另一个想法是希望能以此带动整个中西部银制品加工、设计和出口能力，带动更多的人关注并推动手工艺品制作工艺和技术的发展，把中国数千年的银器文化发扬光大。

为了给顾客提供更好更多的产品，梦祥扩建了自己的加工工厂。2012年6月，总体建筑面积5600平方米、共6层的梦祥纯银制品有限公司研发大楼各项工程验收合格；8月，河南梦祥纯银制品有限公司生产管理中心各部门顺利完成联动搬迁任务，新研发大楼正式投入使用，实现了产品线的设计、生产、包装、配送一体化，大大提高了产品的生产率与合格率。同时，为了更好地管理公司生产，11月，梦祥品牌运营部正式成立，打开全面实现品牌化战略的新布局。至此，梦祥一步步朝着更完善、更强大的明天前进。

图 3-1 梦祥品牌展示厅

图 3-2 梦祥生产基地

三 景泰蓝的成长

梦祥公司成立之初，工艺不够，种类单一，只有银饰，主要是宝宝锁，又名长命锁，用来送给家里的孩子，寓意是对孩子的祝福。但是随着时代的发展，梦祥作为一家企业想要长久地生存下去，就必须随着消费者的喜好去完善产品，梦祥必须做出改变，增加饰品的种类和工艺。随后，在漫长的饰品研发过程中,梦祥找到了自己的核心工艺——银胎画珐琅。

景泰蓝的研发制作充满艰辛。景泰蓝又称珐琅,是梦祥的核心工艺,梦祥初期没有关于珐琅的资料,没有精通此法的师傅,没有专业的技术人员,没有生产此类产品的流程,这种情况下,想要得到釉料的使用方法、生产细节等标准都要靠自己摸索。

当时梦祥生产厂厂长吕雪峰得知这个消息后脸上布满了愁云,因为所有材料都需要自己去测试,因此在生产过程中经历过很多次失败。画珐琅需要不同种类的釉料,起初,吕雪峰做出一种釉料需要三四个月的时间,因为他需要用不同的温度和方法测试釉料的附着性和着色性,甚至有时数据测试合格后的釉料在生产产品时却发现它呈现不了期望的颜色或者附着性达不到要求,最后只能取消这个釉料的使用。这类事情在梦祥产品的研发过程中一直出现,但梦祥人永不言弃,吕雪峰在经历了一次次失败后获得成功。现在他对珐琅各种釉料的属性已经非常熟悉了,并且在不断开发更多的颜色和工艺。较之先前,现在的技术较为成熟,失败的次数也慢慢减少,釉料测试时间也从三四个月减少到半个月或一个星期。他在经历无数次失败之后终于掌握了基础数据,明确了釉料正规的生产流程。

除了产品研发上的困难之外,吕雪峰还道出了培养景泰蓝匠人的心酸。探索珐琅工艺之初,都是吕雪峰一个人不分昼夜地测试、思考错误和改进流程。随着工艺的成熟,其也成为一代工匠大师,但是他一个人肯定承担不了梦祥整个企业的珐琅产品成产任务,因此他就开始培养这方面的人才。但是辛辛苦苦培养一位人才后,就多次出现员工离职的情况,这等于一番心血都付诸东流了。吕雪峰最初也反思过自己,和员工进行沟通,思考如何做出改变,比如增加工资、增加福利等,他也曾丧失信心说不想再自己培养人才了,但始终抵不过心底对珐琅的这份热爱,最终还是坚持了下去,为梦祥培养了一批又一批的人才。

景泰蓝产品是如何革新的呢?它的革新靠的是技术工人的各种想法,但梦祥前期没有经验,只能凭借经济、环境、个人审美等因素来推断产品的风格。在主题、形式、方法、流程等都确定下来之后,就生产一些样品,经过包装向外推广，并观察市场的接受程度，如果市场反应较好，接受度普遍较高，再进行大量的推广，反之，就根据顾客的反馈细节对产品进行改造，争取满足消费者的需求。

梦祥把景泰蓝产品带入千家万户。景泰蓝的产品目前主要有餐具、酒具、茶具等，针对的目标客户群是"70后""80后"，他们有一定的经济实力，并且有体现自己身份地位的需要。而现在梦祥准备把这方面产品的目标客户群向"90后""00后"倾斜，把传统的工艺嫁接到饰品上，设计上尽量倾向于时尚简约。但是珐琅产品的工艺比较复杂，成本比较高，一套比较大的产品售价在几千元甚至上万元，所以走进普通家庭比较困难，但梦祥正在努力发展并创新景泰蓝技艺，将工艺进行压缩和简化以便降低成本，使普通家庭也能消费得起。

图 3-3　银胎景泰蓝"国色天香·蝶恋花银壶"

四　市场的成长

1. 梦祥的市场开发步骤

一家企业的发展必然是不易的，大家的最终目的都是赢利，而要达到这个目标，公司的产品必须能够销售出去。李杰石年轻时已经打出了自己的名号，拥有一批忠实顾客，但消费者的喜好也是不断变化的，随着公司的发展壮大，公司也需要不断开拓新的市场。在这个方面，梦祥市场开发方面的负责人李二洲有着极大的发言权。他在梦祥工作了13年，主管华中地区的市场开发和维护，有极好的经验。在他眼里，市场开发离不开以下几个步骤。

①首先进行前期了解，实地调研之前应有如下准备：公司下达任务、人员配备、货品配备、制定奖罚制度。到一个地区要先了解目标客户，包括客户周围的人口、经济、民族、自主产业等方面的信息，还要对地市进行分析，比如哪个适合前期开发，哪个适合后期开发，然后对每个县城进行分析，配备合适货品。

②找准目标客户，就是找到目标市场做得最大、信誉最好、客户最多的店面，然后做进店准备，就是对店面做简单的了解，比如通过户外广告等了解老板信息，进店说"我找王老板"，而不是直接说我是推销的，被人拒之门外，然后看看该品牌在别的地方与梦祥银是否有合作。最后，市场开发人员往往要面对以下两种情况：一是目标店面开发不成，就进行拉网式开发，一个一个走，做到以多制胜，要坚持不放弃。二是开发成功之后，对客户负责，建立友谊、信任关系。聊聊其他地方的合作与销售问题，解决问题，带店活动。然后帮客户选货，陈列货品，直到客户满意。品牌的售后服务最为重要，没有服务不叫品牌，没有服务的叫散货，顾客消费一次可能就会断开联系。有品牌才叫有保障，而梦祥在全国有最好的免费调换条件，各地都有加盟店，后期维护十分到位。

2. 梦祥"以诚为本"的市场开拓

而正是因为这样认真负责的市场开发，加上过硬的产品质量，梦祥的产品一直备受消费者的欢迎。梦祥的销售网络遍布全国，并拥有完善的配货体系。2004年10月5日，中央电视台对梦祥公司做了专题报道，由此大大增加了消费者对梦祥的信任，提高了梦祥的知名度。梦祥一直秉持着"以诚为本"的信念，为消费者提供最好的产品。2006年3月15日，梦祥公司被郑州市工商局评为"郑州市重合同守信用企业"，再一次得到政府和社会的肯定。政府的报道对消费者来说还是值得信任的，通过央视和郑州市工商局的"宣传"，梦祥的销售量进一步提高，2007年，梦祥在全国30个省份开拓了加盟商和经销商。

2008年6月22日，"梦祥"系列产品被中国中轻产品质量保障中心评为"中国著名品牌"；就算得到这么多的肯定，梦祥也没有骄傲自满，而是设法增加和提高自己产品的种类和质量，不断学习其他企业的先进知识和经验，同时始终坚持品质为先，坚持终身免费调换的服务，致力于成为让消费者放心的企业。不负所望，2009年，郑州梦祥纯银首饰有限公司被北京华夏管理学院授予"最具学习型企业"荣誉称号；同年4月，郑州梦祥纯银首饰有限公司被郑州市电视台评为"消费者放心单位"；同年7月，郑州梦祥纯银首饰有限公司被《消费时代》电视栏目与消费时代3·15网联合评为"消费者信赖知名品牌"；同年11月12日，"梦祥"系列产品再次被中国中轻产品质量保障中心评为"中国著名品牌"。

伴随着消费者和政府对梦祥的不断认可和支持，梦祥目前在全国拥有5000多家加盟店和直营店。全国知名商场，例如万达、大商、丹尼斯、王府井、百盛、银泰、银座、华联、天虹、广百、解百、胖东来、永辉超市等都与梦祥有密切的合作关系。目前，梦祥五大品牌的4500多个加盟经销商已进驻全国1800多家商场、超市，另有2000多家是独立门店进行销售。

网络渠道也由之前单独与阿里巴巴合作发展到现在的全网渠道，2013～2017年梦祥重点关注与京东、天猫、唯品会以及苏宁易购等第三方合作的平台，同时创立了自建平台——梦祥易订货，主要是针对加盟商，以方便其订货。

3. 梦祥的市场形象

梦祥成功的销售业绩离不开自身良好的品牌形象。这包括两个方面，一是品牌宣传形象。最初梦祥没有找人代言自己的产品，只是以产品形象示人，以一把锁的形象进行展示宣传。而后为了更好地展示产品，契合品牌文化，梦祥旗下婚嫁系列的"金梦祥"开始将一位员工作为形象代言人，让其佩戴产品进行宣传，李杰石的夫人也参与其中。后来李董事长的女儿也到婚嫁之年，主代言人变成了其女儿，对家庭有着美好期盼的她代表了梦祥目标客户的真实希冀。二是品牌社会形象。梦祥在不断发展的同时也开始了自己的公益之路。2006年，梦祥新厂落成并投入使用，在企业稳步发展的同时，李杰石开始将自己的目光转向家乡的建设及社会公益事业。梦祥无私回馈的同时，也得到了社会各界人士的支持与帮助。2003年的SARS病毒与2008年的金融危机，相信对于每一个人而言都有着深刻的记忆。这一时期，市场发展受挫、销售不景气，几乎是每一家企业都难以跨越的沟壑，梦祥同样也遭遇了前所未有的困境，但正是有了广大终端客户、销售商和梦祥全体员工的支持，梦祥最终渡过了难关，再次迎来新的发展机遇。

第四章
梦祥的拓展期（2013年至今）

第一节　大鹏展翅，梦祥领航

一　"中国第一"

梦祥公司经历了石磊工厂、梦祥工厂、梦祥品牌这三个阶段的发展，规模不断扩大，企业不断蜕变，不断向着更好的方向发展。就目前来说，梦祥的目标就是要争取早日让纯银制品享誉全中国。但是这个目标说着容易，做起来难。面对信息化技术日新月异的进步、生活水平的快速提高，梦祥一方面要做好人才储备、知识更新、设备更换等基础工作，另一方面也要继续做好传统银饰技术的挖掘和创新，分析新时代人们消费观念的变化，不断设计和制作出更能反映时代发展、满足人们消费新需求的银饰产品。

近年来，梦祥的管理层、员工与梦祥品牌的全国数千加盟商一起，一直在为梦祥品牌开拓市场、完善售后服务、优化产品前端设计和提高生产效率等多个方面努力拼搏，努力让梦祥旗下五大品牌在高速发展的社会条件下成为中国银饰品牌第一！

梦祥不断努力前行，从一个大的品牌又发展出四个子品牌——九龙银象、梦祥盛世、金梦祥以及盈祥银饰。这四个子品牌的诞生，都离不开梦祥人的付出，梦祥企业文化和价值观的影响。梦祥人将传统的儒释道作为企业的主流文化，并在这其中融入二十四孝等思想，使梦祥文化底蕴深厚，真正地做到了"产品中有文化，文化融入产品"，梦祥不仅为了在推销产品时传播大爱，更为了中国纯银制品享誉世界而孜孜以求。

二 国外市场

梦祥的目标不仅要在国内开拓市场，还要把"五行品牌"发展成为国内第一，更要在世界其他各国开拓市场，把梦祥的银饰品牌打出中国，在国际舞台上拥有一片天地。但是梦祥的前进是艰难的，前行的道路上有各种阻挠，例如近期的中美贸易摩擦，在一定程度上影响了国内外银饰产品市场的总体发展，特别是那些专注于做进出口贸易的相关企业。梦祥国际贸易才刚刚起步，虽然受到的正面冲击不大，但是梦祥作为这个市场中的一员、产业链上的一个环节，迟早会受到整个经济环境的影响，需要提前做好吃苦的准备，才能使梦祥公司立足于国际贸易的大环境之中。

目前，梦祥盛世正式入驻柬埔寨金边国际免税城，借助柬埔寨这个东南亚窗口向世界彰显中国的工匠精神和传统银饰产品，这让梦祥公司国际化战略又迈出了坚实而有力的一步。梦祥除了入驻东南亚市场外，还在丹麦等欧洲国家进行梦祥品牌的开拓。国际品牌来争夺国内市场，国内品牌也需要去争夺国际市场。这样的竞争，从建立品牌的那一天起，梦祥就身在其中。梦祥面对竞争，没有逃避，没有懈怠，更没有投降认输，梦祥在创新设计、文化传承、健康实用、贴心服务、智能化等多方面积极开拓，通过人才引进、技术革新、管理提升、效率提高等手段，来满足市场对纯银制品的新需求，取得外国市场对中国梦祥纯银制品的信赖，更多地拓展国外市场。

梦祥银在向国外开拓市场的过程中，除了自己的不断努力，还借助国家政策的推动，更加努力地向国际市场开拓。在"一带一路"倡议的影响下，梦祥银在各个区域都有了更加深入的拓展。

梦祥为了中国纯银制品享誉世界而努力前行。国际品牌的竞争、国内市场的竞争都十分严峻，梦祥要走出国门，就必须在技术（纯手工）、品牌、声誉等各个方面入手，但是梦祥员工的精神培养也是必不可少的。只有从企业内部、外部两方面同时完善，梦祥才能突破各种困难，走向世界舞台。

第二节 工匠精神，非遗传承

一 建设员工精神

何为梦祥员工精神？它是一种大国工匠的精神，是梦祥员工以追求极致的态度对待自己的产品的精神，是一种精雕细琢、精益求精、追求完美的精神。具有工匠精神的员工喜欢不断雕琢自己的产品，不断改善自己的工艺，享受产品在双手中升华的过程。梦祥的员工精神便是工匠精神的凝练，其目标是打造本行业最优质的产品，生产同行无法匹敌的卓越产品。

简要地说，梦祥的员工精神就是"踏踏实实做人，实实在在做事"。这是梦祥发展多年的总结。梦祥只有做产品对得起消费者，做服务对得起加盟商，做引领对得起同行，时时刻刻坚守自己的员工精神不动摇，才能发展得更加长久。

梦祥如何建设员工精神？梦祥的手工匠人对于产品的打造至关重要，如果像其他企业的员工那样仅仅要求任务式作业，就很难进行创新与提升。因而梦祥要求自己的工匠在制作产品时倾注情感从而改进图案设计，追求产品本身的尽善尽美。这样就需要企业加强员工的精神建设。梦祥认为，做好员工的精神建设是首要的。员工精神在企业的发展建设中至关重要，无论社会怎么变，梦祥传递爱、传递亲情、传递中华文化的初心不会变，梦祥人努力奋斗、踏实工作的精神不会变。

首先，梦祥公司把员工的家庭放在重要位置，只有家庭幸福了，才会全身心地投入到工作中去，并在梦祥这个舞台上尽情绽放。梦祥员工都怀有一颗大爱之心，爱父母，爱家人，只有心中有爱，产品才会有爱！员工的幸福指数决定着产品的寿命，员工的用心程度决定着梦祥品牌的发展！梦祥公司就是要让社会各阶层的人来到梦祥，感受梦祥人的状态，感受梦祥人的士气，感受梦祥人的精神！

其次，在梦祥的团队中，特别注重员工精神的有效培养与学习。从基层到高层，从个人到团队，梦祥培训工作从未中断过。为了鼓励员工们积极参加学习培训，公司还设有培训奖励措施，以求让每一位梦祥员工都能够保持饱满旺盛的求知欲，通过不间断的学习提高专业知识水平，建设个人精神世界，达到内外兼修的效果。

梦祥需要何种员工呢？踏踏实实做人，实实在在做事，始终是梦祥对于员工的基本要求。同时，公司需要的是那种无论是对自己、对公司还是对行业都抱有坚定信念和信心的人。真正的成功不可能一蹴而就，它需要长期的坚持，朝着一个目标迈进，这是梦祥精神，也是梦祥成功的原动力。梦祥需要的人才就是能与梦祥共同迎难而上，不轻言放弃的有志之士。在梦祥工作不仅需要扎实的技能，更加需要的是员工精神以及他与企业保持一致的思想步调，梦祥积极地培养员工精神，也是为了让员工懂得感恩回馈社会，懂得积极承担社会责任。

梦祥员工精神总体概括为忠孝仁义礼智信：忠，忠诚于企业，忠诚于国家和民族，忠诚于别人对你的信赖；孝，孝顺父母；仁，即要有仁爱之心；义，就是拿出物质去帮助别人；礼，就要把自己的腰弯下去，礼节、礼貌的意思；智，即智慧，智慧来自不断的学习；信，即人言也，就是别人说的话你信了，或者你说的话别人信了。

二　以利取义，社会责任

一直以来，梦祥坚持以利取义、积极承担社会责任，为社会经济发展提供动力。梦祥在成立之初，就开始规划如何承担社会责任。育人也是梦祥重要的社会责任之一。每个加入梦祥的人，企业都要告诉他，人可以吃不饱穿不暖，但不能没有追求，不能没有理想，不能让优秀的中华民族文化断代，不能丢失我们的优良传统，这是梦祥人，也是每个中国人的责任。

在社会责任的承担上，"感恩回馈"成为梦祥企业核心文化之一，而梦祥全员也将这四个字落到了实处。在其迅速发展壮大的这些年中，梦祥也发展了越来越多的社会公益事业，并将公益事业扩散到其他地区，积极帮助有困难的人群解决难题，在一定程度上分担了社会的压力。梦祥积极参与慈善，承担社会责任，梦祥董事长李杰石曾说："对于做慈善，要尽力而为，行善不需要宣扬，要带动大家去行善。"为了回馈家乡，梦祥集资改善当地学校的生活环境和硬件设施。

古语云，"授人以鱼，不如授人以渔"。梦祥每年都会为当地提供就业岗位，让当地人不用劳苦奔波到外地打工。此外，梦祥公司已经开始规划建设白银小镇，这将快速带动当地经济的发展，提供更多的商业机会。多层次、多联动的珠宝产业生态圈将为当地人提供更多的创富机会，真正改变当地的经济业态。

此外，在梦祥内部，在承担对企业员工的责任过程中，为了让员工安心工作，梦祥专门成立了爱心基金会，在员工遇到困难时，通过事实审查，酌情对困难员工进行家庭资助。"梦祥爱心基金会"还将设立专款扶贫救困，积极推动当地新农村建设，梦祥真正地将中国传统文化的内涵落实到了行动中。在谈及公司提供的福利以及贴心服务时，员工们无不表现出以厂为家、爱厂如家的温馨自豪感。

三 创造品质服务一体化

品质服务一体化到底是怎样的呢？梦祥提出的"终身免费调换"服务政策，就是对它最好的诠释。"客户至上，质量优良，服务完美"，这是梦祥对产品品质和营销的要求，对于要求不能有一丝一毫的折扣。从原材料选材，到设计图样、生产过程，再到最后出产成品，梦祥一直在追求卓越的创造精神、精益求精的品质精神和用户至上的服务精神。

如何创造品质服务一体化呢？首先，梦祥突破了自身的限制，成立了梦祥文创，就是为了让梦祥品牌突破行业、自身、技术、文化的限制；此后梦祥还创立了梦祥大学，借助河南财经政法大学、河南经贸职业技术学院等高校的师资力量，加强员工有关管理、营销、生产等方面的再培训、再教育。

在梦祥公司，人才是品牌最宝贵的资源，也是品牌发展的动力源泉。把人培养成才，才能提高企业的管理效率，才能设计出符合人们新需求的好产品，才能帮助更多的人做好营销策划、市场规划、客户管理，才能创造出更多方便消费者购买、使用和维护的产品。

其次，梦祥为了使自己"内外兼修"，不断地完善自己，不断地适应新环境的变化。梦祥从传统的讲究"产品为王"，逐渐向"用户为王、服务为王、分享为王、体验为王"的方向不断延伸发展。新环境下，主导权已经从企业转移到用户手中，但是很多银饰企业依旧认为"顾客等于用户"，这显然不符合当前的趋势。梦祥将根据数据平台积累的用户信息，精准定位用户需求，持续不断地为用户提供极致服务，实现从进店的顾客转变为消费的用户，再升级到全流程交互的"终身用户"。这样便可以使梦祥的用户更高效地融入银饰圈子，加强内容与用户的关联，与消费者建立更强的互动和沟通关系。

再次，梦祥正在聚焦用户需求，多渠道多平台地打造社群服务。比如通过梦祥官方微信、抖音等平台，加强用户沟通，缩短与用户之间的距离。梦祥还启用了"梦祥+"和"梦祥家"计划，创新产品、管理客户关系并提高生产效率，以便迎合新客户的需求，并配合不同的消费升级方式，不断更新客户群体的服务方式，建立消费体验新场景，完善消费画像，致力于培养梦祥终身用户。

复次，梦祥相信通过"战略、产品、人才、用户、预算、绩效、市场营销、财务、模式、资本杠杆"等10个方面的管理与创新，外加各部门的团结协作，必将达成品质服务一体化。创造品质服务一体化，就必须从梦祥员工抓起，服务要运用智慧。这就是业绩好坏的原因所在，这就是有没有运用智慧、大智慧与小智慧的差别。服务要讲究策略，营销也一样。针对不同经济发展水平的地区、不同客户群体，要多花心思钻研市场营销，多为客户促销出谋划策，多研究当地消费习惯和心理，从而才能为梦祥的客户提供更加优质和贴心的服务。

最后，梦祥利用营销五要素创造品质服务一体化。梦祥营销的五个战略要素为市场考察、找准客户、开发成功、售后服务和后期维护。找准客户是指需要去寻找有实力、信誉有保证、有一定市场的客户。售后服务主要负责售后的退换、维修等。梦祥销售宣传的宗旨是全国所有店面的产品可以互换、按进价退货、终身免费调换。无论多少年前买到的梦祥产品都可以免费调换，如此贴心的售后服务，可以从梦祥的企业文化中看出端倪："做银饰不仅仅是做产品，它虽是在打磨作品，最终折射出的却是人品。"要做到表里如一，梦祥就需要诚信经营，将自己的品质服务展现给顾客。创造品质服务一体化并不是梦祥的一句口号而已，而是梦祥正在努力去做的事情。

四 申遗成功

1. 非物质文化遗产的释义

根据《中华人民共和国非物质文化遗产法》规定，非物质文化遗产是指各族人民世代相传并视为其文化遗产组成部分的各种传统文化表现形式，以及与传统文化表现形式相关的实物和场所。包括：传统口头文学以及作为其载体的语言；传统美术、书法、音乐、舞蹈、戏剧、曲艺和杂技；传统技艺、医药和历法；传统礼仪，节庆等民俗；传统体育和游艺；其他非物质文化遗产。

2. "梦祥银"非物质文化遗产简介

银在地壳中的含量仅为亿分之一，中国自宋以来白银开始货币化。在中国近千年的历史中，白银常以元宝、银锭、银元形式出现。马克思在《资本论》中提出："金银天然不是货币，但货币天然是金银。"在近代社会中，人们越来越多地看到银器。银器最初出现在公元前4000年的两河流域，这一流域有着特殊的地理意义，对于东方来讲，它是西部，而对于西方来讲，它又是东部。因此，最初的银器被西方称为"来自东方的银器"。

银饰制作技艺在我国有着悠久的历史。开始于夏商，成熟于清代，距今已有3000多年的文明传承史。据《说文》记载，"錾，小凿也。从金，从斩，斩亦声"。在《广雅·释器》中也说："镌，谓之錾。"故錾刻是利用金银的柔软质地和延展性，并伴随着玉器、骨角器等加工技术演变而来的一种手工打制技术，是金银器物主要的制作和装饰工艺之一。

银饰制作是运用旋压等各种工艺，在金属表面制作出形态立体、凹凸起伏、造型完美的图案。根据选型的要求使用不同的工艺，在银饰表面加工出千变万化的浮雕状图案。其工艺因操作过程复杂，技术难度大，要求操作者具备良好的综合素质，既要有绘画、雕塑的基础，又要掌握钳工、锻工、钣金、铸造、焊接等多种技术。

梦祥银的银饰制作技艺源自河南省新密市来集镇苏寨村。新密市历史悠久，文化灿烂，是伏羲文化、黄帝文化、岐黄文化的重要发祥地，这里气候宜人，四季分明，西北部的伏羲山，是特色矿产密玉的盛产之地。

梦祥银的第一代传承人李儒男就是一位民间手工技艺传承人，出生于河南省新密市来集镇苏寨村，一生致力于钻研学习银锁加工，其作品"富贵"大豆锁深受当地群众喜欢。第二代传承人李照瑞，也是一位从事纯手工敲打首饰工艺的民间匠人，他当时从事"货郎担"买卖，将自己打造的银饰通过"货郎担"的方式销售到周边，他的手艺也深得人们喜爱。第三代传承人刘国乾，民间手工匠人，致力于传承银饰制作技艺，在他有生之年的作品中，传统工艺锁深受当地人喜爱。第四代传承人李杰石，河南省珠宝协会民间制作大师，从事银饰制作打造，带领兄弟三人打造银器，并在1993年成立河南梦祥纯银制品有限公司，带领整个团队传承纯银制作技艺，为中国白银制品享誉世界而孜孜以求。第五代传承人李梦凡，于2014年传承银饰制作技艺，目前仍在不断学习中。"梦祥银"就是这样经过几代人的心血与努力传承下来的一种包含着深厚民间艺术的银饰制作技艺。

作为一种传承中华文明历史和艺术的手工技艺，银饰品记载了几千年来人们的生产劳动，也凝聚着人文实践的重要性。它不仅是一种现代审美的方式，也蕴含着对历史文化及精湛的手工技艺的认识和传承。这种手工艺制作技术，是艺术和技术的融合，是文明流传的根本，其制作方式需要从人文历史中探寻，是值得世人不断继承和发扬的一种优秀文化遗产。

梦祥，是我国白银文化的体现与传承，它代表着源远流长的白银文化和吉祥文化。"梦祥"的最终命名，可以说是梦祥公司目标和理想不断调整与完善的结果，我们看到的始终是一份卓绝向上的拼搏精神与责任担当，也正是这些动力支持，才成就了今天的梦祥。梦祥纯银制品有限公司针对银饰所具有的历史价值、文化价值和工艺价值，潜心钻研，并在传统技术的基础上加以创新，让流传下来的银饰制作技艺得到了更好地发扬与传承。为了将这份精神和银饰制作技艺传承下去，梦祥决定申遗。

3. "梦祥银"非物质文化遗产项目保护计划

2016年9月，梦祥银"银饰锻制技艺"正式入选第五批郑州市非遗代表性项目名录，成为郑州文化名片。目前，梦祥银已被列为河南省郑州市非物质文化遗产的保护单位，它的银饰锻制技艺来源于传统民间手工艺技术，与广大人民群众的生产生活密切相关，与先进的文化建设血脉相通，保护和弘扬非物质文化遗产，对中华文明的延续和文化创新必将发挥巨大的作用。梦祥银代表着中国文化的一部分，梦祥通过"传、帮、带"，将梦祥银饰文化传承下去。

五 传承工艺与文化

如何传承银饰工艺和文化，则是如今梦祥发展的重中之重。在21世纪新的社会环境下，面对各种商业思潮带来的改变，传统制银工艺文化也遭受着极大的冲击。一边是机械化、产量化、统一化、利润化的量产工厂，一边是手工化、艺术化、有限产量、低利润的手工匠人，后者面临严重的生存危机，更谈不上再投入、再发展和再创造。但梦祥始终坚持手工制作，积极开发新的工艺方法，不断提高产品的质量。目前，梦祥正从以下两方面入手积极承担传承银文化的重任。

1. 积极保护、创新银饰工艺并培养银匠艺人

梦祥，以传承高雅银文化为己任，从全国各地引进银制品制作工艺大师，为他们提供宽松和自由的创作空间，并积极培养银饰工艺的传承人。此

外，梦祥结合现代科学技术挖掘并保护了一批濒临失传的制银工艺。制作银器需要大工序30道、小工序108道。梦祥制作的传统银器主要包括餐具、茶具、酒具、摆件、收藏品和纪念品。每个产品的工艺步骤包括成型、打擦、焊接、烧煮、錾刻、掐丝等。

梦祥在保护传统工艺的同时，也创新了部分制银工艺和技术，在原有工艺基础上进行创造发明，如银胎景泰蓝。

景泰蓝因工艺难度大，过去只有铜胎和金胎两种。1995年，李杰石董事长经过多方调研，组队投入银胎景泰蓝技术研发。历经数年，投入巨资，先后遍访各地工匠师傅，探求银胎景泰蓝制作的技术突破。经过成千上万次试验，终于从1000多种颜料中试验出适合银胎烧制的上百种釉料，掌握了烧制温度、时间、釉料配方等关键技术。2015年，梦祥银胎掐丝珐琅技术也成功获得了国家发明专利。虽然投入巨资，但也制作出了很多让消费者喜爱的银饰制品。

2. 积极弘扬银饰文化

梦祥从开始进入银饰品制造销售行业起，就立志为中国纯银制品享誉世界而孜孜以求，以弘扬银饰文化为己任，把这个思想注入企业文化里。一个品牌要传承下去，最重要的就是企业文化，以文化定位品牌，这些做好了，品牌才会永久流传。正因为始终专注于手工制作，梦祥才会有自己的远大目标、历史的沉淀和口碑产品。梦祥的文化、符号以及品牌Logo都在随着时间而不断发展和前进。以梦祥的Logo为例，现在的品牌Logo较先前的更为灵动，"梦祥银"这三个字形似孔雀翩翩起舞，并且每个笔画类似制作银器的工具。这也表示不同时期企业对文化的理解和解读是在发展的。

梦祥不仅通过自己的努力传承中国传统的银饰文化和银饰制作技术，而且不断引进和挖掘更多以前被遗忘的银饰工艺，在传承基础上不断创新，创造了更多比以前更加便利的方法去制作银饰产品。梦祥银在传承中国银饰文化的道路上蒸蒸日上。

旧Logo　　　　　　　　　　　新Logo

图 4-1　梦祥新旧 Logo 的替换

第三节　步生莲华——梦祥银

一　品牌的升华——"名人效应"

梦祥逐渐发展，主品牌"梦祥银"需要找一个出名且符合形象的代言人。当时的娱乐圈，与梦祥银饰温婉柔美的格调紧密契合的明星少之又少，最后通过层层讨论，将目光瞄准舞蹈艺术家杨丽萍女士。杨丽萍是中国舞蹈文化、民族文化的标志性人物，拥有很多经典艺术作品，一直在不断寻求舞蹈艺术上的突破，在国内外均取得了辉煌的成就。而梦祥银也是中国知名银饰品牌，梦祥的目标就是成为银饰行业的带头人，梦祥公司是中国一个以"传递吉祥、好运"为核心价值的银饰品牌，同时成为杨丽萍的品牌标志之一的"孔雀"是善良、聪明、爱自由与和平的鸟，是吉祥和幸福的象征，它与梦祥银饰传递给消费者"吉祥好运"的概念保持了高度一致。杨丽萍是一位纯粹为了舞蹈艺术而献身的艺术家，杨老师本身的气质与梦祥银的银饰文化产生共鸣，梦祥银产品对于品质的追求和杨丽萍在舞蹈艺术上的坚持高度契合，因此请杨丽萍作为梦祥银的代言人再合适不过了。

但是如何得到杨丽萍的签约呢，这又是一个大难题。梦祥领导者通过自己的云南朋友、明星经纪人、电视台等渠道，均未和杨丽萍取得联系，于是大家一拍桌子说，不行我们就自己到云南去找！于是众领导者就这样带着自己的梦想和渴望踏上了云南。最后或许是被梦祥人的决心和坚持所感动，在2013年春节前夕，得到了杨丽萍经纪人的回信，说杨丽萍一直都很喜欢戴银饰，从不戴金的，如果她对梦祥的产品很满意很认可，梦祥就有机会和杨丽萍面谈。得到这个消息，大家都怀着激动的心情回到郑州，但杨丽萍一直不断在演出，梦祥的领导者均未收到本人的反馈，最初的激动也变成了忐忑。直到2013年3月下旬，梦祥人收到了杨丽萍的回信，杨丽萍对梦祥的产品很感兴趣，并且邀请他们见面，3月25日，梦祥董事长到了昆明与之见面，其间，杨丽萍对银饰产品所附带的内涵和意义提出了很多自己的看法，两人因相似的性格而相谈甚欢，当场便签下了代言合同。梦祥银追梦杨丽萍终成现实。

2013年梦祥企业中的"梦祥银"品牌与中国舞蹈艺术家杨丽萍女士签署代言合约，并为了展现中国传统文化重新设计梦祥银图标，以"梦祥银，戴出好运来"为广告语进行宣传。杨丽萍女士的孔雀舞也是大众所喜爱的，这种传统舞蹈和梦祥银所传达的传统文化很好地融合在一起，大大加强了消费者对梦祥银的认同感。梦祥银签约杨丽萍作为代言人，进一步扩大了其国内知名度，向着享誉世界的目标再次跨了一大步。

二 连接国际——国际合作

安东尼奥·兰多（Antonino Rando）1946年出生在意大利巴格纳拉·卡拉布拉，于1964年获得了梅西纳公共艺术学院贵金属科的艺术硕士学位，他在早年的学习中就表现出了独到的创造力和高度的艺术敏感性，最初他用大理石表现自己对雕塑的热爱，他的作品都传达了其特殊的情感，因为它们都来自他的生活经历。后来，他创作的雕塑无论大小，都变成了戒指、手镯、胸针、项链等装饰品。1983年，安东尼奥·兰多成立了"ARANDO"，为了将自己的作品更多地展示给大众，并集中精力于他的艺术创作，"ARANDO"诞生之后，安东尼奥也开始了自己的创业之旅。

此时的梦祥要走向国际，最好的办法就是与国外设计师合作，而安东尼奥恰好也需要合作伙伴一起来支持他的创作，二人一拍即合，签订合同。安东尼奥先后为梦祥设计了"花系列""华尔兹系列""太阳系列""月亮系列"等，展现了"珠宝一样的雕塑，雕塑一般的珠宝"，使用具有象征意义的语言、图形和雕塑，讲述了生活的各个方面。梦祥与安东尼奥的合作，不仅为梦祥引进了国外的先进技术，同样也扩大了意大利 ARANDO SRL 产品在中国市场的销售，梦祥与安东尼奥联手，共同致力于为热爱珠宝首饰的消费者提供更好的产品，共同走向国际市场！

图 4-2　梦祥公司董事长李杰石与意大利设计师安东尼奥·兰多会面照
（右二为安东尼奥·兰多）

小　结

从一个挑担叫卖的银货郎，到如今年销售额数亿元的企业家，李杰石带领梦祥人三十载如一日，精于工，匠于心，有情怀，有初心，打造了一个白银传奇。

李杰石的原生家庭在新密市的一个偏远山村，从小的生活过得很清贫，但是他不甘心自己的命运如父辈一样碌碌无为，所以一直都告诫自己要努力奋进。正因如此，就算后来没有继续上学，他依旧坚持初衷，要出人头地，就这样李杰石走过一重重山，踏过一程程水，终于向自己的理想和抱负一点点地靠近。

在李杰石风里来雨里去的几十年中,他靠的不仅是一路向前的冲劲儿,还有家人的理解和支持、朋友同伴的齐心与协力、师傅的倾囊相授……这些都是他成功路上必不可少的,也将成为其人生巨大财富。李杰石就这样在银饰匠的道路上越走越远,从银饰作坊到石磊工厂,再到梦祥的诞生。

那么梦祥是如何发展起来的呢?在管理方式上,"梦祥"商标注册之后,企业规模渐渐扩大,原有的管理方式不能适应公司的发展,企业领导人通过培训学习对公司进行改革,使之适应快速变化的外部环境。随着大环境的发展,梦祥不断开拓市场,从线下经销商到线上的电子商务,梦祥拓展出了一条银饰品网络销售渠道。随后,梦祥银与杨丽萍女士签约,扩大了梦祥的国内影响力。与意大利设计师安东尼奥·兰多签约,使梦祥银注入了国际化元素。目前,梦祥工厂已具备年加工黄金白银55吨、年生产加工量达100万件以上的生产能力。未来,梦祥将借助先进的互联网工具,打破传统模式,推动"梦祥+"的发展。

在文化传承上,梦祥公司继续发扬创新高效的梦祥精神,深挖新密市深厚的文化沉淀,把文化创新融合到梦祥产品中,推进工艺技术的进步和产品的优化升级。其中,梦祥努力研发的核心工艺"景泰蓝"受到了市场的广泛欢迎。

在市场拓展上,梦祥品牌在李杰石的带领下快速发展,随着市场的逐渐扩大,河南本地市场已经满足不了其发展需求,梦祥转战国内市场,现已将目标转向全球市场,梦祥银的宗旨就是为了中国纯银制品享誉世界而孜孜以求。梦祥在20多年的发展过程中,已经成了消费者心目中的"名牌",时至今日,梦祥将继续努力做大做强,让中国银文化享誉世界,让梦祥品牌走向世界!

在企业文化上,梦祥品牌的快速发展离不开梦祥的员工精神,梦祥极为重视企业员工的全方位发展,不仅仅重视员工的工作,更重视员工的培养和提升。梦祥的快速发展同样离不开梦祥对社会的感恩回馈,梦祥在李杰石的领导下特别注重对社会的感恩回馈。梦祥的快速发展亦离不开梦祥对于消费者的品质服务，企业大力发展品质服务一体化，为了让消费者得到满意的产品和服务，梦祥正在努力。让正能量、爱融入梦祥上千名员工和上万名营销代理人员的血液中，成为梦祥品牌从业者自发、自觉、自省的一种意识和历史责任感。从梦祥的成功可以看出，企业在基础设施不断完善的同时，要关注品牌文化和企业文化的塑造，企业的发展不仅应依靠规模经济的增长，还应将独特的文化、值得信赖的品牌作为核心竞争力，这样才能长足发展。

企业的发展也离不开企业家的诚信和责任感。对产品和质量严格把关，将对顾客的承诺落到实处，让人真真切切地感受到放心、贴心和舒心。一家企业需要的不仅是蓬勃的发展力，还有优秀的领导者和富有内涵的企业文化，这些都是支持企业持续发展的核心。

除此之外，企业还要了解到自身的不足，在发展过程中，不断发现问题、解决问题，如果没有办法解决问题，就要善于学习，自身知识储备不够就进行专业培训，多去参观其他企业，汲取经验；市场是不断变动的，消费者的喜好和需求也在不断发生变化，而企业要想将产品销售出去，就要善于抓住消费者的需求变化，不断进行产品工艺及种类的创新；要做好市场的开发及维护，不能开发出新的市场就放任不管；另外，后期的维护可以让消费者看出企业的用心，从而增加对企业的信任及好感。

每一家企业的成功发展都是相似而又独一无二的。那么除了企业文化、企业管理方式、市场拓展、企业家精神等因素外，梦祥从一个银饰加工小作坊发展到一个传承中国文化的银饰品牌主要而又独特的原因又是什么？

1. 外部宏观环境中的机遇

1993年，李杰石乘着改革开放的春风，面对蓬勃发展的中国珠宝市场，开启了银饰品创业之路。在经历了20世纪80年代的物品缺乏、发展滞后等一系列问题后，90年代的市场就像甘霖初降后的草场般生机勃勃，享受着改革开放带来的经济、科技、思想的进步，越来越多的企业开始思考如何从"做生意"发展到"做企业"。同时，规则化与差异化的市场竞技方式也正式拉开了序幕，因为此时消费者的认知也发生了转变。荷包渐渐丰厚的中国人在满足生存的需求后，开始注重生活的丰富与精神的追求。这些时代的变化与社会的进步开启了一个崭新的消费时代，帮助了梦祥的崛起和发展。

但是 90 年代发展起来的品牌不在少数，这其中不乏曾经兴盛但如今被市场遗忘的春兰空调、小霸王游戏机、春都火腿肠等，这些品牌或是守不住初心，或是盲目扩张，都渐渐走向衰落。可见，在时代潮流的发展中，经营者的格局与公司发展路线也是企业发展的重要因素。

2. 经营者的格局

一家企业的发展路线很大程度上是由经营者的格局决定的。李杰石草根起家，带领着梦祥历经 20 多年发展，从一家普通的银饰加工厂，成长为一家贵金属和轻奢品行业领先企业，也正是草根出身，才让李杰石明白诚信经营、勤勤恳恳、执着银饰、文化传承、回报社会等"初心"的重要性，使匠人精神始终贯穿于梦祥的发展中。就这样，因为李杰石的人生经验与格局，草根起家的梦祥，以"为中国纯银制品享誉世界而孜孜以求"为理念，以坚持卓越匠人精神原则，继承和弘扬中国传统文化为己任，将梦祥发展成为集黄金、K 金、钻石、玉石和白银首饰设计、生产研发、模具加工、白银批发、珠宝销售于一体的独立法人企业。

3. 坚持走缔造中国品牌的发展路线

随着周生生、周大福、Tiffany & Co.（蒂芙尼）等品牌不断进军国内市场，珠宝行业的竞争变得更加激烈，李杰石意识到品牌对于企业的重要性，梦祥必须打造一个可以顺应潮流发展并展现自身特点的国际化品牌。银饰行业是一个有着文化承载力与创新力的民族特色产业，所以李杰石决定让梦祥走一条让中国纯银制品享誉世界的中国品牌发展路线。这里说的中国品牌发展路线不仅包括文化的传承与弘扬，还包括不断的学习与创新。如果一个产品仅仅是贴上了中国的标签，那么这个产品是滞固的、不灵动的，况且跨文化消费者的刻板印象也在一定程度上给某些产业的发展带来了困难。因此，李杰石认为梦祥必须通过不断的学习与创新给消费者带来更好的体验、更优惠的政策和更踏实的精神寄托，缔造中国品牌，引领行业发展。

第二部分　梦祥品牌文化创新

"为中国纯银制品享誉世界而孜孜以求",梦祥以继承和弘扬中国传统文化为己任,坚持卓越匠人精神原则,历经20多年发展,从一家普通的银饰加工厂成长为一家贵金属和轻奢品行业领先企业。那么靠什么来支撑和推动梦祥的发展?靠什么来凝聚1000多名员工?由什么来联结5000多家经销商?由什么来吸引众多的消费者?答案就是梦祥的品牌文化!我们从创业者和员工的角度来说明梦祥品牌文化是如何"炼"出来的。

第五章
梦祥是如何"炼"出来的——创业者篇

第一节 创业者——梦祥公司董事长李杰石

李杰石：创富导师、梦祥品牌创始人，河南梦祥纯银制品有限公司董事长、梦祥商学院院长、新密市工商联（商会）副会长、河南省黄金协会副会长、河南省珠宝玉石首饰行业协会副会长、郑州市文化产业协会会长，河南省文化产业协会理事。

李杰石出身贫寒，高中辍学，打工养家，也就是在那时，他立下誓言：自己这一生一定要有所作为，将来有一天，一定要在自己的家乡建起工厂，让辛苦劳作的乡亲们有打工挣钱的地方。1989年，是李杰石生命中的一个重要转折点，当时打工回家探亲的他，经人介绍，在有着丰富银饰手艺打造经验的高师傅门下拜师，自此，开始了他的民间手艺匠人生涯。在传承师傅的传统手工工艺基础上，李杰石的手工饰品更凸显新颖的样式，强调精细的做工，找他定制银饰的客户越来越多，从开始的一天卖几件，到后来的一天几十件，需求量与日俱增，李杰石个人生产的速度已经满足不了客户的需求了。

看到这样的产品销售前景，李杰石隐隐感觉到，实现自己最初誓言的第

文化基因的品牌镌刻

一个机会到了,实现亲人们的共同富裕!李杰石就开始发动家人,一起分工铸造,从个人的单打独斗到家人齐心协力,确确实实提高了生产效率。质量上乘的产品本身就是最好的广告,产品销售规模与日俱增,家庭式手工作坊已经满足不了市场需求。

1999年,李杰石创办了新密市银梦祥工艺品厂,从这开始,对李杰石董事长而言,又一次步入生命的转折点,从一个家庭式手工作坊者步入一个规模化规范化企业管理者和领导者,为了使自己和企业规模的发展同步化,他一方面开始到处学习优秀企业的管理经验,另一方面还意识到自己肩上所担负的社会责任越来越大。

李杰石认为他肩上的社会责任有两个方面,其一是对白银文化的挚爱和对历史传统工艺传承的责任感,其二是梦祥公司对父老乡亲的责任。在白银文化和传统工艺的责任感上,无论是在艰难的创业过程中,还是在企业不断发展扩大的过程中,他都不断地对纯银产品进行技术改进和工艺改造。2003年5月7日,"梦祥"商标正式注册,也标志着李杰石由一位银匠变身成为白银专家,逐渐成为纯银饰品产业的带头人之一,并带领团队和梦祥产品多次赴海外推广中国银文化。2015年获得由《河南日报》主办的"中原珠宝行业十大领军人物"称号。在致力于纯银制品享誉世界的奋斗之路上,李杰石一直秉承"先做人,后做事;踏踏实实做事,实实在在做人"的理念,为继承和发扬中国传统白银文化不断奋斗着、努力着。

在对当地父老乡亲的责任方面,李杰石以自身的实际行动诠释了什么是不忘初心、砥砺前行。李杰石为人真诚,乐善好施,热衷慈善事业,梦祥公司2008年投资数万元为苏寨村修筑公路;从2009年起每月向苏寨村80岁以上的老人发放慰问金和慰问品。李杰石用实际行动支持当地教育事业的发展,2011年投资数万元修建梦祥小学,并先后资助贫困大学生;2014年3月,梦祥新密实验高中教师教育培训基金正式启动,2015年12月,梦祥助力网易河南态度峰会。

20多年来,李杰石带领着梦祥,一步一个脚印,赢得了社会、员工和消费者的认可。2010年,梦祥银饰品通过了严格的ISO9001国际质量管理体系认证,成为国内首家银制品行业国际认证企业。梦祥产品多次获得"中国名牌""河南省著名商标""消费者放心产品""最守合同企业"等荣誉称号。2012年李杰石当选新密市政协委员并荣获郑州市"五一劳动奖章"。2018年在改革开放40年暨集聚区建设10周年论坛上,他被授予"改革开放40年——河南创新先锋"的荣誉。20多年来,李杰石先后获得"新密市优秀党员""模范企业家""新密市先进人物"等光荣称号,现担任新密市工商联(商会)副会长、河南省黄金协会副会长、河南省珠宝玉石首饰行业协会副会长、郑州市文化产业协会会长。

图 5-1 李杰石工作照

第二节 创业者的执着——工匠精神

一 精益求精的精神理念

工匠精神,是对产品精雕细琢、精益求精的精神理念,是一种情怀、一份执着、一份坚守、一份责任,是时代的需要,也是一种文化的传承。而梦祥崇尚的这种工匠精神在其产品工艺上体现得淋漓尽致。

梦祥公司代表性的产品有长命锁、手镯、脚镯、万寿无疆景泰蓝碗、花开富贵手绘珐琅花瓶以及高浮雕九龙壶酒具等,这些产品无论形式、做工,还是工艺流程等方面都极尽完美。每一件作品都是追求卓越的梦祥匠人心血的体现。在这里，主要以梦祥银手镯、花开富贵手绘珐琅花瓶和高浮雕九龙壶酒具的工艺流程为例，来展示梦祥精益求精的精神理念。

（1）梦祥银在传统银首饰工艺的基础上不断改进，将制作银手镯的工艺分为压银片、锻打、打磨、刻画、打磨清洗抛光五个步骤，同时对手镯上的花纹进行分类，分别给予不同的寓意，给消费者更多可选择的空间和更高质量的银饰体验。在梦祥对银饰的要求如此精益求精的背后，是一位位梦祥人工匠精神的展现。

（2）花开富贵手绘珐琅花瓶运用的手绘珐琅工艺，是国家非物质文化遗产，也是梦祥的专利。这个工艺的制作过程非常复杂，制胎期间要经过开模、下料、擀床、露底、拷油、攒活等工艺；还要经过丝工、点蓝烧蓝等流程，特别在颜料的选择上，需要在1000多种颜料里面试验100多种可以使用的颜料；颜料选定之后还要经过反复多次的填釉烤结，最后进行打磨抛光，整个制作过程要经过几十道工序，十几位老匠人的精心打造，才能制成一件精美的掐丝珐琅花瓶。

（3）高浮雕九龙壶酒具是梦祥银礼品系列中的一种，寓意高贵、尊荣，又是幸运与成功的代表。它运用高浮雕工艺，工艺流程如下：熔银并制作银片、制作壶身、制作壶肩、制作壶盖、制作壶嘴、制作提梁、打磨抛光。制作过程中的每一步都需要耐心和细心，特别是在制作壶身的过程中，步骤十分漫长，其间需要对壶身不断的锤打和退火，大概需要用不同型号的锤子敲击十几万下，为了使接下来的制作过程更顺利，制作者需要非常专心，避免前功尽弃。

二　独具匠心的创新精神

面对市场环境，梦祥始终在适应变化、主动进化。梦祥要围绕品牌核心元素和基因，设计出更多具有识别性的品牌符号产品，更要探索新品类，以主动进化迎接新时代的挑战。

——梦祥的品牌顾问张杰

的确，梦祥纯银制品有限公司自 1993 年创立以来，一直注重对产品技术的开发和研究，在专利技术方面取得了丰硕的成果。

李杰石从一名小银匠做起，自青年时代就开始拜访全国名师，学习中华传统银饰加工技术，精益求精的工作态度和执着的工匠精神促使他在制作银器的过程中不断创新、完善。在他的精神带动下，公司人员悉心钻研银饰开发技术，勇于创新，发明了多项专利技术。2017 年，公司共拥有发明专利 111 件，其中外观设计方面有 104 件，多为董事长及其兄弟和公司内部设计人员研发出来的银饰精品；发明专利有 6 件；实用新型专利有 1 件。经过短短一年的时间，梦祥在银饰领域的专利已增加至 200 余件。

由于公司以银饰为主，为满足各阶层消费群体的不同需求，以及对外观设计的高要求，公司非常注重对产品的开发和研究，在手镯、锁、碗、壶、茶具方面均取得了可喜的成就。尤其是梦祥景泰蓝的掐丝工艺专利对整个银饰行业来说都是一种全新的工艺，这项发明拯救了一种已经失传上百年的古老工艺，具有很好的社会和经济效益，同时也对企业申请政府产业项目起到了支撑作用。

景泰蓝又名珐琅，起源于元朝时的古老京都，盛行于明朝景泰年间（1450～1457），因其釉料颜色以蓝色（孔雀蓝和宝石蓝）为主，故称为景泰蓝。景泰蓝工艺距今已有近千年的历史。景泰蓝属于金属工艺与珐琅工艺的复古工艺品，与世界上其他国家和地区的珐琅工艺品相比较，中国的景泰蓝在其形制、纹饰、功用、制作技巧等方面都具有鲜明的民族特色。珐琅彩绘是一门高级珠宝工艺技术，目前分为掐丝珐琅、錾胎珐琅、画珐琅、锤胎珐琅、透明珐琅、透光珐琅等多种形式，要求制作者具备绘画、錾刻、掐丝等不同的技术。景泰蓝锻制技艺因其操作过程复杂，技术难度大，要求操作者具备良好的综合素质，既要有绘画、雕塑的基础，又要掌握钳工、锻工、铸造、焊接等多种技术，对传统文化还要有一定的理解和鉴赏能力，而且非经长期刻苦的学习和钻研而不能很好地掌握，故学习此艺者不多。由于没有统一的组织管理和有计划的人才培养，加之有些匠师欲传无人，或思想保守不愿传人等缘故，此项民族文化正处于衰退的状况。目前国内能熟练掌握者为数不多，此项工艺面临后继乏人的境地。

在多年的工艺发展中，景泰蓝只有铜胎和金胎两种，而李杰石作为纯银制品的匠人，他就想研制出银胎景泰蓝，从 2000 年开始，他带领研发小组经过多年的不断尝试，终于成功研制出银胎景泰蓝画珐琅、掐丝、点蓝、烧制等核心工艺，总结出银胎景泰蓝的制作技艺，也培养了一批银胎景泰蓝制作匠人，并于 2010 年成功推出第一款"万寿无疆"银胎景泰蓝掐丝珐琅碗，还原、复制并创新出故宫珍品"万寿无疆"景泰蓝产品。

正是李杰石追求精益求精的工匠精神带动了整个梦祥的发展，使每一件产品都独具匠心，也为梦祥纯银制品享誉世界打下了坚实的基础。2018 年 5 月，在中国（郑州）国际旅游城市市长论坛上，梦祥景泰蓝工艺产品大放异彩，让国际友人赞誉不绝。论坛现场，梦祥非遗传承人李杰石，现场演绎景泰蓝錾刻、掐丝、点蓝等非遗工艺，展示了梦祥银胎景泰蓝工艺的魅力。

图 5-2 景泰蓝工艺产品

三 《银饰界》的"脊梁"精神

银通天下,"饰"不可挡。2010年10月,梦祥公司董事长李杰石为了打造梦祥独有的企业文化,主导创办了一本企业内刊《银饰界》,以期能够借此传播中国高雅银文化,影响整个银饰行业。

为了创办一档具有影响力的银饰刊物,梦祥聘请专业的编辑、设计人员,对珠宝行业内的潮流资讯、梦祥公司的重大事件和活动、梦祥从业人员的创业经历和故事、设计理念的发展、白银技艺与文化发展和产品动态等,进行全方位的记录并设计出精美的版面,每期印刷10000本,向全国梦祥的加盟商、代理商、营销网点、各大展厅和众多商业合作伙伴等免费发放。

《银饰界》的创办,在行业内引起一股塑造企业文化的潮流,众多品牌纷纷效仿建立了自己的内刊或报刊,相互交流,为推动珠宝行业的发展,提供了更多可以借鉴的素材和经验。

《中国黄金报》、《河南日报》、《大河报》、《郑州晚报》、网易河南、新浪网、人民网、今日头条、中国珠宝招商网等众多媒体多次转载了《银饰界》刊发的文章,其中《银饰界》总编辑李杰石撰写的《产品之外有学问》《有梦最美》《大商之道》等文章更是多次被多家媒体转载。

截止到2017年5月,每月一期的《银饰界》成功出版79期,合计出版了790000本,采访了400多人,积累了约230万字,刊发图片3800多张。如果把已经出版的每一期《银饰界》叠起来,将近1米高,按照每本5人次的传阅,受益读者将近400万人次。

河南省珠宝玉石行业协会会长对《银饰界》的成功创办,给予高度的评价。他说,《银饰界》不仅是传播梦祥企业文化的阵地,也在弘扬中国白银文化、展现纯银制作艺术的美学价值等方面发挥着重要作用。可以说,李杰石用《银饰界》传承了银饰文化,影响了整个银饰行业,他不仅是《银饰界》的开创者,更扛起了银饰文化传承的责任。

图 5-3 《银饰界》创刊 8 周年封面

第三节 创业者的管理理念——"五行理论"

一 所谓"五行理论"

中国古代哲学家用五行理论来阐释世界万物的形成及其相互关系。它强调整体概念，旨在描述事物的运动形式以及转化关系。五行学说是我国古代的物质组成学说，与西方古代的地、水、火、风四元素学说类似，是集哲学、占卜算命、历法、中医学、社会学等诸多学说于一身的理论。

五行是指古人把宇宙万物划分为五种性质的事物，即分成木、火、土、金、水五大类，并叫它们"五行"。早见《尚书·洪范》记载："五行：一曰水，二曰火，三曰木，四曰金，五曰土。水曰润下，火曰炎上，木曰曲直（弯曲，舒张），金曰从革（成分致密，善分割），土爰稼穑（意指播种收获）。润下作咸，炎上作苦，曲直作酸，从革作辛，稼穑作甘。"这里不但将宇宙万物进行了分类，而且对每类物质的性质与特征都做了界定。后人根据对五行的认识，又创造了五行相生相克理论，这个理论主要体现在"五行生克"定律上面。

相生，是指两类属性不同的事物之间存在相互帮助、相互促进的关系。具体是：木生火，火生土，土生金，金生水，水生木。相克，则与相生相反，是指两类不同属性事物间的关系是相互克制的。具体是：木克土，土克水，水克火、火克金、金克木。

五行学说认为，木、火、土、金、水是不可缺少的最基本的物质，进而延伸为世界万物都是由这五种基本物质运动变化而成的，并用五行之间的生、克关系来阐释事物之间的相互联系，认为任何事物都不是孤立的、静止的，而是在不断相生相克的运动之中维持着协调平衡。

二 "五行理念"在梦祥的体现

五行相生的原理是有科学依据的：木生火者，木性温暖，火伏其中，钻灼而出，故木生火；火生土者，火热故能焚木，木焚而成灰，灰即土也，故火生土；土生金者，金居石依山，津润而生，聚土成山，山必长石，故土生金；金生水者，少阴之气，润燥流津，销金亦为水，所以山石而从润，故金生水；水生木者，因水润而能生，故水生木也。

1.五行品牌理论

李杰石把梦祥的五大品牌与五行学说联系起来，从五行理论中的金木水火土联系到了东西南北中和人体的心肝脾肺肾。梦祥银在中属土（代表脾），金梦祥在南属火（代表心），盈祥银饰在东属木（代表肝），梦祥盛世在西属金（代表肺），九龙银象在北属水（代表肾）。木生火，火生土，土生金，金生水，水生木，五个品牌代表五个方位，代表金木水火土五行。

梦祥品牌的核心是梦祥银，梦祥银诞生于中原，中原属土，土生万物，是大众品牌。该品牌传承于我国传统吉祥银饰文化，积极向社会传递吉祥、好运的文化内涵。服务的对象上至老人，下至小孩。盈祥银饰，主位在东方，东方属木，木代表生发，代表蓬勃，代表生长，代表朝阳。盈祥产品服务的对象是 0~18 岁的人群。金梦祥，主位在南方，南方属火，季节变化不太明显，一年四季都适合戴首饰。服务的对象是 18~38 岁准备成家立业的人群。梦祥盛世，主位在西方，西方属金，代表的是财富，其服务的对象是 38~58 岁的人群。梦祥盛世以其独特、尊贵的品位，为目标客户群体打造出一场健康私享的银质生活体验。九龙银象，定位北方，北方属水，水代表权力和金钱，是地位和财富的象征。服务的对象年纪为 58~78 岁。九龙银象是梦祥旗下全新的白银奢侈品品牌，融入了中国宫廷文化的尊贵华美与帝王的傲气，以精湛的宫廷手工艺与传统智慧，演绎皇家御用产品的精粹，值得高端人士使用及收藏。

梦祥五行品牌的诞生和五行理论息息相关，正是有效地结合了五行理论的原理，才衍生出梦祥的五大品牌，覆盖了各个年龄段的消费群体，并将不同年龄段的人群需求转化为产品和概念，为更多消费者提供满意的产品。

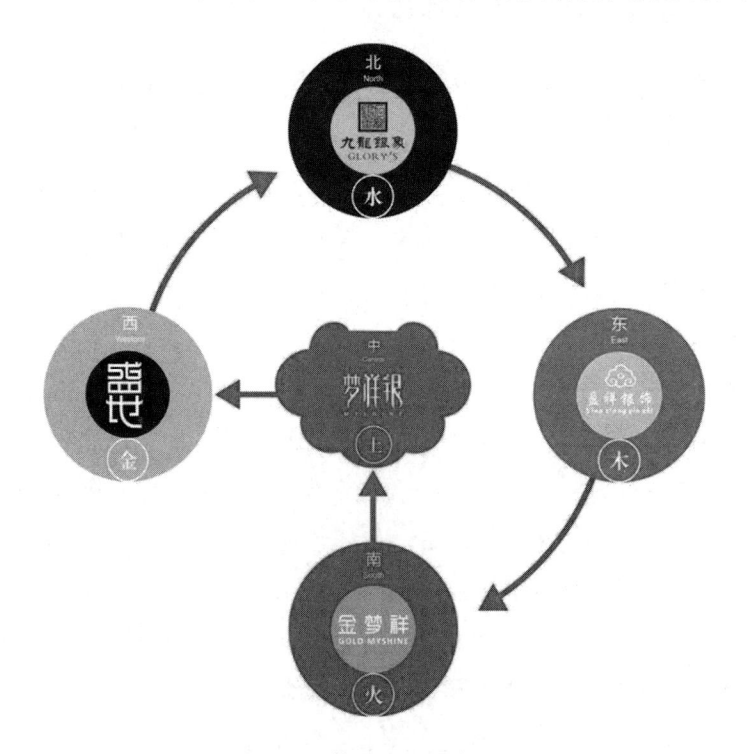

图 5-4 梦祥五行品牌理论

2. "五行管理理论"

五行学说是中国古代劳动人民创造的朴素的辩证唯物主义哲学思想，如今，梦祥董事长运用智慧，巧妙地将其融合到梦祥的五大品牌之中，形成梦祥独有的品牌哲学体系，赋予品牌更加深厚的文化内涵，这对梦祥未来的发展具有划时代的意义。企业管理一直是企业发展的重中之重，相对于西方而言，国内的市场化运作并不完善，更多是模仿国外的管理经验，如精细化管理，就是典型的西方企业管理方法。但是西方的管理方法是建立在西方资本主义制度上的，相对于我国市场的劳动保障、技术、生产能力、资本运作、投入产出比等方面来说存在很大的差异，因此我们在运用的同时更要结合企业的实际情况，在这套管理理论的基础上进行创新，结合中国市场的特点，真正找到既符合经济发展规律，又能促进企业发展的东方企业管理理论。而李杰石就将五行哲学理论与梦祥的管理理论相结合，创造了适合梦祥发展的五行管理理论。

2018年，梦祥五行品牌理论确立之后，梦祥对企业的管理方式进行了改变。把原来多个分支管理机构合并和重组，设置了营销管理中心、人资行政管理中心、产品管理中心、财务管理中心和文创管理中心。五个中心负责人直接对总经理负责，五个中心各自管理其下属单位。这次的重组就是五行管理理论诞生的雏形。

营销管理中心是企业的心脏、生命线，对应的是五行火属性。营销不火，企业就没有发展资本，各项开支就没有源泉，企业就得停摆。所以营销管理中心的员工都是有激情，进取心强，敢打敢拼，能吃苦耐劳的。这也是梦祥与其他品牌竞争市场的生力军，必须保持强大的战斗力、决胜的信心和超强的市场开拓能力。

人资行政管理中心是企业的造血器官，对应的是五行土属性。火生土。企业的发展需要不断创造出好产品，运用好技术，不断创新。但创新从哪里来？答案是人才。人资行政管理中心一方面要不断从外界吸收更多优秀人才，为企业不断输送新鲜血液；另一方面要不断通过员工再培训、再教育、岗位轮换来发现可造之才，让每个人都能发挥出自己的才能和价值。管理一家企业最好管的是人,最难管的也是人。每个人都有自己独立的思想,不同的习惯,不同的知识结构,不同的精神追求,如何求同存异,是人资行政管理中心的重要工作。

产品管理中心是企业的肺,是企业的呼吸命脉,对应的五行属性是金。土生金。只有拥有丰富银饰铸造经验和技术能力的人多了,才能更好地为全国的加盟商和经销商供应产品。产品管理中心也一样。原料和旧料从这里进来,经过梦祥银匠的千锤百炼,把祖国的壮丽山河、世间的鸟语花香和人们幸福美好的生活,或錾刻,或掐丝,或描绘,变成一件件精美的饰品、器皿,重新走进市场,走进千家万户,装点人们的小康生活。

财务管理中心是企业的肾,肾排除人体杂质,生产人体必需的元素,对应的是五行水属性。企业大了,各种损益数据真实有效就非常重要。同样也不排除在数据汇报时,会出现一些假数据、假报销、假业绩的情况,这就要求财务工作人员一定要睁大眼睛,精打细算,详细核实,把真实有用的数据筛选出来,以便帮助公司管理层进行决策,提供可靠的数据支持。随着公司业务扩展,梦祥每年都会规划一些投资项目,财务管理中心应该以专业的角度来审核各项投资计划。收益多少,风险多大,如何应对和控制风险,大胆假设,小心求证,既要保障公司财务健康运转,也要尽量提高公司投资融资产出的最大值。

文创管理中心是梦祥公司 2018 年新设置的部门,是为了应对新时代、新经济而设置的创新部门。五行对应的是木,木生火。同时也是担负公司造血功能的肝脏,代表企业创新和新生。每一个创意营销,每一件新产品,都需要智慧的碰撞。现在的市场供应非常充沛,消费者可选余地非常大,要想在激烈的市场竞争中生存发展,就要不断推陈出新。别人有我要新,别人新我要奇,别人奇我要怪。总之,要想尽办法,用正确的方式来吸引消费者的注意力。

当然,梦祥作为纯银制品领域的重要一员,也担负着弘扬行业正能量的责任。企业反对那些恶意、低俗、丑陋、扭曲的炒作,对于一些急于牟利的商品来说,这样做短期效果非常明显。但梦祥是一个民族品牌,正直、善良、友好、谦卑、包容，这些做人做事的基本的优良传统，是企业的根基。企业创新产品设计也好，创新营销模式和工具也好，创新企业管理文化也好，最终的目的是让企业增强实力，从而帮助更多人实现创业梦想，帮助更多困难家庭，让更多品牌生态链上的人都能生活更幸福，这是梦祥未来的新价值。

五行相生。火生土，营销管理中心（火）业绩好，人资行政管理中心（土）才能有财力招揽更多精兵强将；土生金，人资行政管理中心（土）招聘到的优秀人才多，产品管理中心（金）才能创造出更多有价值的产品；金生水，产品管理中心（金）的产品附加值高，消费者喜爱，财务管理中心（水）才会有更多的盈余；水生木，财务管理中心能拨出更多的资金投入新产品研发和新营销策划上，文创管理中心（木）才会研发出更多更好的设计和创意产品；木生火，文创管理中心（木）设计的产品独树一帜，策划创意超出想象，营销管理中心（火）才会让梦祥品牌在市场上"火"起来。

五行相克。火克金，营销管理中心（火）想办法开拓新市场和新渠道，同时就会要求产品管理中心（金）的产品质量和数量要跟得上；金克木，产品管理中心（金）要想保持产品在市场上的竞争力，就会要求文创管理中心（木）设计出更多新款式、新样式和新工艺；木克土，文创管理中心（木）要想研发出令人满意的产品，就会要求人资行政管理中心（土）满足自己对高端设计、创意人才的招聘需求；土克水，人资行政管理中心（土）要想招揽到更多更好的优秀人才，就会要求财务管理中心（水）在人才招聘和培育上增加投资；水克火，财务管理中心（水）为了让企业有更大的盈利，有更强的投资能力，就会要求营销管理中心（火）持续提高营销水平，开拓更多企业获利渠道。

五行品牌和五行管理理论是梦祥在五行理论的基础上长期不断研究和总结的结果，也为梦祥未来的发展指明了方向。当然，在实际管理过程中还需要灵活运用，既不能偏离实际，也不能好高骛远，帮助企业开源节流，不断发展壮大的同时提升企业的竞争力。

文化基因的品牌镌刻

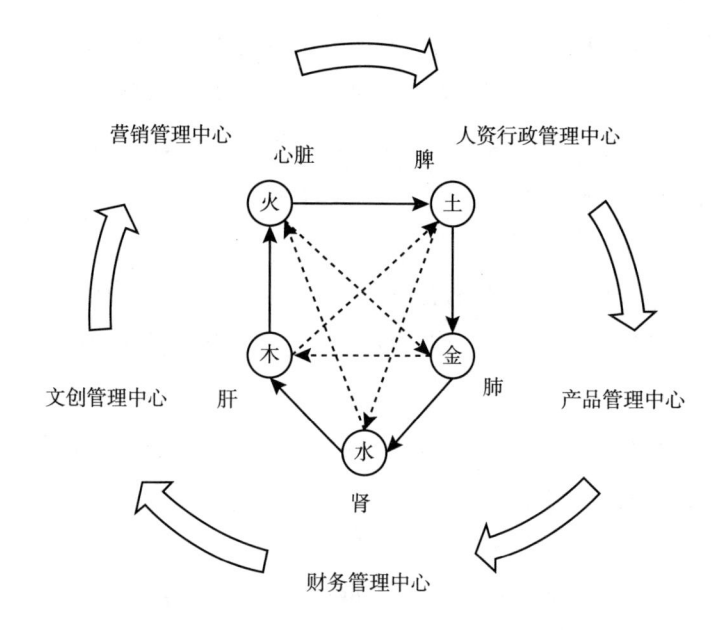

图 5-5 梦祥五行管理组织

第四节 创业者的追求——白银文化

一 银饰制作技艺的传承和创新

> 传统制银是中华文明根基的一部分,是历经无数劳动者的磨炼之后的本民族文化的精髓,继承和弘扬传统制银工艺和文化,就是守住民族之根,未来才无愧于祖先和后代。
>
> ——《梦祥企业文化手册》

银饰制作是运用各种旋压、打擦、錾刻、焊接、抛光等工艺,在金属表面制作出形态立体、凹凸起伏、造型完美的图案。根据选型的要求使用不同的工艺,在银饰表面加工出千变万化的浮雕状图案。工艺因其操作过程复杂,技术难度大,要求操作者具备良好的综合素质,既要有绘画、雕塑的基础，又要掌握钳工、锻工、钣金、铸造、焊接等多种技术。

现代的手工银饰品制作，虽然在使用工具上有所改进，但依然秉承了传统的手工技艺。制造银器的主要工具有羊角锤、戒指铁、锉刀、小锤、不锈钢小锅、拔丝板、锯、葫芦夹、焊板、坩埚、镊子、焊枪、磨机、枕木、工作台案等。制作银饰品原辅料包括银片、银条、银丝、明矾、硼砂等。

作为一种传承中华文明历史和艺术的手工技艺，银饰精品记载了几千年来人们生产劳动的精华所在，也凝聚着人文实践的重要性。它不仅是一种现代审美的实践方式，也蕴含着对历史文化及精湛技艺和丰富经验的认识与传承。这种手工艺制作技术，是艺术和技术的融合，是文明流传的根本；其制作方式需要从人文历史中寻找养料，实现存在发展的契机和理由，也是值得世人不断继承和发扬的一种优秀文化遗产。

梦祥银的银饰制作技艺源自河南省新密市来集镇苏寨村，这里交通便利、经济发达，是全国重点产煤县（市）、全国耐火材料基地、全国绿化模范县（市）。新密市历史悠久，文化灿烂，是伏羲文化、黄帝文化、岐黄文化的重要发祥地，这里气候宜人，四季分明，西北部的伏羲山，是特色矿产密玉的盛产之地。梦祥纯银制品有限公司生产基地就位于河南省新密市来集镇上。

梦祥银的第一代传承人李儒男，就是一位民间手工技艺传承人，出生于河南省新密市来集镇苏寨村，一生致力于钻研学习银锁加工，其作品"富贵"大豆锁深受当地群众喜欢。第二代传承人李照瑞，也是一位从事纯手工敲打首饰工艺的民间匠人，他当时从事"货郎担"买卖，将自己打造的银饰通过"货郎担"的方式销售到周边，他的手艺也深得人们喜爱。第三代传承人刘国乾，民间手工匠人，致力于传承银饰制作技艺，在他有生之年的作品中，传统工艺锁深受当地人喜爱。第四代传承人李杰石，河南省珠宝协会民间制作大师，从事银饰制作打造，带领兄弟三人打造银器，并在1993年成立河南梦祥纯银制品有限公司，带领整个团队传承纯银制作技艺，为中国白银制品享誉世界而孜孜以求。第五代传承人李梦凡，于2014年传承银饰制作技艺，目前仍在不断学习中。"梦祥银"就是这样经过几代人的心血与努力传承下来的一种包含着深厚民间艺术的银饰制作技艺。

工欲善其事，必先利其器。随着科学技术的进步，目前梦祥纯银制品生产基地引进了世界一流的激光首饰造型机、镭射钻石雕刻机、3D 雕刻机、激光焊接机等专业首饰生产设备，这代表了目前银饰制作的领先水平，同时也为梦祥发扬银饰制作技艺奠定了基础。

此外，梦祥纯银制品有限公司针对银饰所具有的历史价值、文化价值和工艺价值，潜心钻研传统银饰制作，并在传统技术的基础上加以创新，让经几代人流传下来的银饰制作技艺得到了更好地发扬与传承。梦祥，以传承高雅银文化为己任，从全国各地引进银制品制作工艺大师，为他们提供宽松和自由的创作空间，在整理传统工艺技术资料的同时，积极培养这些工艺的传承人，结合现代科学技术，挖掘和保护了一批濒临失传的制银工艺，也创新产生了一批新的制银工艺和技术。

目前，梦祥银已被列为河南省郑州市非物质文化遗产的保护单位，它的银饰锻制技艺来源于传统民间手工艺技术，与广大人民群众的生产生活密切相关，与先进的精神文明建设血脉相通，保护和弘扬非物质文化遗产，对中华文明的延续和文化创新必将发挥巨大的作用。

二　白银文化的传承

1. 对银文化的认识

"银"字的解释，繁体：銀，部首：钅，拼音：Yín，形声：从金，艮（gèn）声，本义：一种白色金属，通称银子。

篆文	隶书	楷书	简体
銀	銀	銀	银

图 5-6　"银"的字体演变

作为梦祥的创始人，李杰石对银有很深的认识。除了对银所具有的物理属性、养生功能和制银工艺很熟悉外，他还对银饰给予很高的评价：

银代表淡泊——流光溢彩间传递出的典雅与复古,浑然天成不饰雕琢,不屑金的霸俗、珠的巧媚、宝石的张扬,在雅致与端庄间展现属于自己的宁静。

作为梦祥的创始人,李杰石对银文化有着丰富的知识储备:银饰出现伊始作为装饰和美化生活的器物,到后来等级分化后,作为权力的象征和神圣的标志,也有一些民族把银饰当作一种辟邪用具,认为银饰具有灵气,可以驱灾辟邪佑平安。但是传统银饰的"逢祥瑞求吉祥"观念扎根于中原各族的银饰文化中。由此决定,银饰品上多为求福、求寿、求吉祥的纹饰和图案。每件银首饰都是人们对美好生活和未来的向往和祝愿,银饰的吉祥文化也于此形成。梦祥从创业伊始就传播着白银的吉祥文化。梦祥把自己的产品与吉祥文化结合起来,开发的第一款产品"百岁锁"就代表了梦祥对中国传统银饰吉祥文化的认同。之后,梦祥根据地域的不同、风俗的不同、符号和图腾的不同,开发出各类银饰品,目前已经达上万种,每一种都代表梦祥对中国吉祥传统文化的深深敬意,也代表梦祥对人们美好生活的真诚祝愿。而且梦祥银作为梦祥公司旗下的主要品牌之一,其品牌定位于我国传统吉祥银饰文化,积极向社会传递吉祥、好运的文化内涵。

作为梦祥的创始人,李杰石对银饰有独到的见解,他认为银子从原材料的提炼到制作成为成品,再到银饰品的传递,都是物质的、有形的。从原材料到银饰品的设计,从一种感情到另一种希冀的变化,是无形的、有意义的传递。消费者购买和使用梦祥银饰品,在很多情况下是为了追求一种情感上的满足或自我形象的展现。当一款产品能够满足消费者的某些心理需要,或能充分表现其自我形象时,它在消费者心目中的价值可能远远超出商品本身,而梦祥做的就是超出商品本身的东西。他认为首饰的魂在于匠人内心的纯净和善良,"只有这样,我们做出的首饰才能真正将平安、幸福与好运带给佩戴的人"。

2. 对银文化的传承和传播

在李杰石的带领下,梦祥公司对银文化的历史等相关资料进行了系统的整理和收集，对银饰制作技艺进行了理论性讨论，对银文化发展的有关工具、图书、照片、资料、影像等均加强了系统收集和整理，已经建设了关于银文化发展的博物馆，为银文化的进一步发展打下了坚实的基础。这体现了梦祥对历史负责的态度，更是接续起曾经湮没在历史长河中断档的银文化。

梦祥白银文化博物馆集中了中华民族几千年的白银冶炼史、银器古董、冶炼文化，向世人展示了"千秋典藏，百年传奇"的历史长卷，馆内不仅有众多银器工艺品展示，更可一睹银的前世今生。这些古老的展品，经历了千百年的人世变迁，带着古老的风韵，带着当年的辉煌，带着时代的烙印和浓厚的生活气息，向人们展现了中国民间银器的无限风采，它们是中华民族银器文化的缩影，是华夏银器文化原貌的复活，是一部历史的绝美画卷。2019年，梦祥打算将现有的银文化博物馆做大做强，建设成中国代表性的银文化博物馆。完善博物馆中银饰的不足，并将历史悠久的银文物复制，制作成品，在博物馆中展现于人们面前。

此外，公司正在筹建的银文化产业园项目，将成为银文化创意产业的基地。它将通过不同功能区的建设，最终成为培育银饰技艺大师、工艺美术大师的摇篮，成为政府举办展览和节庆活动的重要场所。银文化产业园一旦建成，将为银文化信息交流传播、精品银饰展示、银饰产品包装、宣传推介和销售等搭建更好的平台，成为银文化产业的龙头老大，是旅游、观赏、购买一条龙的银文化旅游胜地。

俗话说，兴趣是最好的老师。相信李杰石在其创办和管理梦祥的过程中表现出的对银文化的热爱和追求，是梦祥纯银制品有限公司能够从无名走向辉煌的主要原因之一。

第五节 创业者的胸怀——感恩

感恩是梦祥企业的核心价值观之一。中国儒家先贤孔子早在春秋时期就提出："入则孝，出则悌，谨而言，泛爱众，以亲仁，行有余力，则以学文."这是孝文化的起源,也是感恩文化的起源。李杰石认为,做儿女的,在家要孝顺父母,亲和兄弟姐妹;在外与人为善,广施爱心。心存善念,知恩图报的品质让李杰石在危难之际赢得了乡村人的信赖、客户的大力支持,使梦祥渡过一个个难关,在珠宝行业站稳了脚跟。

随着梦祥事业不断做大做强,李杰石董事长始终不忘初心,将内心的感恩化作行动回报给了家乡和社会。这些行动不仅仅是社会大众看到的慈善活动,以及消费者能够看到的表面上的促销折扣回馈,还包括企业用对消费者负责的态度提供优质的产品和服务,用长者的姿态关心帮助企业所有员工,用饱含真情的产品向顾客传递美好希冀,以及爱国情怀。

一 致力慈善事业,爱心成就未来

李杰石董事长淳朴至真,一直怀感恩之心、做慈善之事。他认为,企业的发展离不开社会各界的支持,必须深刻理解何为"饮水思源",抓住机会或创造机会以回报社会,为推进社会进步尽自己的一臂之力。在不同场合,李杰石都一直强调,每个人都要学会感恩,感恩帮助自己的人,感恩给予自己机会的企业和领导,同时强调梦祥人作为社会的一分子,要积极回报社会,用自己的实际行动来感谢社会对梦祥公司发展的支持和帮助,尽自己力所能及的力量来承担属于自己的社会责任,努力为创建和谐社会做出应有的贡献。

> 人富了之后没有追求、没有信仰,是不会高贵的。贵,是贵在帮助别人。仁者无敌,梦祥品牌的发展与社会责任的增长是成正比的,梦祥也要成为公益事业的先行者。
>
> ——李杰石

1. 帮困助学,敬老扶残

梦祥公司积极参加爱心助学捐赠活动。2010年8月21日,受梦祥公司资助的大学生苏建强在写给李杰石的一封感谢信中提到,当年他高考落榜之后,应聘到梦祥做一名车间员工,李杰石在车间考察时得知这个情况,劝他放弃工作,回去继续苦读,再考一次。得知他家庭困难,答应资助他完成学业。最终,苏建强在李杰石的帮助下圆了大学梦。梦祥自 2010 年至今已资助多位贫困大学生,根据 CCTV-3《向幸福出发》栏目介绍,副董事长路英霞一人自 2010 年起就已捐助了 25 位大学新生,此举得到了当地乡亲的交口称赞。

2014 年 3 月,梦祥新密实验高中教师教育培训基金正式启动,其用实际行动带动更多的人关注与支持我国教育事业的发展。2015 年母亲节,梦祥设立"一小时陪伴基金"来表达对母亲的孝心。2016 年 12 月,梦祥公司副董事长路英霞和女儿李梦荷在观看电视节目时,了解到荥阳市石坡村刘文博的事迹。刘文博三个月时间失去母亲和哥哥,父亲当时精神分裂,在这样的条件下,他依旧自强不息。路英霞甚为感动,于是联络了河南省豫剧团五届擂主孙鸿雁一起去刘文博的家中进行慰问。

福来者福往,爱出者爱返。2018 年春节,受到梦祥公司扶贫资助的中国海事大学学生徐艺申一大早来到梦祥公司,把自己亲手制作的飞机模型送给副董事长路英霞,表达自己的感恩之心,这是对梦祥慈善事业和梦祥文化认可的最好诠释。

2. 修路建校,振兴乡村

李杰石说:"商人的定位,应该是不以义取利,须以利取义,取之于社会,用之于社会,承担更多的社会责任。一个人无论能力大小、财富多少,只要你愿意承担,就自然会去做一些善事。"

在梦祥生产基地附近的苏寨小学年久失修,教学设施破败不堪,学生们的学习条件十分恶劣。在了解到这一情况后,1999 年,梦祥公司董事长李杰石主动与苏寨村委会协商,毅然决定投资 500 万元建一所新的希望小学,用以改善学生们的学习环境和住宿条件。2008 年梦祥投资 60 多万元为苏寨村新修了一条"梦祥路"。2010 年,梦祥捐建的梦祥希望小学正式落成,

500多名教职工和学生从此有了一个崭新的教学和学习环境。

李杰石希望有一天人们可以生活在大同社会，实现共同富裕。梦祥一直在尽自己所能辐射周边经济，振兴乡村。梦祥的很多员工都是当地及附近的村民，为当地解决了一部分剩余劳动力就业问题，让他们不用劳苦奔波到外地打工，在梦祥就能为家庭增加收入。李杰石还有一个更大的梦想——建设珠宝小镇，它不仅是一个珠宝文化全产业链运营平台，还是一种生活方式。他说这个珠宝小镇一旦建成，将快速带动当地经济的发展，提供更多的商业机会和就业机会，真正改变当地的经济业态。

爱心汇聚力量，真情共筑希望。梦祥公司在不断发展壮大的同时，不忘初心，将扶贫济困视为一种义不容辞的责任，传递大爱，为政府解忧，为贫困群众解难，为促进社会和谐做出了应有的努力和贡献。

3. 感恩员工，大爱在梦祥

李杰石对员工的感恩体现在对员工的关怀上，他希望能给员工创造好的福利。他规定凡是在梦祥公司上班的职工的孩子就读梦祥希望小学，学费全免；为凡是在梦祥公司上班的职工提供住宿，可携带家属；梦祥公司有自己的蔬菜大棚，占地200亩，自给自足，给员工提供更绿色更健康的饮食等。

为更好地培养员工互帮互助和团队协作的精神，体现企业人文关怀，2010年，梦祥在李杰石的带领下成立了爱心基金会。每个月董事长个人资助一部分，公司全体员工每人每月捐赠5元，公司领导及主管每人每月捐赠10元，加上公司专项拨款和其他渠道的捐款，共同汇入基金专用账户，专款专用，定期公布账目收支，并由公司审计部监督。

梦祥的爱心基金主要用于员工生日聚餐、医疗救助、健康指导、心理健康咨询、困难员工家庭援助、紧急突发事件救援等各种救助。一滴水汇成河流，点点爱心汇集成爱的海洋。梦祥爱心基金会把更多的爱挥洒在每个人心上。

2017年5月，梦祥一名员工因父亲生病，花费较大，家庭生活陷入困境。梦祥爱心基金会了解情况之后，从爱心基金拨出专门款项，给予大额救助。截止到2017年5月，梦祥爱心基金会已资助员工200多人次，资助金额超过 50 万元。2018 年 6 月，梦祥公司组织全体员工发动慈善爱心捐赠，与梦祥爱心基金会一起为陈旭灿家庭捐款 2.7 万多元。李杰石用比"言传"更有力的"身教"感召着员工和周围人，践行着传递爱的初心。

二　精益求精，客户至上

一个胸怀感恩的企业家，会以慷慨之心和负责任的态度对待客户和消费者。客户至上，质量优良，服务完美，是梦祥对产品和营销的品质要求。

李杰石认为做银饰不仅仅是做产品，它还是在打磨作品，最终折射出的更是人品。做要做到表里如一、诚信经营，才能用雕琢精美的艺术品征服人心，才能享誉业内，不断做大做强。

在质量方面，梦祥银产品所采用的原料是在上海贵金属交易所购进的含银量 99.99% 的银砖，产品质量在选材上就有保障，梦祥人的工匠精神为产品质量保驾护航。在产品质量上梦祥银屡获殊荣：中国著名品牌、河南省著名商标、消费者放心产品、最守合同企业等。

李杰石说，"做一个好人，好人就会做好事，帮助他人，成就自己，人品如产品，做生意不仅仅是做生意，更是如何做人。"如今，"感恩回馈"已成为梦祥企业核心文化之一。梦祥人用纯善之心打造的产品，是终身免费调换的，这是梦祥给予客户和消费者最好的感恩回馈。

梦祥银公司开创初期，李杰石就在其发展规划中提出，"让消费者天天都戴上崭新的首饰"这一理念。随着品牌的发展，公司在总结各方经验的基础上提出"终身免费调换"的六字真言、立企之策。后来随着市场多元化的发展需求，这一政策逐渐彰显竞争优势，梦祥由最初的单一同城、同店、同品牌的"终身免费调换"，发展为现在的"终端异地免费调换"、"终端外品免费调换"和"终端店内全品类免费调换"等多种调换方式，完全为顾客着想，深受顾客的信赖。在同行中体现了"梦祥人"的大志气与大胸怀，也使消费者能够放心购买。

在服务方面，梦祥奉行客户至上的服务理念。目前梦祥在全国建立了营销网点，设置了北京、郑州、深圳、成都、哈尔滨、西安、长沙、太原、沈阳等九个展销中心，辐射全国各地，为梦祥的经营者和消费者提供便捷、舒心的全方位服务。梦祥在全国有几千家店面，几千家店面就相当于几千个支点一样，每个点都是针对消费者而设的，并影响着消费者。对于公司而言，店面的经营发展是上游总部产品生产的推动力，为保证销售业绩，2012年李杰石董事长提出在终端服务方面成立一个专门的部门——商学院，商学院的讲师团队直接服务于门店的销售人员和销售顾问，对其进行免费培训，例如新入职员工的礼仪、专业知识、销售技巧，以及如何解决客户的问题等培训。此外，针对整个店面运营的店长也会进行从人到货甚至到厂的综合培训，确保店长有能力经营店面，并且由服务部门为终端客户进行后期维护，力求业绩稳步提升。如果梦祥的客户不打算继续加盟了，梦祥会把店里积压的产品以原价收回，这也是李杰石大格局、大胸怀的体现。可以说，梦祥就像一座堡垒、一艘船，里面的各种设施服务都很完善，作为梦祥的客户，是没有后顾之忧的。

三　品牌战略：以饰递情

李杰石说，梦祥一直倡导感恩文化，也希望把这种感恩文化传递给终端消费者。关于梦祥是如何把感恩文化传递给消费者的，李杰石如是说，"梦祥银饰时刻在创新，在产品设计上，梦祥追求通过产品传承传统文化"，比如针对当前婆媳关系严峻的形势，开发好婆婆、好媳妇系列饰品，他希望把"孝"文化和感恩文化传递给消费者，希望借银饰缓解家庭矛盾，塑造一个母慈子孝的和谐家庭。同时梦祥紧跟时尚潮流，比如把刀刀狗、小猪佩奇等卡通形象融入产品设计之中，希望佩戴者能保持一颗童心，纯真、善良，在梦祥诸如此类的产品很多。梦祥希望通过产品弘扬中国传统文化，传递情怀的同时让消费者用好银器，享受好生活。

李杰石说，"卖产品卖的不仅仅是产品，卖的更是爱心。"梦祥的品牌战略主张以银饰向消费者传递感情、传播爱，希望佩戴梦祥银饰的消费者们能够心怀孝悌之心，家庭和睦，从而促进社会和谐。这是一个心怀感恩的创业者的美好希冀。李杰石说梦祥的产品是有感情、有灵魂的。这可以从梦祥的品牌战略——情感诉求来剖析。

梦祥银饰的品牌战略以情感诉求为主，向消费者传递清晰的品牌形象。梦祥公司的五大品牌——梦祥银、梦祥盛世、盈祥银饰、九龙银象、金梦祥，虽然定位不同、功能不同，向消费者传递的感情也不同，但其核心都是向消费者传递吉祥情感。

1. 赋您吉祥好运，予您福寿安康

梦祥银，赋您吉祥好运。梦祥银作为梦祥公司旗下的主要品牌之一，由我国著名舞蹈艺术家杨丽萍女士倾情代言。该品牌定位于我国传统吉祥银饰文化，积极向社会传递吉祥、好运的文化内涵，而其"梦祥银，戴出好运来"的品牌诉求，更是开创了我国白银产品市场情感诉求的先河，实现了银饰品行业内的又一次飞跃。其产品结构以现有传统产品及自主研发的特色系列为主，兼具时尚简约、大气典雅的产品气质，并以其完善的售后服务及优质的产品质量，稳居国内白银市场销售前列，成为我国纯银制品行业内举足轻重的大品牌。比如梦祥银的三生情缘套镯，设计上环环相扣，自如灵活，环绕在手腕上，轻盈灵动，寓意好运，戴上三生情缘套镯就是把人世间最珍贵的爱情、友情、亲情戴在身上。

梦祥盛世，予您福寿安康。据《本草纲目》记载，银有"安五脏、安心神、止惊悸、除邪气"等养生功能。梦祥盛世，作为我国首个将国际顶级奢侈品文化和中国养生文化融合一体的高端器具礼品品牌，以健康、养生为核心，开创了国内白银市场上全新的奢侈品品类。梦祥盛世在中国传统道家文化、茶文化、银文化、养生文化的基础上，融合创意文化，研发打造出一系列集实用、收藏、养生、艺术审美于一体的艺术珍品，以独特的个性、尊贵的品位，为客户打造出一场健康私享的银质生活。如一封情梳系列的高端养生银梳——凤凰宝相、孔雀花翎、喜上眉梢、莲年有鱼，设计优雅古典，寓意丰富；在银杯中融入丝绸之路元素，既彰显时尚，又饱含爱国情怀。

2. 赋您两情缱绻，予您青春飞扬

"遇见你，满足了我所有想象；走下去，回到爱最初的模样。"

金梦祥珠宝，赋您两情缱绻。金梦祥是梦祥公司旗下 2016 年重点打造的婚恋市场珠宝品牌，以多彩 K 金为主打，产品涵盖翡翠、钻石、黄金、彩宝等多个珠宝品类。该品牌产品以情感婚恋为设计主题，传达恋人之间的珍贵情谊，是针对婚恋人群设计的珠宝产品，表达最坚贞不渝的情爱。无论是甜蜜的爱恋、神圣的婚姻，还是相守多年的纪念，梦祥珠宝每一款产品都是对爱情的凝聚，将掩于唇齿、藏于心间的情意诉诸珠宝设计之中。在追求绚丽夺目、原创设计的同时，金梦祥秉承高贵典雅的珠宝设计风格，除了依循传统的设计风格之外，更将国际的时尚理念和中国传统爱情观完美结合，融入时下的创新流行元素，为珠宝界带来一股新风。比如同心缘系列的结婚对戒，寓意着岁月流金、真爱同心。

盈祥银饰，予您青春飞扬。盈祥银饰是以轻时尚银饰为概念的品牌，注重装饰美感、搭配比例，拥有出色的性价比。盈祥银饰以"轻时尚百元银饰"为品牌特色，凭借原创设计、百元银饰、轻时尚等标签，满足国内年轻群体对美的追求，迅速占领市场。它以"青春创业品牌"为宗旨，专注圈层市场开发，为青年群体提供创业平台，展现年轻一代的风采。

3. 赋您王之傲气，予您至尊荣耀

九龙银象，赋您王之傲气，予您至尊荣耀。它以"大国重器"为品牌形象，融入千年中国宫廷文化的尊贵华美与帝王傲气，以精湛宫廷手工艺与传统智慧，演绎皇家御用品质精粹，秉承中华皇室至臻经典，让顾客荣享奢华荣耀。它是大国之礼，是能够传承的国礼重器。九龙银象传承千年中华文化：孔孟讲仁义；老庄乐逍遥；墨家行游侠；韩非是法家，张弛有度，文武兼备。精雕、细琢、篆刻、掐丝、锤击、敲打，是匠心，更是传承。其中，万寿无疆碗因其蕴含的中国传统文化而被收入国礼之中，这是一种荣耀，也是对梦祥匠心精神的认可。

四 爱国是梦祥人的最高境界

李杰石说，为梦祥纯银制品享誉世界而孜孜以求是梦祥的企业使命，我们是中国人，我们要做自己的品牌，让外国人来买我们中国人的产品，让外国人"崇洋媚外"。梦祥与中国梦紧紧联系在一起,梦祥人不仅要爱梦祥,更要爱国。

李杰石在不同场合都在向梦祥人强调:爱国是梦祥人最高的境界,也是严格的要求,不爱这个国家,就不会爱这里的土地和人民,不爱这里的土地和人民,就不会设计出符合他们精神需求的好产品,也不会发自内心地为他们提供优质的服务。只有爱这个国家,爱这个国家的土地和人民,才会想方设法设计出他们喜爱的产品,才会真心实意为他们做好售前和售后服务,才能让梦祥的每一件产品表达出爱与被爱的深厚感情。

李杰石的爱国精神是梦祥肩负历史使命,为中华银饰的复兴做出积极努力的精神支柱,是实现梦祥企业使命的力量源泉。

梦祥人的爱国精神是推动中国银饰文化的弘扬与传承,致力于将中国银饰文化推向一个更高的舞台,向世界展示其绚丽的色彩,让世界目光聚焦于中华大地的内在动力。

第六章
梦祥是如何"炼"出来的——员工篇

第一节 梦祥人——梦祥企业文化

企业文化是企业的灵魂，是企业核心竞争力的重要来源，是推动企业发展的不竭动力。企业文化是企业发展过程中逐渐沉淀而成的一种文化气质，具有时代性与区域性，是代表企业的一种独特资源，也是企业员工在经营活动中所秉持的价值观念。新时代的企业正面临全新的机遇与挑战，而梦祥人正以一种全新的面貌迎接挑战，使梦祥文化在新的时代不断崛起。

一 梦祥人——梦祥就是你的舞台

梦祥不是一个人的梦祥，而是一群人的"梦想"。在现实中每个人的所知所会都是有局限性的，一个人不可能面面俱到，只有一群人才能将一家公司管理得更好，梦祥从最初的只有一把锤子、一个工具箱、一件首饰，发展到现在年产100万件首饰、全国数千家加盟商的知名企业，它的成就是一群人不断总结、分享、互助、共同努力换来的。

梦祥企业文化的核心思想体现在现实主义与理想主义的有机结合，在这个结合中找到一种适应中国国情、适应企业发展、适用于梦祥的文化与价值观。这种文化和价值观不断鼓励和支持着每一位梦祥人前行并为他们提供了一个展现自我的"舞台"。

梦祥人在梦祥这个大舞台上可以展现自己的能力，梦祥会将最优秀的员工介绍给全部的梦祥人认识。这来源于李杰石董事长在创业初期制定的一系列措施，保证每个团队之间可以分享彼此独到的成功经验，让自己的经验可以被别的员工所借鉴，员工的优异表现能得到全体梦祥人的认可，同时也让其他员工可以在下一次工作中加以运用。

由于不断地总结经验，梦祥的业务越做越大，从招聘一个人到招聘一批又一批不同专业的工作人员，梦祥组织的学习培训也越来越多。在最初的时候，企业规模小，专业化程度低，老员工只需要手把手教新员工就能做好业务。随着企业逐步发展扩大，招聘的人越来越多，对专业化的要求越来越高，梦祥开始每周、每月组织不同的业务培训。有时候，董事长给员工讲他的经历，讲创业的艰辛，讲如何实现理想。有时候，还从外面买来相关书籍和光碟，组织大家一起培训学习、分享交流。同时还会鼓励高管给员工开展培训，提高员工的专业技能。在培训会上，各部门负责人分别从不同视角、不同层次对同一问题做出不同的解答，保证员工可以从多角度理解问题，转换思维，并将培训与分享中吸收的知识运用到工作中，最大限度地提升自己的业务能力，配合公司做好转型升级的工作。

2019年春节刚过，梦祥就启动了"营销系统培训暨2019年度启动大会"，在大会上梦祥的各路人才与高管围绕开发与维护客户的各项政策措施、挖掘潜力与实战经验等方面内容进行分享和交流，进一步增强团队的凝聚力，体现每一位成员在团队中的价值，让优秀的员工被其他人认识和学习，让优秀的经验可以在梦祥公司传播，靠着不断的学习、培训和交流，梦祥一路走到了现在，也培养出一批在生产、销售、企业管理和客户关系维护等方面的骨干力量。

梦祥企业还创立了梦祥大学，对基层员工进行再培训、再教育，让他们成为新时代的产业工人，成为专业的企业运营人才，成为企业高级管理人才，为全国的梦祥加盟商培养出更多符合市场发展需求的店员、销售员和管理人员，让更多的加盟合作伙伴能在运营过程中创造出更大的商业价值，从而通过梦祥的标准化模式来实现更多人的创富梦想。

在不断学习分享的过程中，梦祥人可以深入地了解梦祥文化，可以在梦祥这个大家庭中充分发挥自己的才能，让梦祥融入自己的生活，在成就梦祥的同时成就自己。

二　梦祥人——义利之辩，在激励的同时给予奖励

在梦祥的经营过程中，导购的工作既不平凡也不渺小，他是营销活动成功的基石，也是最能直观体现员工能力的岗位，由于销售与导购密不可分，导购人员必须具有针对当地市场的销售技巧，同时，还应当注重专业协作能力和团队精神。只有具备团队精神和协作能力的导购人员，才能以主人翁的精神姿态参与到销售活动中，一心一意地完成导购任务。

梦祥是如何激励导购人员的呢？梦祥的导购员每隔一段时间就会参加一次导购培训，培训内容包括营销过程中业绩停滞问题的处理方法以及针对客服、产品供应链的讲解等，让导购员能够根据自己的问题找到合适的应对方法，并且通过基本薪资加抽成的方式，激发员工的积极性。

除了导购员外，梦祥还会对各个区域的销售业绩进行排名，在每期的《银饰界》里都会对区域优秀员工进行宣传鼓励，以此激励其他员工的工作热情。在精神激励的同时，再用丰厚的物质奖励提高员工的忠诚度、积极性和主动性。将他们的工作目标与企业目标统一起来，使企业的发展充满生机与活力。

古语有言，"天下熙熙，皆为利来；天下攘攘，皆为利往"，因此给予员工良好的工作待遇，通过利益管理，让员工明白多劳多得、不劳不得；只要付出，就有回报。物质激励首先要在中层员工中实施，他们承担企业管理中承上启下的作用，他们的薪资待遇能够被基层员工直观感受到，激励其奋发向上。在梦祥，员工有一套完整的上升体系与职业发展规划，保证每一位员工都有清晰的奋斗目标，从而更好地激励员工在工作上尽心尽力，为自己的美好未来而奋斗。

除了物质奖励外，精神奖励也至关重要，通过目标激励、荣誉激励等多

种激励方法，调动员工的积极性。梦祥在每个季度、每个年份都会评选出优秀员工、优秀区域代表、优秀销售员等，被评选上的员工不仅能够在物质上得到奖励，其优秀事迹还会被《银饰界》刊载，展示给更多的梦祥人。

三 梦祥人——小爱成就大爱

在梦祥有这样一个小故事，新年伊始，春寒陡峭，零下几度的低温，让这个初春分外寒冷，在梦祥的办公系统上悄然转发了一封充满爱心的邮件。梦祥老员工韩师傅的妻子为支持丈夫的工作，一人负担起家里大小事务，积劳成疾，被查出患有肺癌、滑膜炎等疾病，花光了家里的积蓄但病情还是未见好转，全家人面对越来越多的治疗费用一筹莫展，陷入水深火热之中。但是梦祥一人有难八方支援的企业精神使大家纷纷伸出爱心之手，解囊相助，通过员工捐款，10元、20元、50元、100元、200元……无论金额多少，每一位员工都在为这个家庭奉献一份爱心，梦祥人用实际行动诠释着对员工及其家属的关爱，体现了公司以人为本、和谐发展的价值导向。

梦祥公司董事长李杰石说，"除了建有自己的梦祥爱心基金会外，梦祥人作为社会的一分子，也会积极回报社会。"2008年的汶川地震、2010年的玉树地震、2010年的云南特大干旱，梦祥人都曾参与到灾区募捐的活动中去。此外，公司每一年都会向新密40多位八旬老人发放慰问金，送去温暖的关怀。

年终岁末，为了让贫困家庭度过一个温暖祥和的春节，公司领导走进苏寨村的困难家庭，送去节日祝福和慰问物资，春节送温暖活动是梦祥长期以来开展的一项惠民活动，自2009年开始就将这个活动列入公司的一项日常事务，用行动表明梦祥公司在发展壮大的过程中不忘初心，将扶贫济困视为一种义不容辞的责任，传递大爱，为政府解忧，为困难群众解难。在给困难群众送去温暖的同时，也带去梦祥人对社会的一片爱心。

企业送员工以"爱"，员工回企业以"力"。梦祥人宣传感恩文化以及孝道文化，要求员工在每年母亲节的时候给母亲洗脚，感恩父母为家庭的辛勤付出。公司关爱员工、关爱他人，汇聚暖流，弘扬了正能量，也使员工的忠诚度得以提升，更加认可企业的文化。企业的爱心文化让员工感受到梦祥是一家负责任的企业，会去爱那些需要关怀的人，更会爱每一位员工，从而让员工增强对企业的归属感。

第二节 梦祥人——凝聚与忠诚

一 企业凝聚力

一家企业就好比是人的身躯骨架，而员工就是企业的血和肉，凝聚力就是带动骨血正常运转的一种顽强拼搏、勇于奋斗的动力。众人拾柴火焰高，团结就是力量。在企业里也是这样的，一家企业发挥出战斗力的前提就是具备凝聚力和向心力，只有企业里的每个员工都齐心协力，愿意为公司经营目标的实现做出共同的行动，这个企业才能开展高效的工作，才能更好地发展壮大。河南梦祥纯银制品有限公司就将企业凝聚力很好地展现出来。

1. 五行相生相克——凝聚梦祥力量

梦祥企业董事长李杰石运用古人留下的智慧，不断地学习和创新，将五行学说融合到梦祥的品牌与发展中，形成了梦祥公司独有的企业文化，这种文化的起源就是五行管理理论。在这个理论中，李杰石将五行中的"金木水火土"与公司的每个部门联系起来，共同致力于企业的发展壮大。

五行乃天下大智慧，李杰石董事长结合实际，将公司的每个部门都做了一个精细的划分。营销部门属火，人资部门属土，产品部门属金，财务部门属水，文创部门属木。上下级管理和谐才能发挥团队创造力，创造出团队的最大价值。五个部门就如同五行一样相生相克，不断相互促进、相互融合。在李杰石董事长的领导下，五个部门相互制衡，共同进步，围绕企业更好更快的发展这一中心，五个部门的员工齐发力、共进步，使企业最大限度地开源节流，壮大实力。不仅如此，正是梦祥的凝聚力让来自五湖四海的员工脚踏实地、团结奋进，不断为提高梦祥的竞争力而努力，争取早日实现让中国纯银制品享誉世界的梦想。

2. 家族企业——一荣俱荣,一损俱损

如今,提起梦祥,大家都会说它是一家贵金属和轻奢品牌的引领企业,而谁又会记得,它曾经也只是一家银饰加工厂。1993年,李杰石率领的手工业作坊蒸蒸日上,产品供不应求,于是手工作坊逐渐扩大。那时,由于员工较少和资金短缺,李杰石开始发动自己身边的亲戚朋友加入作坊,就这样,这个小小的银饰加工厂发展成了现在的大企业。直到今天,仍有许多员工是当地的村民。李董事长经常强调,"创立公司就是要让亲人和同事感到幸福,给身边的每个人提供发展机会和发展平台,让每个人都能实现自己该有的价值"。梦祥公司的员工刘伟在采访时说,"梦祥不仅仅是一家企业,更是一个家族,董事长既是我们的领导,又是我们的家人;在人生的发展中,不仅需要自己积累经验,还需要家人的提点和教导"。这些都体现着梦祥这个家族为员工所带来的福利以及梦祥凝聚员工的能力。

秉承共同富裕的原则,梦祥将制造厂建在了自己的家乡新密,并且让更多的当地人进来工作,这样就很容易形成一种家庭氛围,即"家文化"。其实在现代很多公司都会忌讳"家文化",认为这会使员工相互包庇,互相隐瞒,从而导致贿赂和腐败,但是梦祥的"家文化"为它提供了良好的人员力量和工作氛围,因为是当地人或是自家人,他们对待自己的工作都十分用心,兢兢业业地做好自己岗位上的事情。这不仅为企业的员工管理降低了很多难度,而且有助于增强企业的凝聚力。

此外,对于家族凝聚力,我们在走访调查时也曾询问过一些员工。其中就有员工深切地说:"梦祥的企业文化很好,在这里,大家都能够相互关心,相互照顾,共同解决工作中遇到的难题。"

俗话说:十年树木,百年树人,李杰石董事长曾经有过一个形象的比喻,他认为员工从初来企业到能为企业做出贡献的过程,就好像栽培树木的过程,从小树苗开始不断地浇水施肥,细心呵护,直到最后能长成参天大树,可以遮风雨。吃水不忘挖井人,当员工在梦祥成长壮大后,他们就把梦祥当作自己的家,把梦祥的事业当成自己的事业,勤勤恳恳地为梦祥的发展而努力。天道酬勤,在这里,员工可以最大限度地提高自我实现感和工作满

意度。员工的工作积极性提高了，必然推动企业更好更快的发展。梦祥的历史是全体员工用汗水书写的，梦祥的发展是全体员工共同努力的结果，梦祥是一家伟大而又坚强的家族企业，全体员工万众一心，共同书写梦祥的时代篇章。

3. 员工凝聚——齐心协力铸辉煌

梦祥公司，是一家致力于白银首饰设计研发、模具加工、生产和批发的企业，其企业使命是为中国纯银制品享誉世界而孜孜以求。因此，打造一件完美的银饰品，是梦祥不懈的追求。而每一件银饰品的加工都是需要员工共同协作来完成的，这就要求员工具有良好的协作配合能力。只有员工不断融合进步，企业才能不断向前发展。

人生的价值在于演好自己的角色，在梦祥这家企业中，李杰石就是总导演，而员工就是演员，导演搭建了一个舞台，而演员的职责就是在这个舞台上尽心演出，充分发挥自己的价值。一家企业的发展，必定是很多员工高品质、高效率地完成了自己的职责；一件银饰品的产出，也必定是很多员工坚持做好自己岗位上的事情、追求尽善尽美的原则、相互协调来完成的。在梦祥员工中，有十几岁就来到公司，获得爱情和事业双丰收的小伙子；有二十几岁来公司，无怨无悔奉献青春的朝气青年；也有三十几岁在爱人劝说和感召下来到公司的，夫妻志同道合。不管他们年龄有多大，不管他们之前从事什么行业，来到了梦祥，就把这当作实现梦想的地方，不分彼此，没有高低贵贱，共同努力，朝着一个更大更远的目标扬帆远航，是他们共同的努力造就了今天的梦祥。

高层有原则，中层有愿望，基层有尊严，这样的企业才是有动力的企业、有前途的企业。基层的尊严就是别人能做，自己也能做。无论哪个层次的员工，最重要的是要体现自己的价值。但何为员工的价值呢？由其所处的周围环境决定。在公司里，专业决定价值。依靠专业技能，把自己的工作做到最好，能完全胜任现职工作，能被公司重用，这就是一名员工的价值所在。一家企业内，每个人都想着为一个使命去奋斗，为一个愿望去付出，任何问题都能解决，企业就能做大做强。在梦祥，为自己谋私利，会被所有人瞧不起；为梦祥品牌付出，会被上千人支持。正是因为梦祥的员工充分发挥自己的价值，为梦祥竭尽全力，梦祥才不断巩固企业凝聚力，不断发展扩大，走向更广阔的舞台。

总体来说，企业凝聚力是维护企业内部个人之间相互关系的综合作用力，是活动的基础，是发展生产力的源泉。董事长李杰石合理运用五行理论发展公司，增强子品牌之间、员工之间的凝聚力，每个部门制衡发展，相互促进。梦祥是一家家族企业，荣损一致，大家一直向前，为梦祥发展得更好而共同努力，而员工也为企业尽心尽力，共铸辉煌。

二 员工忠诚

1. 忠诚度

忠诚自古以来就是人们追求的重要美德之一，它既是一种操守，也是一种职业良知，任何人都有责任、有义务去信守和维护忠诚。所谓忠诚，即尽心竭力，赤诚无私。

所谓员工忠诚，就是员工对企业表现出来的行为指向和心理归属，即员工对所服务的企业尽心竭力的奉献程度。价值观决定行动力，忠诚度是员工的行为忠诚和态度忠诚的有机统一，行为忠诚是态度忠诚的基础和前提，态度忠诚是行为忠诚的深化和延伸。对于员工忠诚的评估最有效的是贡献、投入、创造价值以及有效性。但仅有这些也还是不够的，忠诚还需要用实际行动来谱写，用自己的能力和实际行动，为组织的发展和组织成员的美好明天做出贡献。除此之外，忠诚是不可以时刻都以自己的得失来权衡的。

梦祥人要忠于自己的工作和事业。古人云，十鸟在林，不如一鸟在手。既然选定了一项事业、一份职业，就要专注地投入，并且要对这项事业绝对忠诚。这种态度是决定我们成功的关键，是对于完美的追求，是对于事业精益求精的追求。专注和忠诚是一种态度、一种行为、一种习惯、一种精神，更是一种境界。唯有志存高远，学会经营自己的强项，才能坚定信念和追求，做到专注和成功。

虽然不是每个人都能成就一番辉煌的事业，但只要坚守忠诚，忠于事业，依靠平台发挥自己的才智，就能为企业带来效益，促进企业发展，也能为自己的发展创造机会，找到适合自己的舞台。梦祥董事长李杰石曾经说过，"人生最大的价值在于演好自己的角色"，因此梦祥员工要充分利用企业所给予的平台，竭尽全力做好自己的本职工作，争取没有一分一毫的差错。这正是每一位员工对自己工作的忠诚，对事业的忠诚，对梦祥的忠诚。也正是这样的员工忠诚，才造就了如今成就斐然的梦祥。

梦祥人要忠于企业。在梦祥，公司为员工制定了严格的"三大纪律，八项注意"规章制度，要求员工们一定要坚守于心。只有员工都严格遵守公司的制度，从内做起，才能更好地忠于公司，为企业发展而努力。在梦祥曾经发生过这样一件事情，公司里的一名销售人员为客户配送2000元的货品，结果让客户花200多元请了一顿饭。2000元的货品，这个客户想必也赚不了多少钱，而且钱还没赚到，就先花去200元，将心比心，如果员工自己是这个客户的话，会怎么看待这件事情呢？会怎么看待梦祥这个品牌呢？因为吃一顿饭，让客户看轻一辈子，真的很不值得。这就是对自己的不负责任，对企业的不忠诚。公司明令禁止这样的行为，如果有谁违反了禁令，一旦查出，就会立即被开除。梦祥品牌的形象，是通过成千上万个员工付出无数汗水才慢慢建立起来的，而这样的员工行为是在损害梦祥的品牌形象、侵蚀梦祥的基础、践踏其他员工的劳动成果，每个热爱梦祥的人，都不允许这样的事情出现。

梦祥公司的"三大纪律，八项注意"
"三大纪律"：

第一，一切行动听指挥，步调一致才能得胜利；

第二，不拿公司一厘钱，廉洁自律清白又心安；

第三，生产节约又安全，努力减轻公司的负担。

"八项注意"：

第一，不许无礼耍骄傲，尊重客户态度要和好；

第二，买卖价钱要公道，批发零售价格要记牢；

第三，不要迟到和早退，日事日清工作效率高；

第四，严格生产质量关，品牌才能健康永发展；

第五，不许弄虚和作假，不良作风坚决要除掉；

第六，爱护公司的财产，生产销售处处保护好；

第七，不许酗酒和赌博，一切陋习坚决克服掉；

第八，注重仪容和仪表，公司形象处处维护好。

忠诚是从内而外的，只有对这个品牌爱惜呵护，才会发自内心地去做对企业有利的事情，员工多一分热情，就会赢得客户多一分的感动；员工少一分热情，可能就会错失一次机会。所以说，只有关怀企业、忠于企业，用心对待企业的每一件事情，才有可能获得更大的成功。

2. 员工的主动忠诚

员工的主动忠诚，总体来说，就是指员工在主观上有强烈的忠于企业的愿望，这样的愿望往往来源于以下几个方面：第一，企业与员工目标高度一致性；第二，企业可以帮助员工进行职业生涯规划和自我实现；第三，员工工作内容的丰富化和扩大化；第四，工作环境中和谐的人际关系；第五，员工的成就感和认同感。这些因素足以使员工产生满足感并受到激励，不断地促进员工的自我发展和提高，从而不断强化对企业的忠诚。同时，这种主动忠诚有很高的稳定性，即使受到客观因素的影响，这种忠诚仍然可以持续。

我们采访过的一位公司女员工陈建英讲了她的故事，她说，"我对梦祥始终怀有一颗主动忠诚的心，这也促使我在梦祥的道路上走得更远"。喜欢才会全力付出，作为一个时尚的人，珠宝首饰永远都是陈建英的最爱，这份喜爱同样被带到了她的事业里，她认为珠宝会给人创造出很多意想不到的惊喜，包括创造自我价值。刚进入梦祥时，陈建英也遇到了种种困难，比如不知道如何销售、不知道怎样扩大宣传等。但是这些最终都化成了她前进的垫脚石，不会销售，梦祥就派专门的培训小组加以培训指导；不会宣传，就因地制宜，因时制宜，请营销专家来帮助宣传，提高效率。正是梦祥这种无微不至的关照，奠定了陈建英女士对梦祥银忠诚的基石。也是因为这些，她才对梦祥如此的专注和忠诚。

此外，我们在走访过程中采访了梦祥人力资源部负责人陈喜运先生，他向我们表示自己之所以来梦祥主要有三个原因。首先是梦祥的企业文化和氛围很好，他认为梦祥这个品牌很有历史文化沉淀；其次是自己的家乡和梦祥总部距离较近，自己有一定的家乡情怀；最后就是梦祥董事长很重视人才，在与董事长多次交流的过程中产生了心理共鸣。所以，在这些直接和间接作用下，陈喜运对梦祥产生了绝对的忠诚。

花若盛开，蝴蝶自来；你若精彩，天自安排。所以只要梦祥朝着更快更好的方向发展，就会吸引更多的员工忠于梦祥。

3. 员工的被动忠诚

被动忠诚是指员工本身并不愿长期留在企业工作，而是受到一些客观因素的影响，不得不留在企业，这些往往是一些物质因素。例如，相对于同行而言更高的薪酬、良好的福利、优越的工作环境等。这些影响因素使员工为了保持现有的物质待遇而必须留在梦祥工作，但是这些因素一旦消失，员工就可能不会再对企业忠诚。相对于主动忠诚，被动忠诚更加不稳定，往往隐藏着巨大的危机，这些员工一般都禁不住"糖衣炮弹"的轰炸，一旦竞争企业承诺给员工更优厚的待遇，他们往往会选择跳槽。这不仅会对企业产生不良影响，也会使其他员工感到不公平，降低他们的工作积极性。

但是，即使是被动忠诚，如果企业给出的条件足够优厚，那么员工往往会因为良好的待遇而对企业产生感激之心，从而留在企业，企业便有机会将员工的被动忠诚感化为主动忠诚。由此看来，梦祥就是这样一家企业，它对待员工有着众多激励政策，并且关心员工周围的人或事，从而消除员工的后顾之忧，一心一意地对企业忠诚。

梦祥不仅对员工给予比较好的待遇，对待加盟商也同样设立良好的薪酬政策。如今，梦祥在全国有了5000多个忠实的合作伙伴、近10000个营销网点。在20多年的发展历程中，梦祥品牌帮助了很多人，让他们摆脱贫困，走向富裕。梦祥的合作伙伴都是社会的底层人物，他们有的是家庭贫困农民，有的是四处奔波的打工者，有的是货车司机。他们在没有加盟梦祥之前，没有一技之长可以改变生活改变现状，但加盟梦祥之后，在梦祥公司专业人士带领和培训下，他们对业务越来越娴熟，销售额不断增长，也让自己的生活富裕起来。是梦祥给了他们学习的机会和改变生活现状的能力，他们自然也就忠心于梦祥。

因此，企业不仅需要员工主动忠诚，被动忠诚也同样重要，一家公司只有做到让员工没有后顾之忧，员工才会专心地做自己的工作，为梦想而努力。

4. 对个人和事业忠诚

根据员工忠诚的对象可以将员工忠诚分为对个人忠诚和对事业忠诚，对个人忠诚是指员工对上级、对企业领导者个人的忠诚，对其言听计从。对事业的忠诚，其核心在于忠于守护职责而非认同个人，即员工能够把自己所做的事业放在一个较广的范围内看待，而不是局限于眼前的得失，不把自己的事情看作单为某个人做的。

因此，企业要着重培养员工对事业的忠诚。员工如果单纯地对某个人或某些人忠诚，那么这个人或这些人离职后，员工就可能不再忠诚。只有员工对事业忠诚，他才会有责任感，把自己该做的事情做好，因为他们必须对自己的事业负责。

但是，就梦祥而言，它将个人忠诚和事业忠诚完美地结合在一起。董事长李杰石先生是梦祥的核心，也是梦祥员工的领导者，是他带领着员工将梦祥银文化发扬光大，使每位员工走上了致富之路，过上了小康生活。因此，员工对这位董事长心存感恩、心存崇拜，为了使自己有更好的生活，使梦祥有更好的发展，员工们都会严格按照董事长的要求办事。这恰恰也是员工们对董事长的个人忠诚。

接下来就是员工对自己事业的忠诚，人生有很多次选择，当我们需要做出决定的时候，就是考验我们勇气的时候。梦祥员工田东风在 2010 年底第一次接触梦祥，首次拿了 15000 元的货品。起初，他是一边销售梦祥银，一边销售没有品牌的散银。2013 年是他人生的一个转折点，是用存款买房来改善住房条件提升生活质量，还是投资发展自己的事业？他们夫妻经过再三考虑决定投资经营，接下来就在商场的一楼珠宝区租下了一个100平方米的店面，经营银饰、黄金，还有翡翠。但是从2013年底开始黄金、银饰、翡翠等销售量均有下滑，珠宝行业开始拼价格。2015年除梦祥银之外其他三个品牌均出现旧货调换问题，不能再经营下去，砍掉其他三个品牌让他损失了近30万元。因此，2015年下半年他开始专心经营梦祥银，店面生意开始起死回生，几经周折终于签约了梦祥银、盈祥银饰的邯郸区域代理，成为梦祥在邯郸地区的首位加盟商。从2003年开始经营银饰，到2016年成为梦祥银在邯郸的总代理，田东风一路不断摸索，历经挫折，最终走出了一条实现人生梦想的光明之路。田东风的经商之路可以分为四个阶段。

2003~2010年，七年辛苦生意经，经营银饰七年；2010~2018年，经营梦祥银八年，舍得投资才能收获。其中2010~2013年，三年苦思做抉择，最终选择了专营梦祥银，从此生意有了依赖，生活也有了着落。2013~2016年，三年华丽大转折，成为梦祥银邯郸总代理，梦想腾飞会有时。

田东风在采访时说，"取得这样的成绩当然是大家共同努力的结果，只要同心协力，再大的困难都会迎刃而解。梦祥董事长李杰石先生的创业路，让我明白，只要肯努力，就会进步，只要有付出，就有收获。所以我在开发经销商和加盟商时，都会信心十足地跟他们说，只要你愿意干，你肯干，就绝对会赚钱的，因为咱们梦祥公司董事长李杰石先生就是这样脚踏实地、一步一个脚印干出来的。"他在经营好自己店铺的同时，还把自己多年来积累的经验传授给其他加盟商。空闲的时候田东风就召集邯郸地区的加盟商们聚在一起，讨论一下当前的经营状况，商议下一步的计划，该怎么做宣传、怎样提高业绩。正是他这种坚持不懈的努力，八年来对自己的事业兢兢业业，才使他取得现在辉煌的成就。

因此，当员工忠于企业里的某个人时，他会忠于企业，勤勤恳恳做事；当员工忠于自己的事业时，他会为自己的事业全力以赴，也会为企业全力以赴，为企业的更大发展而努力。

第三节 梦祥人——就是匠人

一 企业的匠人文化

1. 所谓企业文化

每家企业都有自己的企业文化，这些文化能够指引着企业继续向更好的方向发展。那么企业文化是如何形成的呢？它是在一定的条件下，在企业的日常生产经营和管理活动中所创造出来的具有该企业特色的精神财富和物质形态。它涵盖文化观念、价值观念、企业精神、道德规范、行为准则、历史传统、企业制度、文化环境和企业产品等方面。其中，价值观是企业文化的核心。企业文化是企业的灵魂，是推动企业发展的不竭动力。

2. 梦祥的企业文化

梦祥的员工是如何通过自己的企业文化来忠于企业呢？第一，企业文化可以激发员工的使命感。每家企业都有自己的使命和责任，梦祥公司也不例外。同时，梦祥的企业使命感也是全体员工工作的目标和方向，是推动梦祥不断发展的动力源泉。第二，企业文化能够凝聚员工的归属感。梦祥公司通过对其企业文化价值观的提炼和传播，让一群来自不同地方的人共同追求一个梦想。第三，企业文化能够增强员工的责任感。梦祥通过大量的资料和文件宣传员工责任感的重要性，同时，也加强员工责任意识、危机意识和团队意识的培训，让员工形成与企业同甘共苦的思想理念。第四，企业文化能够赋予员工荣誉感。使在任何工作岗位、工作领域的梦祥员工能够多做贡献、多出成绩、多追求荣誉感。第五，企业文化能够实现员工的成就感。梦祥公司能够达到如今的繁荣昌盛，是每一位员工共同努力的结果。梦祥繁荣了，员工们才会引以为豪，才会更积极努力进取。这就是梦祥，一家用自己的企业文化吸引员工，与员工共同努力的企业。

若想永久留住员工，只有企业文化是不够的，还要让员工有良好的工作氛围。在任何企业里，员工的工作环境和工作氛围，都对员工的工作效果和企业的经营业绩起着至关重要的作用。企业要懂得打造积极向上的工作氛围、催人奋进的工作环境，形成人人服从、主动服务的企业风气。而对于梦祥公司来说，要形成好的工作氛围有两个方面，一是企业制银的师傅们，二是企业的加盟商们。只有从这两个方面入手，双管齐下，才能搞好梦祥的工作氛围。

首先，对于加盟商来说，他们遍布全国各地，来自不同地方，因为梦祥银而聚到一起。在他们加盟后，梦祥会派专人去指导他们如何经营自己的店面，待他们掌握经营技巧之后，可以定期到公司总部去学习和培训，以便获得更多的知识和技巧来使自己经营得更好。同时，梦祥承诺终身免费调换，这可以为自己的产品赢得重要的竞争优势，也帮助加盟商们更好地销售。销量提高了，利润自然而然会上去，这样加盟商就会心甘情愿追随梦祥。于是，加盟商的工作氛围和环境也跟着得到了改善。

其次，就是梦祥那些行走在制银工艺上的工人们了，他们每个人都技艺精湛，每一件银饰品的制作都需要成千上万次的敲击锤打，经过各种繁杂的流程。要想使他们毫无怨言的工作，就要消除他们的忧虑，让他们每天只关注自己的工作是否能完成，全心全意地投入工作中。对此，梦祥给予员工优厚的薪酬待遇，经常帮助员工的家人们，让每一位员工都能过上幸福的生活。在工作中，为了防止员工长期做同一件工作而产生厌烦感，在一件银饰品的制作过程中，梦祥允许员工们轮流调换自己的工作，这样他们就不会产生厌倦感，同时也能避免长期做一件工作而产生的各种疾病问题，既保障了员工的精神健康，也保证了员工的身体健康，让员工熟练掌握每一道工序的同时对工作也能保持更大的热情。

总的来说，梦祥企业的匠人文化帮助加盟商经营好自己的事业，帮助员工们更好地完成自己的工作，同时也使企业的每一件商品都独具特色。

二 员工的工匠精神

1. 工匠精神的起源

战国时期有一位君王——梁惠王，一天，他的厨师给他宰牛，厨师的手所接触到的地方、肩膀所依靠的地方、脚所踩的地方，进刀时发出"霍霍"的声音，没有不和的音律，于是梁惠王问："你解牛的技术为何如此之高?"厨师回答："凭着对牛接触的精神，不用眼睛去看，依照牛的结构，用刀刃插入牛的骨节。"十几年来，他的刀刃就像刚从磨石上磨出来的一样锋利。但是每当筋骨交错难以下刀的时候，就小心翼翼地提高注意力，视线集中到一点，动作缓慢，动刀要轻，这样就可以使牛骨和牛肉一下子解开。这就是庖丁解牛的故事，它告诉我们一个道理，做任何事都要静心，心不妄动，专注身心合一。这既是一种手艺，也是一种修行。扩展到今天，这就是我们所提倡的工匠精神，一种对工作执着、对产品精益求精的精神。

工匠精神一词最早来源于著名企业家、教育家聂圣哲，他曾呼吁"中国制造"是世界给予中国最好的礼物，要珍惜这个练兵的机会，绝不能轻易丢失。只有"中国制造"熟能生巧了，才可以过渡到"中国精造"。"中国精造"稳定了，就不怕没有"中国创造"。路要一步步走，人动化（手艺活）是自动化的前提和基础。要有工匠精神，从"匠心"到"匠魂"，要从少年就开始培养一流工匠。

工匠精神，是指工匠以极其专注的态度对自己的产品精雕细琢、精益求精、追求尽善尽美的精神理念，工匠们喜欢不断雕琢自己的产品，不断改善自己的工艺，享受产品在双手中升华的过程。工匠精神的目标是打造行业最优质的产品，其他同行无法匹敌的卓越产品。

手工艺人在制作时的目的性对作品的优劣有至关重要的作用，一般的工匠所要达到的目的是图案的完满，但这样只能保持工艺的一般高度而无法提升。梦祥银就要求自己的工匠在制作中融入自己的情感随时完善图案，追求作品本身的尽善尽美，使作品达到情感的完整体现。它在结合传统银饰制作工艺的基础上，不断改进银饰的制作方式，以便让银饰品能够完美地展现在人们面前。这样不仅提高了技艺，也为社会留下宝贵的财富。在浮躁的社会大环境中，若安于寂寞求道的征程，潜心钻研自己掌握的技能，精心于自己的工作，一定能创作出趋近完美的艺术品。

2. 梦祥的工匠精神

梦祥的工匠精神，既要"传"又要"承"。做一件好首饰，首先得有一颗匠心。什么是匠心？对于梦祥公司来说，匠心就是要热爱梦祥的文化，要感恩社会，要对自己的未来有抱负，要专心致志，要静下心来一锤一錾去雕刻珠宝首饰。这些说起来容易，做起来可并不简单。所以，梦祥人是在用坚忍不拔的认真，坚守着银饰锻制技艺的文化传承。很多人从观望到参与，再到今天沉醉其中，都是被这种传承的精神所感动，穿透着梦祥匠人们的灵魂，找到了内心中人生的光明。

除此之外，我们还可以从梦祥的银胎景泰蓝制作和珐琅彩制作中去感受员工们的工匠精神。作为一种传承中华文明历史和艺术的手工技艺，银饰精品记载了几千年来人们生产劳动的精华所在，也凝聚着人文实践的重要性。它不仅是一种现代审美的实践方式，也蕴含着对历史文化、精湛技艺和丰富经验的认识和传承。这种手工艺制作技术，是艺术和技术的融合，是文明流传的根本，其制作技术、制作方式需要从人文历史中寻找养料，实现存在发展的契机和理由，也是值得世人不断继承和发扬的一种优秀文化遗产。

从这些银饰品的制作过程中，可以明显感受到不论哪个环节，都要求梦祥的员工们有高度的自觉和技艺。他们拿着手中的工具不停地锤击敲打，使这些本来看起来毫无美感的银子有规律有灵魂地结合在一起，造就了一件件影响非凡的银饰品。梦祥董事长李杰石曾说过的一句话："匠人精神不仅要有熟练的技艺，更要有做人做事的一套准则。仁义礼智信，是匠人必备的素养。每一件精美的产品所绽放出来的璀璨光芒，都是万千汗水浇灌出来的，对产品执着专心的付出是值得肯定和褒扬的，我们要以精益求精、一丝不苟的大国工匠精神，来影响和改变这个世界。"

另外，在采访工匠师傅吕海峰时，他也表达了对工匠精神的深刻理解。他认为工匠精神就是要只忠于一件事情，并为此全力以赴，将一种技术或一件产品做到极致与完美就是对工匠这个职业的一种尊重。回顾我们国家从中国制造到中国创造，产品由粗糙到精致，这都离不开匠人们的不懈努力。

简单的事情重复做，你就是专家；重复的事情用心做，你就是赢家。这种匠人之心是每个员工都应该具备的。没有最好，只有更好，这是匠人们应该不懈追求的。当我们的意识里不曾放下追求，那么完美就没有尽头，"最好的"一直是匠人们追求的目标。在任何工作中只有具备了精益求精的主观意识，才能有精雕细琢的行动和追求完美的梦想，以实际行动为自己的工作增加积极性、主动性和创造性。工匠精神并非一朝一夕就可以达到，追求完美、追求工匠精神永无止境。

第四节 梦祥人——认同与大爱

认同强调个人与他人的一致程度，是将他人的目标和价值观作为自己意志的内化过程。一般情况下，认同有主动和被动两种形成方法，主动是指组织成员之间本来就在各方面存在一定相似性，他们会为了共同的利益需求主动地认同他人，形成共同的精神方向；被动认同则是一些个体为了不被组织抛弃或排斥，迫于某种目的遵从他人的思想，假装达到认同。

文化认同在人类学、社会学等领域已经形成了比较统一的认识。文化认同衡量了个人自觉自愿欣赏、了解并融入于某一文化群体的程度，是个人接受某种群体文化并认可其态度与行为，而且不停地将这种文化所倡导的系统价值观念与具体行为标准内化至心中的过程。

企业文化认同是企业文化影响员工态度和行为的过程，是企业文化和员工原有价值观念的融合过程，从而使员工的自发行为趋向于对企业有利。企业文化认同与梦祥传播的大爱有着千丝万缕的关联。

梦祥的大爱体现在梦祥的企业核心价值观上。梦祥的企业核心价值观是"薪火相传"：传承、传递、传播，以"为中国纯银制品享誉世界而孜孜以求"为企业的终极使命。企业的价值观和使命为梦祥品牌和梦祥的员工及从事梦祥营销的各级代理商明确了要以传递爱和人性的善良、传承和弘扬民族工艺文化、传播正能量和正确的价值观为价值取向和事业定位；指明了梦祥作为中国纯银制品的制造者，作为中国纯银文化发展的见证者和创造者，作为实现"万众创业"和"民族复兴"的实践者，肩负着将我们传统民族工艺文化发扬光大的崇高历史使命感和责任感。

认同是一个互动的过程，员工对于企业的认同在很大程度上取决于对企业文化和老板的认同。特别地，梦祥是从一个家族小作坊成长起来的企业，董事长的为人处事、人品、胸怀和格局等都决定了企业文化和价值观。梦祥不仅通过营造特色的企业文化给予员工关怀，让员工融入梦祥大家庭中，董事长博大的胸怀和令人信服的人品以及做事风格也都在无形中培养了员工的组织认同感。

一　营造特色企业文化

人力资源管理是梦祥营造特色企业文化的关键。21世纪，人类进入了一个以知识为主宰的全新经济时代。在这样一个高速变化的时代，人力资源与知识资本优势的独特性成为企业重要的核心技能，人力资源的价值成为衡量企业整体竞争力的标志。如何在现有资源下吸纳、留住、开发和激励一流人才是所有企业面临的问题。

在新时代，企业要以新的思维来对待员工，要以营销的视角来开发组织人力资源，从某种意义来说，人力资源管理也是一种营销工作，也就是说企业要站在员工需求的角度，通过提供令顾客满意的人力资源产品与服务来吸纳、留住、激励、开发企业所需要的人才。

企业文化建设是整个公司发展战略和人力资源管理的重点和难点，是培养共同价值观的长期艰巨的过程。它包括组织机构、管理制度、管理风格、激励机制、团队精神、企业礼仪、共同价值观等涉及企业发展的各个方面，而企业文化的核心——共同价值观是维系公司员工的一条无形的精神纽带，只有全体员工了解公司的战略意图、管理风格、激励方式，并得到公司的认可，知道自己应该干什么、不能干什么，充分珍惜自己的工作，以身在公司为荣，才能激发他们的热情，并通过公司的各种保障措施和激励机制，让全体员工齐心协力为实现企业战略而努力。

针对当前公司企业文化建设相对薄弱、员工责任感不强、集体意识淡漠、凝聚力欠缺等情况，必须采取各种切实可行的措施来营造梦祥特色企文化。

（1）强化全体员工企业精神和企业礼仪教育。公司员工言行举止和精神风貌代表企业的形象和实力，制定企业礼仪规章制度，规范员工对内、外人员的接洽或交流要求，并不断对员工进行企业精神的培养和礼仪培训检查，这既有利于提升公司在客户心目中的整体印象，也便于内部的协调沟通及团结协作。

（2）给员工营造一个轻松的文化氛围。公司目前缺乏必要的文娱措施，员工业余生活比较枯燥，长期下去会影响员工的凝聚力和协调性。因此，公司可以建设员工活动室，举办图书角、文体娱乐、参观等活动，改善员工业余生活，提供再学习的有效途径，不断提高自身素养和集体凝聚力。

（3）建立一个平等、互信、互动的交流平台。本着着眼公司未来、关心员工发展的宗旨，梦祥首先利用日常交谈、座谈会、分析会、集体活动和培训等各种机会，进行部门之间、岗位之间的沟通，反映工作生活中遇到的不协调问题和困难，落实情况并解决存在的问题。其次公司的中、高层管理人员更要积极的和员工交流，了解员工的思想、工作业绩和生活境况，同时也要向员工传达公司的最新发展动向，并及时解决员工比较敏感或感兴趣的问题，让员工切实感受到平等、信任和效率。

（4）企业文化的营造是以制度建设和严格管理为前提的，要想引导员工按公司战略要求规范、有活力地开展工作，必须先制定全面、详细、合理、可行和公平的规章制度和奖惩措施，约束员工的行为，让所有人明白应该做什么、鼓励做什么、限制做什么和严禁做什么。对于符合奖励或处罚条件的员工根据规定实施奖惩，并视公司时势需要调整奖罚力度，从而不断鞭策、激励员工。

企业文化建设是一项系统的工程，市场条件和公司境况是不断变化发展的，企业文化也必须随着公司业绩的提高和所处环境的变化对各个有机环节不断进行健全完善，才能不断丰富、发展和适用，与公司的发展战略保持一致并相互促进。

二 让员工有归属

梦祥董事长李杰石认为员工是带出来的，不是管出来的。梦祥的管理体系是家庭管理，李杰石董事长侧重和推崇"家文化"的管理方式。他认为，在管理中领导要做的事是影响、感化和引导员工，让他们在企业中找到归属感，把工作转化成自己的事业，释放内心的力量，这是任何一种生硬的制度都比拟不了的。家是最有凝聚力的一个团体，是最能代表中国人特点的一个组织。家和万事兴。只要家长带好头，只要员工能把企业当作家，这样的企业就是最有创造力和最有前途的企业。梦祥注重公司与员工共同成长，开展各种学习活动提升员工工作能力和个人素质。

在家文化的大背景下，李杰石提出"宽容""和谐"的管理理念。他在公司很少开除人，他认为员工在公司犯了错误，造成很多损失，都是可以被原谅的，并且会给他们更多的机会。李杰石把梦祥看作一个大家庭，所有的员工都是他的孩子，孩子可能犯错，也可能迟到，不能因为这个把员工开除了。

梦祥崇尚企业团结互助，以人为本的人性化关怀理念。梦祥爱心基金会，是"踏踏实实做事，实实在在做人"的企业精神的写照，是梦祥员工互助互爱、团结向上的实践行动，维系了公司作为员工发展平台所积极承担的责任和道义，增强了员工归属感。那么梦祥具体是如何让员工产生归属感的呢？

1. 用企业文化打造和谐气氛

梦祥公司将中国传统文化、圣贤教育融入公司管理之中，这包括孔子的儒家思想和三道文化——天道、地道、孝道。梦祥人白手起家，从一个小作坊发展到引领数千员工的梦祥企业，一直践行着"礼、义、仁、智、信"的先贤思想。对于梦祥来说，做产品就是做人品，做事就是做人。李杰石董事长提倡公司员工无论在公司还是在家里都要心平气和地待人处事，以此打造一个和谐的文化氛围，提升员工的幸福指数。

梦祥公司关心、尊重并理解员工。新员工通过员工手册了解公司的各种制度、文化和用人理念。让员工知道"有德有才，方可予以重用"。每周梦祥会培训员工学习《弟子规》，让员工尽快了解企业文化，并号召老员工帮助新员工，用团队力量给新员工信心和勇气。

梦祥在积极发展企业的同时，也在不断加强企业文化建设，用实际行动为员工营造一个温馨友爱的企业氛围，让每一位员工都能感受到"家"一般的温暖与呵护。比如每月会为过生日的员工举办生日会，并且长期坚持举办，每次都认真策划，精心准备，力求让员工感受到公司的用心良苦，感受到公司对员工在细微小事上的深切关心。梦祥举办员工生日会的目的是建立企业与员工之间的良好沟通渠道，尽管每次的生日会也不是十全十美，但是公司的领导和组织人员力求让每一次生日会都能更加有新意和创意，力求带给员工们哪怕一丝丝触及心灵的感动。梦祥希望通过举办类似活动，不断熏陶员工的个人情操，营造轻松和谐的工作环境与人际关系，从而进一步增强员工的集体荣誉感、责任感和使命感，培养员工坦诚友好的工作态度和作风。生日会活动的开展，提高了员工工作积极性，让大家体会到了梦祥大家庭的温暖，体验梦祥家庭式的文化内涵。

2. 帮助他人，温暖自己

一个人的权力越大，责任也越大；一个人的付出越多，收获也越多。做人、做事、做企业，都是这个道理。李杰石对员工曾说过这样三句话。第一句话：永远不要说公司和领导的坏话。企业的领导都像家长一样希望自己的员工能比自己更出色，这样才能推动企业更快的发展，哪个家长不希望自己的孩子更有出息呢？第二句话：随时随地发现工作中（自己和别人）出现的问题，并拿出解决方案，交给上级主管部门和领导。有两种人一生不能超越自己：一种是只能干好领导交办的事，另一种是连领导交代的事都做不好。要想出色就不能做这样两种人。第三句话：随时随地帮助你认识的人和身边的所有人。所有的领导都必须具备这样的能力，你帮助的人越多，将来得到的回报也会越多。

在梦祥公司里，有家的温暖，也有职场的残酷。每个梦祥人都知道事业成功没有直通的电梯，每一粒种子从开花到结果都必须经历一个过程，职业生涯也是一样。做好自己本职工作的同时，也要积极勇敢地承担责任，在照亮自己的同时也能温暖他人。

3. 传承大爱，员工感恩

梦祥做慈善不只是企业董事长个人的事情，也是企业中每位员工的事情。在梦祥人看来，穷则独善其身，达则兼济天下，助人就是助自己。梦祥提倡感恩文化，认为孝是感恩之源，因为如果一个人对父母都不好，那他也很难带好团队。每个人都应该把对父母的爱扩大到身边的人，把对身边人的爱扩大到自己的团队、扩大到企业、扩大到国家，甚至天下，所谓修身齐家治国平天下大抵如斯。

小孝治家，中孝治企，大孝治国。梦祥提倡孝，不仅是其"家文化"的一项内容，也是让员工感知温情、升华人格的一种路径。企业希望每位员工都珍惜自己的机会，不要只考虑个人得失而不去承担责任。希望员工对待企业像对待自己的家一样，想方设法为企业节约每一分钱，最后大家都得到更多的红利。

感恩是梦祥企业一直倡导的文化，员工应对企业感恩，因为企业为他们提供了工作和实现自身价值的平台。梦祥人对企业感恩，受益的不仅仅是企业，最大的受益者还是自己。那些感恩企业的员工，都会珍惜自己拥有的岗位，会想法利用好企业给予自己的有限的资源，会对工作油然而生一种责任感，会自我加压，不断进步、完善和提升，从而被信任、被尊重，并最终能够被委以重任，实现自己人生的升华。

"德成智出，业广惟勤，小富靠勤，中富靠智，大富靠德。"梦祥的企业文化整体贯穿着感恩精神。无论是梦祥的员工还是客户，都把这种感恩精神融入胸中，成为一个纯粹的、高尚的、胸怀大爱的梦祥人。

小 结

梦祥创始人李杰石和他的员工为梦祥的品牌文化创新做出了不懈努力，让我们更加深入地了解到独特的企业文化是创业者和员工共同努力的结果。

首先，从创业者的角度分析了梦祥的品牌文化是如何进行创新的，主要从四个方面进行了探讨，即工匠精神、五行管理理论、白银文化传承和感恩之心。

创始人李杰石对工匠精神的执着追求，在传统银饰技艺的基础上不断进行创新，让梦祥的产品具有独特的品牌文化，使更多的消费者认可梦祥的产品；基于创始人的不懈创新追求，李杰石带领研发小组十年如一日的坚守，终于将"铜胎景泰蓝"技艺运用到银饰上，创造了属于梦祥的专利，也为国家非物质文化遗产贡献了力量；为了打造独特的企业文化，李杰石创办了《银饰界》企业内刊，不但传播了中国银文化，也引起了整个银饰行业对企业文化的重视。一个好的创业者，不仅能够带动企业自身的发展，更能推动整个行业的发展。梦祥是民族品牌，与民族文化紧紧相连，对中国传统文化五行理论的深刻理解，才使梦祥有了五行品牌理论，从而形成了相互促进、协调发展的五个品牌。对五行理论进行延伸，并运用到企业的管理之中，形成了梦祥的五行管理理论，为梦祥未来的发展指明了方向，提升了企业的竞争力。

既然是银饰行业，那就必然担负着对中国银文化的传承和创新的责任。而梦祥将这份责任时刻放在心头，组织科研团队专门研究中国白银文化，并编制成册，对银文化的发展资料进行收集整理，建立梦祥白银文化博物馆，让更多的人参观学习，正是这份责任与担当，让梦祥成为中国银饰行业的领先者。当然，企业能够做大做好必然与企业家的胸怀密不可分，心怀感恩是梦祥人始终坚守的。随着企业的不断壮大，梦祥始终不忘初心，将内心的感恩化作行动，致力慈善事业，帮困助学，敬老扶残；修路建校，振兴乡村；感恩员工，大爱梦祥，用行动诠释了企业的感恩之心。正是这份感恩祖国、感恩社会、感恩员工、感恩家乡的赤诚之心吸引更多的人加入梦祥，为了梦祥的美好未来不断共同奋斗。

企业的创始人是企业的精神领袖，亦为企业指明了发展方向，创始人的特质反映了企业的特质。正是创始人李杰石对中国银文化以及银饰品的热爱、对中国传统文化的不懈钻研和不断创新，才使梦祥企业不断发展壮大。

其次，从梦祥内部即员工角度分析了梦祥是如何"炼"出来的。探讨了梦祥的企业文化、梦祥人的凝聚力与忠诚、梦祥人的工匠精神以及梦祥人的认同与大爱。

一家好的企业必定有其独特的企业文化。而梦祥为员工提供了充分展现自我的舞台，优秀的员工会把自己的经验分享出来，让更多的梦祥员工学习和运用；梦祥每一期的培训会议都人员爆满；梦祥大学的成立让更多的基层员工接受再教育，使其成为新时代所需要的专业技能人才。正是这种不断分享、不断学习的企业氛围，让更多的梦祥员工不断走向卓越。

企业员工的凝聚力和忠诚度，是企业长久发展的动力。梦祥秉承带动乡亲共同致富的初心，将梦祥加工厂建在自己的家乡新密，在解决当地人就业问题的同时也形成了具有家庭氛围的"家文化"。在这样的氛围下，大家能够相互关心、相互照顾，共同解决工作生活中遇到的问题。大家把梦祥当作家，无形中就提高了企业的凝聚力和忠诚度。

作为一名梦祥人、银饰的工艺制作人，最重要的就是工匠精神。工匠精神是精益求精、追求完美的精神理念，而梦祥的工匠不仅要求圆满地完成工艺，更重要的是在制作过程中融入自己的情感，使每一件银饰品达到工艺与情感的完美结合。只有用心，才能做出好的产品。简单的事情重复做，你就是专家；重复的事情用心做，你就是赢家，对工匠精神的追求永无止境。

做企业就要做有情怀的企业。梦祥特色企业文化的塑造增强了员工的归属感。员工是带出来的，不是管出来的。梦祥为员工精心策划生日会；时刻提醒员工随时帮助身边人；感恩父母，感恩团队，做一个胸怀大爱的人。正是梦祥朴实的家文化感染着每一个人，大家为企业发展倾尽心力。

一个品牌的发展壮大离不开企业中每一个人的努力，文化创新永远是时代发展的主旋律，创业者注重创新，带动员工不断创新，才能让企业跟随时代步伐，走在行业的最前端。

第三部分　梦祥品牌文化传递

　　打造全国性著名纯银品牌，这是我们的目标，更是一种担当。目前，国内纯银第一品牌尚未诞生，这是一个巨大的机遇。梦祥人要自我加压，倾力打造纯银的全国第一品牌，这个奋斗目标给了我们梦祥人工作的动力。梦祥人要在最短的时间内，争取实现中国纯银制品第一品牌的目标。

——李杰石董事长

第七章
梦祥品牌文化——对外展示

第一节 梦祥品牌及其代言人策略

一 梦祥银牵手孔雀女王——杨丽萍

梦祥银是传递中国高雅银文化的吉祥银饰品牌，也是河南梦祥纯银制品有限公司的主打品牌。从创立之初，这个品牌就肩负着传播中国高雅银文化的使命，博大精深的中华文化渗透在梦祥的每一件产品里，传递着浓浓的中国情。

1. 孔雀中原飞，梦祥初次牵手杨丽萍

2013年4月13日，梦祥公司开启了全新的品牌升级之旅。为了更好地传递给大众"梦祥吉祥银"的品牌理念，公司决定启用代言人。然而，当今娱乐圈中，与梦祥及其所传递的白银文化高度契合的明星不多，使形象代言人的选择成为一个难题。一次偶然的机会，梦祥接触到了杨丽萍老师，便开始了一段天作之合。

杨丽萍，出身白族农家，自幼善舞，13岁进入西双版纳州歌舞团，22岁进入中央民族歌舞团，与舞蹈结伴走过了几十载春秋。杨丽萍的《月光》《女儿国》《雀之灵》《云南映象》等作品，更是成为中国民族舞蹈杰出的代表作。尤其是其独创的孔雀舞系列作品，与梦祥所定位的"吉祥、好运"的品牌内涵非常相符。因为，孔雀本身就非常善良、非常聪明，是爱好自由与和平的鸟，是吉祥和幸福的象征。并且多年以来，杨丽萍对民族舞蹈艺术的不懈追求，和梦祥锲而不舍地打造中国银饰第一品牌的企业追求高度契合，很好地诠释了梦祥对银饰文化的热爱之情。

梦祥在杨丽萍的倾情代言之后，不惜投入千万巨资，展开了以河南市场为中心的宣传推广，使梦祥银逐渐在消费者心中建立了强势的品牌认知并成功实现快速成长，进而为梦祥银迈向中国第一银饰品牌打下了坚实基础。

2. 与杨丽萍再续约，共同传承中国银文化

梦祥银作为中国风银饰品牌领导者，经历了20多年的精心塑造，坚持将人们对中国风、民族风的信仰和追求诉诸千年银文化，以"传递吉祥好运"为永恒的追求，推崇和倡导中国纯银文化。作为银饰行业的龙头企业，签约杨丽萍无疑能够更好地彰显梦祥集团的强大实力。

杨丽萍为梦祥银代言期间，梦祥银深得广大消费者的关注和赞赏，促进了梦祥银品牌知名度和美誉度的提升。2017年7月，梦祥银与"孔雀公主"杨丽萍再次达成合作。一个是中国风银饰品牌的代表性企业，一个是民族舞蹈文化的标志性人物，梦祥银与杨丽萍的再次合作，是彼此的深度认可，更是源于双方对传统文化传承具有高度的精神契合点。梦祥公司希冀以杨丽萍代言为契机，继续实现在全国范围内银饰品牌的强势占领，最大限度地宣传梦祥银品牌，支持加盟商市场运作，整合市场媒体资源，深挖产业渠道，坚定重塑行业新格局的决心。

李杰石董事长说："杨丽萍女士是民族舞蹈的传播使者，梦祥银是中国白银文化的传播使者。有了杨丽萍的加持，梦祥品牌的文化形象才能得到更加鲜活和生动的展示，才能更容易引起全国乃至世界人民对中华民族独具特色的纯银饰品的关注。"

二 盈祥银饰及其代言人策略的创新与改变

1993年，梦祥确定"盈祥银饰"这一目标品牌，于2005年开始推广，到

图 7-1 杨丽萍代言的梦祥广告片

现在，在全国有1700多家加盟商，其中700多家在河南。"盈祥银饰"代表一种新时尚、新主张，它是梦祥集团旗下以轻时尚银饰为概念的品牌，注重装饰美感、搭配比例，拥有出色的性价比。

"诞生就是为了改变，改变总是从微初开始，夏天的雨，雨后的光，因美诞生的你，不该只在首饰盒里，不是一纸一笔、轻描淡写的诞生，而是心与光的结晶诞生，就为被你戴起，戴起，就是最好的设计。"——盈祥银饰以"轻时尚百元银饰"为品牌特色，凭借原创设计、百元银饰、轻时尚等标签，为广大年轻人所青睐，盈祥银饰也因此迅速占领市场。"盈祥银饰"从创立以来就被定位为青春时尚的大众品牌，主要消费人群就是当代的新青年们，盈祥银饰的设计感也十分符合当代青年们的审美观。盈祥银饰的代言人最先选择的是小彩旗（小彩旗是国家著名舞蹈家杨丽萍女士的侄女，同样也有着一定的影响力），小彩旗是当代青年的一员，她的形象能够很好地诠释盈祥银饰。考虑到小彩旗的全国影响力再加上盈祥银饰赋予的文化内涵——将青春大众的理念传递给全国消费者，公司决定选择小彩旗作为盈祥银饰的首位代言人。2016年开始，小彩旗签约轻时尚银饰、大众创业品牌"盈祥银饰"。而后，出于种种原因且为了更能突出体现盈祥银饰与大众的匹配度，梦祥公司不再与小彩旗签约，而是全新启用了李杰石董事长的二女儿——李梦盈作为盈祥银饰的新代言人。李梦盈名字中的"盈"正好对上"盈祥银饰"的

"盈",这种互相融合的理念能够吸引一些消费者的兴趣。同时,用自家人做代言人,也代表着梦祥集团对于产品质量的自信,希望客户、消费者对"盈祥银饰"有信心,而李梦盈的年龄也正好与盈祥银饰的品牌定位相一致;再者,启用李梦盈作为代言人也是为了更好地彰显盈祥银饰的适用度之高。

盈祥银饰产品样式个性化,又符合当下年轻人的喜好,工艺精美,同时还有设计师对产品样式进行设计,保障消费者能够购买到自己心仪的饰品。作为银饰行业的领导者,梦祥集团秉承着诚信经营的理念,确保每一位加盟商都能得到丰厚的利润回报,梦祥集团也定期为加盟商、经销商等组织相应的培训,使加盟商、经销商等能够很好地创业,从而带动具有传统白银文化的梦祥的发展。盈祥银饰将 2019 年定为服务年,2020 年定为提升品牌年。盈祥银饰计划在 3~5 年内逐步提升影响力,循序科学地跟进市场,如增加款式、网络营销,之后也会在央视投入一些广告。盈祥银饰的服务团队在服务督导、听取考核、提出问题以及整改建议等方面也越来越专业;与此同时,盈祥银饰全体独立运作,并强调所有流程要简化、所有问题要凸显。近年来,盈祥银饰紧随梦祥集团的脚步,逐步发展起了新零售。无论款式是否在实体店内销售,在新零售的平台上,客户都可以清晰了解到所有款式的信息。实体店与新零售批发价统一、零售价统一,给予消费者一种信赖感。

盈祥银饰将中华传统的银饰文化和当代备受年轻人认可的流行时尚元素相结合,将传统文化元素与当下流行时尚元素完美融合,通过近年来的发展,得到了众多消费者的认可。盈祥银饰成立至今,凭借多元化的产品、专业化的管理、优质的品质,辐射全国市场,在银饰行业里脱颖而出。

三 金梦祥及其"自己人"代言策略

2014 年 9 月 25 日,河南梦祥纯银制品有限公司创立"金梦祥"品牌。"金梦祥"是梦祥公司旗下的以黄金为产品特色的婚嫁珠宝品牌,主打黄金,涵盖 K 金、钻石、珠宝等全品类。立足于婚嫁市场,专注金饰传承,"金梦祥"的服务对象是 18~38 岁准备成家立业的人群,18 岁到 38 岁是人

图7-2 小彩旗的梦祥广告照片

恋爱、结婚成家的阶段,而"金梦祥"专业婚嫁珠宝品牌的定位,符合这个阶段群体的需求。秉持"爱如金坚,情似金纯"的核心设计理念,将每个爱情故事升华至臻,将每份感动凝结成物,用心打造,用心守护。

  金梦祥自成立以来,始终以传播忠贞爱情故事为己任。金梦祥主张"传统爱情观"与"黄金文化"的完美融合,认为爱情不可以被物质所衡量,不能够被物化。就算是婚嫁珠宝,如果没有赋予它意义,就不会显得弥足珍贵。作为婚恋市场珠宝品牌,金梦祥产品以情感婚恋为设计典范,传达恋人之间的珍贵情谊。"金梦祥"传递"内心的幸福不需要别人代替"的理念,传播一颗钻戒定终身的故事。

  金梦祥创立时,为使企业内部员工更加深入透彻地领悟企业的品牌文化,并且考虑到公司品牌文化传播要从小地域做起,金梦祥确定启用其当时的财务总监作为代言人。金梦祥之所以选择"自己人"作为代言人,有成本上的考虑,但更是源于对自身产品质量的自信,它期望依靠产品带给人们的价值制胜。后来,随着企业的更新升级,金梦祥的代言人也随之更换为李杰石董事长的大女儿——李梦荷。李梦荷长相温婉靓丽,年龄段也与金梦祥的顾客群非常契合。更为关键的是，她对金梦祥有很深的感情，在代言方面极尽职责。虽然一直在外求学，但只要是品牌相关的重大事宜，她都会回公司商议。选择自己人作为代言人，更为靠谱，也使金梦祥极具亲和力，体现了金梦祥品牌真诚、细腻和平民化的品质，能够激发受众对金梦祥的好感。

图7-3 李梦荷宣传金梦祥的照片

四 塑造高端银器品牌形象

梦祥盛世和九龙银象这两个品牌，是梦祥公司打造的高端品牌，这两个品牌的产品数量比较少，但品质很高，能够从整体上拔高梦祥的企业形象。

梦祥盛世是梦祥公司打造的"高端养生银器"礼品品牌，倡导"银养生"的全新健康概念，开创了国内白银市场上全新的奢侈品品类。该品牌自2014年创立以来，坚持品质与品牌相融合、奢华与品位相贯通的理念，希冀成为中国财富阶层在高端生活领域的私人健康用具。"梦祥盛世"系列产品的类别大致可分为高端餐具、高端酒具、高端茶具。它的目标顾客主要是 38~58 岁人群，大多数人到了这个阶段，事业有成，经济条件富裕，开始追求奢华与品位，注重养生与精神体验。梦祥盛世作为养生银器，以其独特的个性、品位的尊贵彰显，为这类群体打造出了一场健康私享的银质生活。梦祥公司在 2014 年注册了梦祥盛世。2015 年 7 月，梦祥盛世正式入驻新郑国际机场。2016 年 3 月，梦祥盛世郑州机场 T2 航站楼直营店正式投入运营。这两年逐渐有更多的加盟者和终端店铺，但是整体规模仍然比较小。

"九龙银象"商标是 2016 年注册的。九龙银象是梦祥集团旗下以"中国宫廷文化"为特色的银器品牌。龙，是中华民族的图腾，九龙齐聚自古就是天子之尊的象征；象，因善于吸水而含纳财之意。"九龙银象"，作为一个全新白银奢侈品品牌，融入了千年中国宫廷文化的尊贵华美与帝王傲气，以精湛宫廷手工艺与传统智慧演绎皇家御用品质精粹，国之重器，帝王珍藏。九龙银象的产品成为王者地位与高端优质生活品位的经典象征。此类产品均由工艺美术大师制作，深度融合华夏文明的古老文化，赋予产品更多的情感意义与文化内涵，从而满足了人们的精神需求。"九龙银象"针对 58~78 岁、拥有权力和财富的人群，定位是高端国礼的一个品牌——国之重器，世所珍藏。九龙银象品牌直营店目前在北京和香港各有一家。这个品牌不以营利为目的，主要塑造一种高端的形象。据董事长李杰石先生介绍，梦祥希望未来能够在全球开 200 家九龙银象品牌店。

梦祥盛世和九龙银象这两个品牌目前还没有代言人。其一是因为这两个品牌起步晚，定位高端，终端店铺发展相对缓慢，影响力还不是很大；其二是因为梦祥现在的实力还不够雄厚，不能不计成本地去聘请更高级的代言人；其三是因为很难找到适合这两个品牌定位的代言人。即使董事长李杰石有代言九龙银象的想法，但也还没有实现。如果要代言九龙银象，李杰石必须亲自打造几件具有代表性的、有艺术高度的符号化产品，这些符号化的产品工艺和质量都必须过硬，才能赢得大家的认可和赞誉，才能真正支撑得起这个品牌的内涵。为梦祥盛世和九龙银象寻找合适的代言人，梦祥公司还需要进一步的发展和积累，还需要继续努力。

五 梦祥品牌标识的设计

一个品牌，极其重要的就是它被赋予的企业形象，而品牌 Logo 就是这种企业形象的一种载体工具。20 多年前，梦祥集团就专门请来师傅为梦祥定制品牌 Logo，最原始的 Logo 是手牵手，代表着延伸的天鹅，一起向上飞翔、腾飞的样子。而现在的品牌 Logo 随着时代的更迭、潮流的演变，也相应地做出了一些改变。

李杰石董事长说："梦祥品牌发展必然要经过变化和进化。变化不改变本质，进化是新生。进化必然带来变化，变化不一定能推动进化。如果只有变化而没有进化，这是虚弱的强大，只有发自内在的进化，才会让品牌脱胎换骨，长成未来有国际竞争力品牌的样子。"

2017 年 3 月 21 日，梦祥为了更好地适应公司发展战略，更准确地向广大消费者和加盟商传递梦祥银品牌内涵及产品理念，特地进行"梦祥银"品牌 Logo 的全面升级，"梦祥银"升级版 Logo 设计紧扣"梦祥银"品牌内涵及定位，以中国风为基调，融合多种吉祥文化元素，个性鲜明，寓意深远。

"梦祥银"品牌的新 Logo 采用的是新派中式艺术字的形式，融合凤凰、錾子、锤子、月亮等图腾。其中，对具有喜庆吉祥象征意义的"凤凰"图腾的运用，是该 Logo 的一大特色和亮点。将凤凰形象化繁为简，汲取凤凰造型的精神内涵，使用简单线条将其呈现，更具直观性与时尚感。"梦"和"银"的艺术化设计使其整体呈现左右对称协调的双翅的形象，犹如凤凰展翅，呈自由翱翔之态，寓意和谐美满、吉祥福瑞；凤凰头部的形貌与"祥"字结合，为整个标志造型增添活力，呈现令人心情舒畅的可视形象；同时，又增加了品牌的识别度，使品牌具有唯一性。錾子、锤子则代表着银器"千锤百炼"的工匠精神，通过几何化的处理，与"祥""银"二字巧妙结合，传承中国银文化，赋予品牌人文内涵和感染力；Logo 色调延续使用红色，中国红是中华民族最喜爱的颜色，作为中国人的文化图腾和精神皈依，中国红吸纳了最富生命力的元素——朝阳，象征喜庆、吉祥与尊贵，除带给人强烈的视觉效果外,也传达了"吉祥好运"的品牌理念;品牌新 Logo 主要由中式象形文字、西方艺术线条、新派中式艺术字勾勒而成,字体刚劲有力。

图 7-4 梦祥银的 Logo

整体而言,"梦祥银"新 Logo 的设计舒展大气、形神兼备,具有较高的辨识度,整体结构犹如凤凰展翅,传播吉祥、好运,极其契合梦祥银"戴出好运来"的品牌定位及产品内涵。

第二节 全方位媒体传播

一 报纸上的绽放

报纸作为 20 年前主要的传播媒介,对梦祥的传播、发展有着不可忽视的作用。梦祥一直都没有放弃报纸这种平面媒介的宣传作用。迄今为止,梦祥仍然在和《大河报》《河南日报》《中国黄金报》《郑州日报》等合作。

梦祥对于报纸这一媒介十分重视,在其上投放的信息量大于新兴媒体。比如说梦祥当年创办时的老照片和董事长工作时的部分手稿都被摘录到了报纸上,这体现了梦祥对于报纸这一平面媒体的重视,也同样说明了报纸这一平面媒体在梦祥发展中有着不可忽视的作用。

根据梦祥在报纸这一平面媒体上所传播的信息内容,我们把这些平面媒体信息传播分为三个时间段:昨天、今天、明天。接下来,我们一起看看梦祥在报纸上向大家传递了什么样的信息和文化,通过这一媒介,梦祥树立了

文化基因的品牌镌刻

一个怎样的品牌形象呢？

1. 昨天的梦祥

从 1987 年开始，梦祥就利用报纸来讲述董事长李杰石先生与白银结缘以及梦祥发展的经历和故事。在初始的时候，梦祥董事长李杰石先生因为家庭贫困的缘故，不得不背负起生活的重担，在郑州打拼。此时，李杰石因机缘巧遇他的恩师，开始学习白银加工技艺，也开始在银饰领域追求自己的梦想。1996 年，董事长李杰石创建了石磊工艺品厂——梦祥公司的前身。在当时的报纸上，附上了李杰石先生在梦祥工坊工作时的照片，当时他十分年轻，充满了干劲，而那时的梦祥还只是一家加工坊。这张照片也向大众展示出了梦祥创建之初的不易，后来，李杰石先生将艰苦奋斗、不断创新的精神融入梦祥品牌的内涵之中。

图 7-5　李杰石在当年梦祥工坊工作时的照片

在发展过程中，梦祥经历了一系列挫折，尤其是在扩建梦祥的时候，困难重重。董事长一度想要放弃扩建，在妻子和家乡村民的支持下，他渡过了难关。1999年，梦祥在新密市的工艺品厂成立，引进了现代化的设备，扩建了生产基地，提高了生产能力。这些事情都在报纸这个平面媒介上进行了详细的阐述，向大众介绍了梦祥的艰辛发展历程。同时也展现了梦祥人不断坚持、克服一切困难的信念，让人们更加深刻地了解到梦祥不是一个人的梦祥，而是所有人的梦祥，是肩负着所有人梦想的梦祥。而这种众志成城、齐心协力面对困难的精神也是梦祥人想要通过梦祥这一品牌传递给大众的，想让每一个人深刻地明白什么是"众人拾柴火焰高"。

2002年"梦祥"商标在国家工商总局注册成功，这意味着"梦祥"商标正式启用，梦祥也终于拥有了自己独一无二的商标。梦祥的营销渠道也随之发生了改变，在稳定好原有客源、服务好老顾客的基础上，积极奔赴河南各地拓展新客户。梦祥最初的销售网络，就是李杰石先生靠着一双脚，一步步"跑"出来的。在无数次漫无目的的奔波后，李杰石先生逐渐形成了销售意识，之后便开始有目的性、规划性地进行销售，梦祥的销售网络也逐渐在全国范围内建立。

在梦祥发展的"昨天"，梦祥借助报纸这一媒介记录了品牌的发展历程，并向大家展现了奋力拼搏、艰苦创业的一个"有梦想"的品牌形象。

2. 今天的梦祥

梦祥发展到今天，不再局限于生产规模的扩大，而是走向更大的格局。截至目前，梦祥拥有现代化标准厂房9800多平方米、展厅8000多平方米，员工1000多人（各类专业技术人员及管理人员近百人），全国市场有5000多家加盟商合作伙伴、近万个销售网点。

在今天，梦祥已经成为中国白银企业的佼佼者，但它仍旧坚守初心、砥砺前行。梦祥依旧选择通过报纸这一媒介，让每一个人了解梦祥取得的巨大成就，让每一个人了解更加全面的梦祥。传递给大众的信息主要涵盖了以下几个方面。

（1）员工积极进取。在平面媒体上，附有梦祥企业中最朴素的员工，精益求精、坚持不懈、不知疲惫地完成每一件工艺品的图片，同时配上最淳朴的文字，向大众传递着梦祥每一个最普通工匠的敬业精神，以及工匠们对每一件产品赋予的情感。

李杰石董事长说："我把自己的生命投入到这个行业中来实现梦想，希望梦祥的员工也能跟随我全身心地投入这个伟大的事业之中，创造更好的将来、实现员工与公司的梦想！"

这是李杰石董事长通过报纸向每一位员工传递的精神内涵，希望每一位员工都能够兢兢业业地完成每一件白银工艺品的制作。这也是梦祥人向大众传递的梦祥以人为本的品牌文化，这种品牌文化在员工身上展现得淋漓尽致。

（2）新工艺的研发。银胎掐丝景泰蓝工艺，是梦祥人自己钻研出来的，根据对这一技艺的阐述，可以了解到这项技艺需要大大小小的工序至少108道，而这项工艺的问世，为银饰锻造提供了一个新的方法，也让银饰变得更加美丽多姿。梦祥在银饰领域的专利有200余件，繁多的技艺让人不禁被梦祥的工匠精神所震撼，不由得为这个企业的深厚工艺技术而惊叹。

李杰石先生说："我希望每一件展现出来的梦祥饰品，都能成为一种了解我国银饰文化，宣传我国银饰文化的精神名牌，将来作为中国银饰文化的名片传递到不同地方，让世界看到我们中原匠人的实力和河南品牌的匠人精神。"

（3）代言人的选择。2013年，梦祥聘请杨丽萍女士作为梦祥的品牌代言人，而这一次的选择，一直延续至今。梦祥一直认为杨丽萍女士与品牌的形象十分契合，因为梦祥一直是中国银饰文化坚忍奋进的传播者，与杨丽萍女士对民族舞蹈艺术的执着追求的精神相符。梦祥在代言人的选择上是十分用心的，希望能够借助杨丽萍的影响将梦祥的品牌形象传递给每一个人。

（4）慈善工作的投入。梦祥走到现在，一直履行着它所肩负的社会责任，帮助每一个需要帮助的人。在初期，梦祥用自己的钱在村里建造了一所小学，希望能够让自己家中的小孩都有学上。之后随着梦祥的不断发展，其在慈善事业上的贡献逐渐加大，慈善事业覆盖的范围越来越广，例如给予老人金钱上的帮助，为每一个贫困家庭学子增添助力。这些事迹都是为了让大家更加了解梦祥这一企业，以及梦祥想要传递给每一个人的思想：能力越强，责任越大。这一思想也是梦祥想要传递给每一位消费者的品牌文化。

（5）白银文化馆。在梦祥的生产基地，有一座白银文化馆，每一位去参观梦祥生产基地的人都会去白银文化馆，那里有梦祥收集的与白银相关的文物，梦祥想要将这些物品一直传递下去。同时，这座白银文化馆也是梦祥向外输出白银文化的一个场所。

（6）员工的培养。梦祥一直在对员工进行专业的培训。在梦祥，所有的员工，包括销售人员，都要在技能提升方面进行专业培训。令人印象最为深刻的是，梦祥为基层员工聘请绘画老师，对他们进行绘画培训，目的是让梦祥的每一位基层员工都有更加广阔的选择，也为其进一步发展提供机会。2018年6月，梦祥还创办了属于自己的大学，创办这座大学的主要目的是为梦祥企业培养更加专业、更高素养的员工。这一举措不得不说为企业的长期发展提供了动力，这也向外界传递出梦祥不断进步、奋发向上的精神。

（7）与中国文化紧密结合的产品。梦祥将中国传统银文化与中国传统文化紧密地联合在一起，在报纸上多次发布新产品，例如万寿无疆银碗和花开富贵银碗套装。这些作品通过开通的中欧班列，借助"一带一路"倡议走出国门，让更多的人了解到中国的传统文化和白银文化。这一切更是告诉每一个人，梦祥承载着传播中国传统文化的光荣使命。当前，梦祥已经在柬埔寨有了两家店面，随着时间的推移，梦祥会逐步向更多的国家进行辐射，让每一个地方都存在梦祥。

在梦祥的今天，梦祥坚持不懈地发展自己，不断地向外输出白银文化和梦祥的品牌文化，报纸这一媒体将这些记录了下来，并且传递给每一个受众。

3. 未来的梦祥

在报纸上，梦祥不止一次地提出一个目标："为中国纯银制品享誉世界而孜孜以求！"这是梦祥人一直的追求，是梦祥人努力奋斗的目标。这个目标驱使梦祥不断地向前发展，激发了每一个人对梦祥品牌文化的认同感。

2020年梦祥的目标为：成为国际知名品牌，跻身国际市场。梦祥是一家具有高度使命感的企业，一直追求着走向世界的目标。在神圣使命的驱动下和稳健人才队伍的支撑下，2020年梦祥将拥有30家下属企业，经营规模预计达到1000万元以上，无形资产达到5亿元，年均业绩增长率达到30%以上。2020年累计捐赠款物将达到1000万元以上，用于慈善教育事业，以体现梦祥人高度的社会责任感。

通过梦祥在报纸这一平面媒体上的三个阶段展现，每一位读者都看到了生动形象的梦祥，每一位读者都更加了解梦祥公司的起始、发展和展望。企业希冀通过报纸传递给大家具有使命感、责任感和不断创新的品牌文化，让受众了解并牢记品牌文化。

二　电视荧屏谱华章

现如今，电视在信息传递过程中有着多方面的优势。首先，信息传播具有及时性，人们可以迅速地接收到信息，了解相关信息的变化；其次，传播画面直观易懂、形象生动，内容呈现形式以画面和短视频为主，更能引发受众的注意和兴趣；再次，传播覆盖的范围广，打破了受众文化层次的限制，目前电视已经基本成为每个家庭的必备物品，基本上每一个人都能够通过电视媒体进行信息的收集；最后，电视媒体有着较强的互动性，观众可以参与到节目中来，更适于信息的双向沟通。因而在电视媒体十分普及的现阶段，电视信息传递方面的竞争是十分激烈的，与此同时，电视媒体也肩负着社会责任。

电视媒体作为现代信息社会中最有影响力的媒体，在传递品牌文化、引导社会舆论、影响消费者决策等方面有着举足轻重的作用。很多企业都会选择在电视媒体上倾注大量的心血，然而想要通过电视媒体将企业的品牌文化展示出来，实属不易。梦祥近年来也开始走进荧屏，拓展宣传领域。

1. 参加央视《一槌定音》，走进主流媒体视野

2018年11月18日，李杰石参加央视《一槌定音》的"白银专场"，这个节目主要是收取民间藏宝，然后让几位珠宝品鉴师进行估价和知识竞答。

在这一期的白银专场中,李杰石先生带来了一套银胎掐丝珐琅作为该场比赛的奖品,赠送给获得胜利的珠宝师。在这一期节目中,通过讲述李杰石先生在银器制造业上取得的成就以及介绍李杰石先生非遗传承人的身份,将李杰石先生的"匠人"形象生动地展现在荧屏上,凸显了李杰石先生在银器方面的深厚造诣,不由得让人对银饰有了深入探究的欲望。节目中进行了各种银饰珠宝的比较,让人眼花缭乱,通过白银问答,向每一位观看节目的人传播了白银文化。现场的专家以及珠宝爱好者,对于每一件造型独特的银饰都有着自己独特的见解,这些见解也正是每一位专业人士对白银文化的一种宣传,让更多的人去了解神奇的白银文化。节目中还展示了中西方文化交流的银饰,反映出全世界都在挖掘白银的魅力。梦祥还在央视平台上展示了万寿无疆碗,让观者为之震撼。万寿无疆碗将中国传统文化融入其中,向众人诉说着中国优秀的传统文化,因而万寿无疆碗被收入国礼之中。这同样让更多的人看到了梦祥为这个"为中国纯银制品享誉世界而孜孜以求"的目标而奋斗。李杰石先生也通过节目向众人展现了他风趣幽默的一面,使没有了解过梦祥企业的人产生了想要去了解企业品牌的欲望。李杰石先生展示出来的正面形象,让人们对梦祥有了更加深刻的印象,提高了梦祥的知名度。

电视媒体传播范围广的优势在这次电视媒体活动中得到了印证,更多的消费群体通过电视媒体了解到梦祥这家企业。通过电视媒体的宣传,梦祥企业拉近了与消费群体的距离,在一定程度上消除了消费者的心理隔阂。更为重要的是梦祥通过这次节目,为消费者提供了一个了解梦祥的平台,同时也达到了其所设置的目标:向大众传递白银文化,让更多的人了解梦祥品牌的理想。梦祥向众人展示了其想要将白银文化继承并且发扬光大的信念,也告诉了所有人,梦祥的理想是走向世界,将自己独一无二的银饰品带到全球。梦祥通过这档节目,向受众传递了企业的直接想法,将企业与消费者紧密地联系在一起。

2. 与河南电视台合作,赞助热门节目

梦祥还通过赞助地方卫视河南电视台的两档节目——《梨园春》和

图7-6 李杰石央视二套节目《一槌定音》的照片

《武林风》，来开展电视媒体宣传。这两档节目的主要受众群体是戏剧和散打爱好者。

《梨园春》这一节目的目标受众主要是戏迷。在戏迷的年龄结构中，中老年人居多，年轻人较少。就偏好而言，目前国内中老年人偏好于金银首饰。梦祥为《梨园春》提供了资金上的支持，《梨园春》节目组在电视平台上为梦祥进行宣传，达到了节目方与梦祥互利共赢的局面。而且这种宣传是有针对性的，在喜欢白银首饰的中老年群体中打响了梦祥的知名度，为梦祥积累了新的客户群体。虽然目前年轻的群体更加偏好钻石之类的饰品，但是对于喜欢这一节目的青年群体而言，他们会在为父母购买银饰时选择这一品牌，这也为梦祥培养了一批潜在用户。同时，《梨园春》是中国传统戏剧节目，具有深厚的文化底蕴，梦祥将自己的品牌与这个节目联系在一起，一是加深了梦祥的文化气息；二是突出了梦祥想要将中国传统文化与白银文化通过《梨园春》这一节目进行传播的愿景。

梦祥赞助的另一档节目是《武林风》。《武林风》是一档与散打相关的赛事节目，这一节目的主要受众是男性群体。男性群体有着较为相似且典型的性格特征：不喜欢麻烦，不喜欢花心思挑选首饰之类的产品。梦祥赞助《武林风》节目，使该群体在节目中反复多次地听到有关梦祥的信息，这也就促使他们在购买首饰时，会瞬间忆起梦祥这一品牌，因而会将梦祥纳入考虑购买品牌范围。在潜移默化之中，梦祥积累了一批新的顾客群体。

梦祥通过与地方卫视的合作，积累了该地区的顾客群体。同时，由于电视媒体传播的广泛性，其影响范围也会逐渐地向各地区辐射。另外，梦祥与具有文化气息的节目进行合作，更加突出梦祥的品牌文化，也有利于梦祥品牌形象的塑造。

3. 引领潮流，赞助真人秀综艺

梦祥为了引领潮流，进军真人秀电视综艺节目。目前，真人秀综艺节目在各平台都是十分火爆的，都会引起新一波的浪潮。同时，电视综艺节目的投放需要资金来运转，作为回报，节目方会为投资方进行广告宣传，达到双赢的局面。

《最强校花》是一档新兴的青春励志、跨才艺种类比拼的真人秀节目，节目以"青春、励志、美丽"为主题，进行年轻人之间的一系列才艺比拼。节目的参赛人员主要是各地高校的学生，因节目的特殊性，观看群体主要是青年。通过这个节目，梦祥又积累了一批新顾客，进一步扩大了梦祥的顾客群体。像这种传递积极正能量的综艺节目，对梦祥的口碑影响起到了正面推动作用，同时也十分有利于梦祥品牌形象的塑造。这档综艺节目主要是在河南卫视和一些在线视频平台放映，而线上平台又是电视的延伸，更方便青年群体的观看，相对而言线上平台更有利于顾客群体的积累，有助于吸引更多的消费者，进行品牌文化宣传。

梦祥在电视媒体的投入，与梦祥的定位一致。从央视到地方卫视，再到线上平台的投资，目的是进行宣传。且在几种不同类型的节目上投资，会收获不同类型的消费者，这些消费群体分布于不同的年龄段，构成了庞大的消费群体，为梦祥的发展积累了一大批顾客。同时，不同节目的宣传意义是不同的，每一个节目都从不同的角度塑造了梦祥的一个形象，而这些形象又较为全面地展现出了一个完整的梦祥。

三 户外广告扬名声

为了让更多的人发现和看见梦祥,梦祥开始在地铁站、公交站、高速路增加广告牌和路牌的投放量,预计每年在高速路段上的广告投入达到62万元,这么投入究竟能收获到什么呢?为什么许多企业都瞄上地铁站、公交站、高速路段这些看似不起眼的地方呢?答案在于扩大品牌知名度,吸引新的用户群体。高速路段沿线景致单调、重复,周边视觉障碍物较少,醒目的高速广告牌会产生较强的视觉冲击力,人们会将这一内容深深地印在脑海里,从而达到一定的宣传目的;公共交通场所的人流量是巨大的,而且流动性十分强,在这些地方设置广告牌会引起较多顾客的注意,为梦祥提供良好的宣传。与此有同种功效的宣传手段还有在各论坛、各种比赛上投放广告。多样化的广告投入丰富了梦祥的宣传,吸引了不同的消费群体,极大地促进了梦祥品牌知名度和美誉度的提升。

四 新兴媒体共交融

互联网的飞速发展以及手机的普及为信息传递提供了庞大的技术支持,也塑造了新兴媒体的这一系列特性。新兴媒体具备许多特点:一是实现了人类传播模式的整合。网络传播包括自身传播、人际传播、组织传播和大众传播等,既可以"点对点"传播,也可以"点对面"传播,还可以"面对面"传播。二是传播形式多样,且不断创新。文字、图形、声音、触感等多媒体效果都可以通过网络实现,电子邮件、电子读物、论坛、视频、即时聊天工具、博客、微博、微信等传播方式层出不穷。三是信息存储海量、传播效率高。存储技术、网络宽带特别是云计算技术的广泛运用,使海量存储、数据高速处理和高效传播得以实现。四是实现了实时性与互动性。电子化的网络信息平台具有操作简单、编排方便、发布快速等特点,能够实时传播,并可以与受众即时互动。目前,新兴自媒体平台很多,例如微博、微信。中国网民群体数量庞大,利用自媒体进行企业宣传、形象塑造和产品宣传,可以迅速引起人们的注意,因而梦祥也在新兴媒体上下了一番功夫。

梦祥根据新媒体的这些特点推出了相应的举措。梦祥选择了微博、微信和官方网站这三个平台作为主流平台进行宣传。在这些平台上，梦祥附上了企业信息以及企业"大事"，想要及时了解梦祥信息的消费者，可以直接在平台上翻看这些事件记录。梦祥着力打造优质的新闻产品，确保网上网下的报道真实准确、全面客观，力图给每一位消费者提供梦祥的高质量新闻，让消费者切切实实地了解梦祥。梦祥非常重视微传播，它通过促进各种微内容、微信息高速流动、跨平台流动，使用户随时随地能够迅速获取信息。另外，梦祥在官网最醒目的地方添加了如何成为加盟商的信息，为有意向的合作方提供了便利。同时，平台也为梦祥信息的发布提供了便捷的途径。梦祥在这些平台上同样传递着企业文化，帮助现有加盟商和潜在加盟商了解梦祥的品牌文化。如今一般化的信息已无法满足消费者需求，消费者个性化的需求越来越多，企业宣传内容也必须在特色化、分众化上下功夫。在媒体融合发展的过程中，既要提供共性新闻产品，也要加强个性化新闻生产。梦祥在这一方面融入了自己独有的品牌文化，也是独树一帜、标新立异的。梦祥在新兴媒体上的付出，极大地提升了企业的运转效率，为多方了解梦祥提供了有效途径。梦祥想要借助新媒体的记录和保存功能，将自身独有的品牌文化长久地流传下去。

梦祥还有自己独一无二的App，加盟商和经销商可在线上进行商品选择，为其提供了便利，同时也缩短了进货选货时间。这一App也将企业和加盟商紧密地连接在一起。另外，因网购的便利性，其已经成为国内大部分家庭的主要购物方式。梦祥也与电商进行合作，将自己的产品放在天猫和京东上进行售卖，极大地便利了每一位消费者，同时也吸引了新的消费者。

第三节　多元合作聚实力

梦祥认为，一家企业若要走得更远，需要合作伙伴，其发展方向也要向不同地方延伸，不断增强自己的竞争力。当一家企业做大之后，也就需要承担更大的社会责任，也就是说，能力越强责任也越大，这也要求梦祥用实际行动承担起它的责任。

一　与少林寺结缘

2018年10月26日，梦祥公司在少林寺隆重举办佛眼匠心禅韵新品发布会。释永信向梦祥公司董事长、银饰锻制技艺非遗传承人李杰石颁发了功德证书，感谢梦祥为少林棋院成立所做出的贡献。梦祥新品佛眼匠心禅韵系列，是梦祥与少林寺联合开发设计的，运用了复杂的微雕工艺技术，对梦祥来说是一个勇敢的尝试和创新，同时能给消费者带来震撼体验。梦祥希望通过与少林寺的结缘，开发出更多文创新品，并祝愿购买和使用梦祥产品的千家万户家庭和谐美满。从这一系列的产品可以看出，梦祥想要将中国流传下来的"佛"文化通过这一种方式宣扬出去，想要将品牌文化融入这一系列的产品之中。在佛眼匠心禅韵系列产品中，梦祥融入了新的工艺——微雕，且每一件新品都标上了独一无二的标码，意味着每一个产品都是唯一的。

同时，梦祥还有一个大胆的计划——创建白银小镇。白银小镇的设想是将梦祥的生产基地打造成一个白银生态园，并且和少林寺合作，一起打造一条旅游线路，让其成为郑州市的一个旅游项目，实现共赢。

与少林寺的合作对于梦祥来说不仅是一次灵感的爆发，更多的是开发新的文化银饰产品，是一场文化上的互相融合。新产品的出现为梦祥的发展提供了更多的选择，梦祥开始钻研，意在打造更多的文化产品。这与梦祥"为中国纯银制品享誉世界而孜孜以求"的目标相契合，因为只有产品多样化发展，与多国文化进行融合，才会生产出被其他国家所接受的产品，只有这样梦祥才能进一步走向国际市场。多元化产品的投放，也向全世界宣传了中国的传统文化，普及了梦祥的银文化。梦祥更多的是想要肩负起让中国企业走向世界的责任，为中国的经济发展做出贡献。

二 积极参与社会公益和慈善事业

梦祥想要担负起的不仅仅是为经济做贡献的责任,还包括"达则兼济天下"的高度社会责任感。他们一直不停歇地做着公益,目的就是帮助需要帮助的人。这也为梦祥塑造了正面的形象,为梦祥成为真正的民族品牌付出了努力。扛起社会责任,是梦祥对自身形象的塑造,也是梦祥想要向大众传递的企业文化。

梦祥在初期收入不多的情况下,给自己村建造了一所小学,希望让村里的小孩都有学上,那时,每一个梦祥人都毫不犹豫地将所有的钱财投入学校的建造上。之后随着梦祥的不断发展,慈善事业的覆盖范围也越来越广。梦祥一直支持教育事业,为学校捐书,还建造了一所新的幼儿园,为学校配备了校车。梦祥在教育事业上花费了大量的心血,且一直坚持为每一位学生提供上学所需的学习用品,给予莘莘学子经济上的资助,帮助他们完成大学学业。梦祥不仅仅关爱学生,还关心老人,每个月给予老人一定金额的生活补助,去每一位困苦老人家中赠送各种物品,目的就是减轻老人们的生活压力,提高老人们的生活品质,让他们的晚年生活更加舒适安逸。

梦祥做慈善的原因是什么呢?首先,基于中国传统文化来说,梦祥做慈善是因其具有高度的社会责任感,中国传统文化中就有"达则兼济天下"一说。李杰石先生曾说,"我们就是取之于民,用之于民"。在创建初期,就是因为群众的力量,梦祥才发展起来,为了感谢每一个帮助过他们的人,梦祥一直做着慈善。梦祥人把爱心、恻隐之心与同情心凝聚在一起,用企业的名义去帮助更多的人。其次,梦祥想要树立起一个良好的企业形象。企业做慈善可以在一定程度上增强人们的认同感和好感,对于企业形象的提升有着非常重要的意义。做慈善有助于企业获得大众的认同感,获得长久发展下去的动力。因此,慈善公益对于每一家企业的可持续发展都是十分必要的,这样既能够突出企业的品牌形象,也进一步宣传了企业的品牌文化。

三 增进与渠道伙伴的情感联结

对加盟商和经销商等合作伙伴的看重，是梦祥能够长久发展下去的动力。梦祥为各个加盟商、经销商等举办了营销培训大赛，比赛的目的是让合作伙伴清晰地了解梦祥产品的文化内涵、销售知识和技能。比赛中，梦祥也将品牌文化的主要精神融入其中。从加盟商的反馈可知，这些比赛调动了梦祥合作伙伴的积极性，帮助合作者更清晰地了解每一件产品，而且比赛本身也为每一个合作者提供了一个展示自我的平台，增进了企业合作者与梦祥的情感联结。

加盟商和经销商是梦祥品牌形象的展示窗口，其服务品牌直接影响到消费者对企业的印象，因而高度认同梦祥品牌的合作者，对消费者企业印象的形成有着积极的推动作用，这也说明加盟商和经销商培训的重要性。梦祥创立了自己的大学——梦祥大学。梦祥大学的主要责任和任务就是为企业培训更多优秀的加盟商和经销商，因为梦祥深知这样的合作者对于企业是多么的重要。

第四节 展现梦祥新姿态——《银饰界》

一 不忘初心，初创新刊

银文化是我国古代灿烂的民族文化，银饰品所追求的精神文明是我国民族文化的组成部分，也是我国精神文明的重要组成部分。在如今社会发展、经济发展、文化自信的时代，更应该继承和发展银饰与银文化。为了更好地传播中国银文化，让中华儿女了解祖国的银文化，2010年，《银饰界》创刊！

《银饰界》是依托于河南梦祥纯银制品有限公司创办的珠宝首饰行业专业期刊，2010年8月28日创刊，每月28日定期出版，每月发行10000份，目标直投全国各地珠宝首饰经营商及梦祥加盟商。最早的《银饰界》，叫作

《梦祥之光》，是在2001年创办的，是梦祥传播自身文化的一种渠道。梦祥之光，这四个字的意思是：指引梦祥依据自己的文化信念继续走下去的光芒，并凝练出梦祥自己的闪光点。当时的《梦祥之光》还只是一份四开的报纸，并不是如今这个极具现代化气息的杂志。

二　打造中国纯银制品的行业报刊

梦祥公司创立于1993年，20多年来，梦祥不忘初衷，通过《银饰界》，不遗余力地向世人展示我国悠久的白银文化，同时，积极向社会传递爱和人性的善良，传承和弘扬民族工艺文化，传播正能量和正确的价值观。梦祥也需要这样的一个宣传窗口去传播梦祥的企业文化和品牌文化，去鼓舞员工、激励合作者。

《银饰界》既是中原最大的白银制品生产商——梦祥公司的企业内刊，也是专注中国白银行业的第一份刊物。除了宣传和弘扬中国传统的白银文化与白银制造技术，《银饰界》旨在提高中华儿女对国家源远流长的优秀文化的认知，使中华儿女以传承和发扬祖国的古老优秀文化为己任。

自创刊以来，《银饰界》以"传承中国传统银文化"为己任，专注纯银制品艺术的宣传及白银市场的分析，致力于将自己打造成为中国纯银制品的行业报刊。如今的《银饰界》已经相当成熟了，有一套固定的流程：在每个月10日之前，《银饰界》会出小样，然后是电子排审，之后报送审核再修改；大概在15日定稿，23～25日印刷完毕，分寄给邮局送至加盟商手里。

在每期出版前，《银饰界》的官方公众号会安排推送。《银饰界》每期16个版，内容包括行业动态、市场分析、业界新闻、营销策略、作品欣赏、精英人物等板块，侧重白银文化的宣扬和纯银制品艺术的展现，以及李杰石董事长的文化理念。在《银饰界》的新闻板块下，记录梦祥发生的大事或梦祥品牌运营的一些重要方针。在产品板块，《银饰界》会定期印发一些新品图片或一些有含义的消费产品，让顾客在实体店购物时，能切身感受到梦祥的产品设计理念。

同时，《银饰界》也会发布一些概念化的产品，目的是提前进行产品普及，激发消费者兴趣。《银饰界》有时还会发表一些优秀员工、加盟商或技术标兵的采访，以此来激励全体员工，也使消费者能够从员工的访谈中更加了解梦祥这个企业，增加员工的销售业绩；这也会为那些想加盟梦祥企业但仍然在犹豫的人们打一针强心剂；将各个创业的故事记录下来，成为案例，则代表着改变命运。另外，《银饰界》会在一些版面上，为社会传播正能量，宣传慈善公益、传递爱心等，这体现了梦祥承担社会责任与传递大爱的一面。

如今的《银饰界》已经不仅仅是一个使消费者、加盟商了解梦祥企业内部变化的平台，还承担着中国银饰文化参与国际竞争的任务，承担着"为中国纯银制品享誉世界而孜孜以求"的使命。

三 促使《银饰界》品牌化，多渠道拓展传播方式

老子曾云："人无信不立，业无信不兴，国无信则衰。"20多年来，梦祥忠实履行"终身免费调换"的承诺，得到了市场和客户的一致赞扬。《银饰界》每一刊册的封面都会印着这么几个字，可以说，《银饰界》为梦祥文化的传播贡献了力量。今后，《银饰界》会继续为大众展示梦祥为消费者制作的白银首饰，努力将中国优秀的珠宝文化及精美的珠宝首饰带给千家万户，将饱含民族文化特色的首饰文化和工艺精神传承和弘扬下去。

不过，《银饰界》也有自己的理想。据《银饰界》刘主编介绍，他们希望《银饰界》能成为梦祥旗下的一个子品牌，而非单纯的一种文化传播手段。目前，《银饰界》已经具备了相应的资源基础。

在这个日新月异的信息化时代，《银饰界》要想跟上时代的潮流，就必须融入互联网。不过，纸质版的《银饰界》并不会被替代，只会更新，就像如今的《银饰界》，已经出了合订本。虽说在信息化的时代，电子版已经成为最方便快捷的方式，但是对于梦祥来说，纸质版的《银饰界》有着另外的一层含义——蕴含着梦祥的发展史。梦祥的品牌使命是"为中国纯银制品享誉世界而孜孜以求"，因此，纸质版的《银饰界》还有一个极其重要

的作用——作为一件富含中国文化的礼物赠送外宾,以此达到让更多的国际友人了解梦祥这个品牌的目的。

拥有属于自己的官方公众号,是《银饰界》融入互联网的一个主要表现。每一期《银饰界》纸质版的封面都会印着官方公众号的二维码,只要在各大加盟商、经销商那里看到纸质版《银饰界》,拿出手机扫一扫,就能搜索到《银饰界》的官方公众号,从而通过《银饰界》了解关于梦祥的品牌理念、董事长理念、品牌文化、品牌形象等一系列信息。

《银饰界》希望在未来能够拓展自己的传播方式,不再仅仅局限于文字版的形式,而是增加一系列纪录片、音频、电视或电影等媒体化的传播方式来宣传和弘扬中国传统的白银文化。这么做的目的是吸引那些过着快节奏生活的工作者,当他们身心疲劳、想要放松和放慢生活节奏的时候,这种传播方式便可以以一种潜移默化的形式,慢慢地促进他们对中国传统白银文化的了解。以这种方式宣传梦祥的品牌文化,范围更加广泛,吸引力相对较强,能得到较好的反馈,也为梦祥进一步开拓国内和国际市场提供较大的帮助。

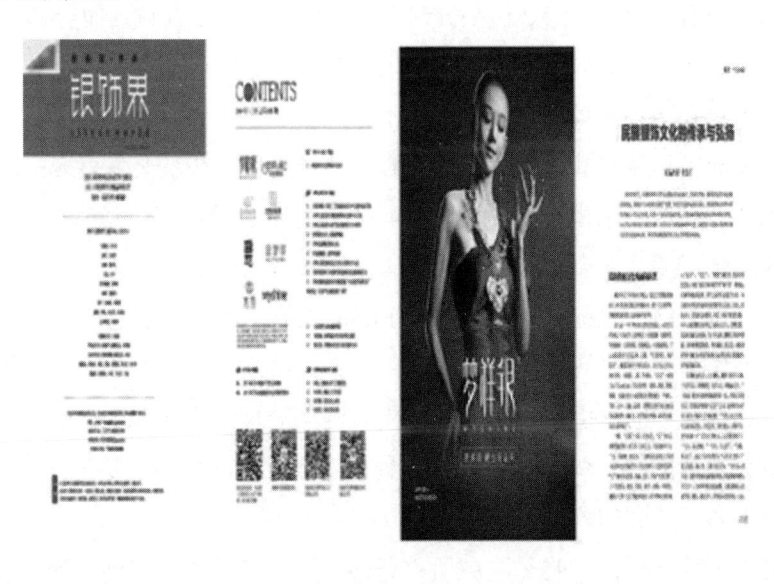

图7-7 《银饰界》最新一期的目录

第五节 "不怕吃亏"——树立品牌好形象

一 终身免费调换

在竞争激烈的金银首饰行业中,梦祥开创了一个新举措,针对每一位加盟商、经销商和消费者,都提供终身免费调换政策。终身免费调换对于加盟商和经销商而言,就是当有销售不出去的旧款式或者不受该地区喜爱的款式时,都可以到梦祥调换成等价的商品。这是一个较大的让利举措,而且也让他们的货源保持流通,不用为货品的滞销而发愁。

但是,终身免费调换也给梦祥带来了巨大的损失。粗略计算每一年的损失可达到几千万元,且呈逐年增加的趋势。不过,梦祥从来没有考虑过停止这一项举措。梦祥认为,虽然他们看上去像在吃亏,其实是在诚心地与每一位客户做朋友,他们通过这一新的举措,收获了更多的人脉和更多忠诚度高的客户,从而具有了长长久久的客源。的确,梦祥在每一次的调换中都给予客户和消费者最大的让步,但是同时,终端消费者往往在调换时会选择更高价的商品或者更时尚的产品。这样一来,高价商品的购买量提高,梦祥相当于售出了更多更高质量的商品。

总体而言,梦祥通过终身免费调换的举措,也收获了很多:第一,通过终身免费调换这一举措,梦祥收集了消费者对款式的选择信息和偏好信息,更加深入地了解了各个地区目标人群的差异和产品需求的不同,为后期的新品研发提供方向,也提升了产品推广策略的效果;第二,通过这一政策获得了众多加盟商和经销商对品牌的认同和支持;第三,这一举措给消费者提供了长期选择梦祥的理由,让他们长长久久地与梦祥"绑定",增加了消费者的黏性。并且,这一举措也产生了巨大的口碑效应,提高了梦祥的知名度,进一步扩大了梦祥的顾客群。

这些都是梦祥在"吃亏"中所收获的,这也与"吃亏在前,享乐在后"的精神相呼应。梦祥上下一心,一级向一级传递这种思想,形成了梦祥独一无二的吃亏文化。吃亏文化，其实告诉了人们："吃亏是福""吃亏是舍得，有舍有得""吃亏是一种大智慧"。

对于"吃亏"，李杰石董事长这样说：

> 所谓吃亏，就是得众人，在梦祥的创立初期，我就给每一位村民打下欠条，承诺等有成就之后连本带利地全部还给村民。就这样得到了村民的支持，村民愿意跟我干下去……有舍有得，舍弃了钱财，收获的是村民的支持和长长久久发展下去的动力。
>
> 所谓吃亏，在根本上并不是吃亏，而是在创造社会价值。为什么是创造社会价值呢，是因为人少拿了，那么剩下的多了，而剩下的部分便是他们为社会做出的贡献。每一位员工都会创造相应的价值，他们所收获的是他们创造的价值中微薄的部分，那剩余的便是他们心甘情愿地为社会所创造的价值。梦祥人将力量拧成了一股绳，通过梦祥这个大家庭，奉献给了许许多多需要帮助的人。虽然所求少，付出多，是吃亏的表现，但是人们的思想境界得到了提升，成为一位"大智慧"的人，而且创造了社会价值，这才是更大的收获。
>
> 我们少拿一些，是在为我们的伙伴创造更多的财富，让他们同样富裕起来，这样的群体多起来，那我们的国家也会好起来的。对于我们梦祥人来说，我们为这个国家和这个社会做出了奉献，这是无上的荣光啊！

所以一直以来，梦祥秉承着"吃亏"精神，是为了更好地回报给国家和人民。而这样的思想，也影响着梦祥数千家加盟商，他们长期接受梦祥思想的影响，也成为有着"大智慧"的人。

二 真诚地对待每一位客户

吃亏的文化，也贯穿于梦祥的营销理念中，体现在梦祥对待客户的真诚中。梦祥人赤诚地与每一位客户相处，不计较得失，想要将最好的服务和产品给予梦祥的每一位客户。他们愿意付出更多，让每一位客户真真切切地感受到梦祥人的精神。而付出过后，梦祥人却发现自己之前的付出都是有回报的，甚至这些回报比之前他们所付出的还要大，所以他们更加坚定且深刻地感悟到"吃亏"就是有舍有得、只有舍去才会得到更多的文化内涵。

在对一线销售人员的采访中，他们说得最多的一句话，就是"多为客户考虑"。梦祥每一个子品牌的一线员工都提到了这一点，让我们深深地为之动容。他们把客户看作自己的朋友，认真、热心并且耐心地帮助他们挑选其需要的款式和最贴切的产品。而且每一位员工都清晰地了解每一个地区所需要的货源，以及当地的文化。每一位销售人员都不会为了卖货而卖货，不会故意将一些积压货品卖给客户，让客户间接承受货物难以卖出的压力；同样地，每一位推销人员还要了解某些地区的"独特"需求，为他们进行特殊化定制，虽然这种货源的供给量常常并不是很大，但依然会为这些客户进行专门化定制，满足他们的需求；并且，每当公司有新政策或者政策发生变动时，他们都会及时通知客户，让每一位客户了解政策的变动以及公司活动，为其后续购买提供快速便捷的信息来源。他们也不断地向每一位客户传递"银文化"的魅力，讲解白银的医学效用，希望每一位客户都能够真正地爱上白银文化。通过一线员工与客户直接面对面沟通的形式，梦祥向每一位客户传达了中国古老的传统银文化。总之，一线员工在面向客户时，怀揣一颗真挚的心，用情感换取情感，他们不关注付出太多会如何，只想要在这互相的交易中，给予每一位客户最清晰最安心的服务，给予最可靠的后期保障服务。

品牌经理向每一位客户传达的又不一样，这可能与他们接触到的客户性质有关。品牌经理主要负责经常往来的大客户，这些客户对梦祥有着较高的认同感且有一定的银文化认知。在与这些客户的往来中，他们用自己全部的真诚去对待每一位客户，并且将自己所了解的一切分享给每一位客户，让他们能够清楚地了解梦祥。在与客户进行沟通时，品牌经理会与客户分享产品以及公司内部文化。如公司的五行文化、孝道文化等优秀文化，品牌经理都会向每一位客户面对面地传达，同时也会收集客户对于文化的认知度，将客户的感想以及感悟记录下来。经过这样面对面的讨论，很多大客户与梦祥建立了强有力的情感依恋，彼此之间相互影响、相互认同，使梦祥这一个大家庭的成员间联系更加紧密。总之，品牌经理与每一位客户进行的每一次深层交流都是向他们传播梦祥品牌文化，目的是让每一位顾客更加亲近梦祥文化。并且，梦祥还制定了一项要求，那就是不可以收客户的礼品，不能接受客户的酒席招待。

李杰石董事长说："每一位客户赚钱都是不容易的，我们不能为了满足自己，而去接受客户的好意，这样是损害公司的形象，同时也伤害了每一位来我们这儿进行购物的客户，我们应该时时刻刻地为他们着想，所以我们不能拿每一位客户的一针一线。"

最后是高层人员。他们的理念是"有舍有得""相辅相成"。他们认为，梦祥之所以有今天，离不开每一位加盟商以及经销商的不离不弃。是梦祥人的坚定和付出，给梦祥带来了收获。加盟商发展初期，公司会选派人去帮助每一位加盟商看店选址，对他们进行一系列培训，为的是让这个店铺快速成长起来。有一位新疆的加盟商，虽然公司派人去新疆并不是十分方便，但是梦祥秉持着为客户服务的理念，帮助新疆加盟商开设了数家分店，这都是梦祥为了让每一位客户满意而付出的努力。梦祥也同样感激着每一位加盟人，因为从他们的身上，梦祥也同样地收获甚多。梦祥一步一步地走到今天，与客户是相辅相成的：梦祥开创的终身免费调换，是梦祥为每一位客户的付出；而客户反馈，就是梦祥进步的源泉。

不同层级员工与不同类别客户间的相互对接，是梦祥文化传播的主要途径。从点、线再到面，梦祥逐步形成了自己特有的文化传播方式，也对应着梦祥从中原腹地郑州出发向整个中国辐射，传播梦祥的品牌文化，让更多的人了解中国的传统银文化。

第八章
梦祥品牌文化的渠道展示

第一节 起航"梦祥+"

一 何为"梦祥+"

"梦祥+"思维来源于"互联网+",后者代表了一种新的经济形态,目的就是发挥互联网的集聚作用,将资源和生产要素更加合理地配置到有需求的地方,将互联网的创新成果深度融合到经济社会各领域中,提升实体经济的创新力和生产力,形成更广泛的以互联网为基础的经济发展新形态。而"梦祥+"就是以梦祥为基础,将企业的产品、品牌、IP资源和文创融合起来,以不同的方式相加形成合力,以期实现"1+1+1+1>4"的效果,从而实现企业资源的有效整合,这也是构建"梦祥+"的核心所在。梦祥还希望通过互联网推动管理信息化建设,借助于大数据辅助管理决策。

"+"是跨界、是变革、是开放,也是重塑融合。通过跨界,发挥员工群体的智慧,进一步夯实梦祥创新的基础,推动从研发到产业化的路径向垂直化发展。"梦祥+"的重点就是通过开放来促进思想的转变与产品的变革,从而形成企业的商品力,这也是梦祥发展的源泉。

"+"就是创新驱动,两种业态的融合本身便是一种创新行为,也必然能够推动企业、行业甚至社会的进步。如今在互联网大发展的背景下，企业也在积极适应这个社会的变化，所以"梦祥+"就是要在企业内部掀起创新的氛围，通过创新来满足消费者的多变需求，构建企业的竞争力。

"+"就是联结一切，联结是有层次的，联结性是有差异的，联结的价值是相差很大的。"梦祥+"就是将一切有价值的资源要素联结起来，形成梦祥的生态网络，发挥网络化的作用与价值。

梦祥是一个品牌、一个标识，甚至代表某种形象，如何更好地开发利用这种资源是亟待解决的问题。这就需要用"梦祥+"的方式来助力品牌升级，提升品牌知名度。

二 "梦祥+产品"，打牢坚实基础

"做出好产品，就能好销"，这是亘古不变的道理。产品是承托梦祥品牌和文化的物质载体，也是企业生存与发展的基石。对梦祥来讲，生产能够满足消费者需求的好产品有利于在激烈的市场竞争中立于不败之地。李杰石董事长认为好产品必须满足两个条件。

一是要做到产品是真好而不是假好。梦祥在做强自己产品力的道路上，首先从中华传统文化中汲取营养，将其融入设计理念中；其次从生产工艺和质量上严格进行产品检测；最后重要的是有清晰的品牌发展计划，将产品力转化为品牌力，优势互补。

二是在进行产品创新时应该注意把握分寸，避免"过度创新"。新的营销环境中，企业十分重视对消费者需求的满足，但是新环境下的企业都将识别消费者的独特需求作为培育自己竞争力的来源，努力提升消费者的满意度与忠诚度。但当生产消费者喜欢的产品已经变成千军万马过独木桥时，为什么不尝试重新回到使消费者喜欢我生产的产品呢？而这就需要产品具有创新力，打造明显超越对手的绝对产品力，突破传统产品力的横向竞争，实现产品的自销。而产品力的提升不是一蹴而就的，如同梦祥对工匠精神的理解一样，好的产品是经得起时间的打磨和历史检验的。因此，梦祥虽然有专业化的研发设计团队，但始终未忽视对匠人以及传统手工艺的保护。产品需要创新,但对于银饰品来说不能过度青睐于创新,这样会在发展中迷失自我,也会让梦祥丢失发展所具备的最大特色。

三 "梦祥+品牌",打造发展新版图

伴随着消费者认知水平的提高,消费者购买决策的影响因素更加多变,其中产品的传播、与消费者的沟通对提升消费者认知水平、顾客忠诚度来说至关重要。梦祥现在做的就是不断加强品牌建设、传播以及与消费者实现积极的沟通,用"终生免费调换"的承诺来换取消费者的好口碑,在消费者心目中留下对梦祥"产品好、服务好"的认知,而消费者能形成这样的认知,不仅仅源于产品,还源于品牌和服务,这就是"梦祥+产品"的魅力,既要做好产品,又要打造好品牌。

产品是用来和消费者交换的,但品牌是用来跟消费者沟通的。"酒香不怕巷子深"的时代早已过去,梦祥始终重视产品创新和品牌建设,与消费者之间呈现良好的互动,传递企业的价值理念。"梦祥+产品"告诉我们一个好品牌成功的背后需要漫长的时间积累,让自己的产品能够说话,讲述每一段背后的品牌故事。梦祥的商标图类似于一把"锁",在中国传统文化中这意味着平安与吉祥,这与梦祥的产品所要表达的主题是相符的,形象虽简洁却向外界传递着丰富的内涵。

图8-1 梦祥商标

梦祥是一家要"为中国纯银制品享誉世界而孜孜以求"的银制品公司，企业的成长史就是品牌发展的历史。梦祥的品牌开创之路异常曲折，从最初的家庭手工作坊，到工艺品厂，再成长为拥有1000多名员工和5000多家门店的大型企业。品牌从无到有，从"石磊"到"梦祥"，一直在变化，但从未被超越，变化的是不断提升的品牌力，促进企业转型升级的意愿；不变的是"为中国纯银制品享誉世界而孜孜以求"的时代使命，是传承工匠精神的那颗初心。梦祥通过让品牌有思想、会思考，从形象、产品和管理使品牌易懂、易用，且有鲜明的个性。再通过培训的方式，让每一位梦祥人肯为品牌付出，利用互联网和新兴手段向外界积极传递品牌文化，扩大影响力。

互联网带给我们的不仅仅是技术创新、生产变革，更多的是学习和利用互联网的思维，对企业内外部资源进行整合。梦祥在互联网思维的影响下首先把外部的供应链看成一个整体，其次是从发展的、长远的角度来思考和分析问题，使企业获得创新性发展。同时梦祥的管理层认识到一个有影响力的品牌给企业带来的价值是巨大的，因此在企业初创时为了提升名气、扩大影响力，梦祥便开始重视品牌的发展与商标的申请与保护工作，逐步培育属于自己的特色化产品与服务，打造属于自己的白银帝国。

2015年，梦祥在继续深耕线下市场的同时，开始积极探索线上电子商务的发展，成立梦祥电子商务公司。梦祥经常将公司的新产品、新营销活动通过电商平台向消费者展示，在提升企业销量的同时也希望获得消费者的反馈信息，及时抓住消费者的真实需求，聆听顾客对产品和品牌的反馈，这是企业改进产品、实现良好宣传的重要方式。同时，公司还开辟了包含微博、微信和官网等在内的移动互联网平台作为新的宣传渠道，最终实现"互联网+品牌"的运作模式，即利用好互联网这个工具来发展企业的品牌。

梦祥又是如何发展企业的品牌呢？

1. 开拓品牌新路径

同质化的产品就像枯燥的生活一样，如何让枯燥变得有趣？这就需要品牌的作用，让企业的品牌变得有趣，变得能够与消费者实现良好的沟通，才能够赋予产品新的生命力。现在许多企业的品牌通过拟人化的方式和手段与消费者之间建立良好的沟通关系，而梦祥的品牌开拓与成长之路如同自己产品的生产之路，需要经过不断的打磨、抛光、雕刻等一系列工艺流程。而打造品牌的发展路径就需要做到以下几方面。

（1）提炼出品牌的核心价值。"梦祥"自创立以来，就作为代表吉祥、好运的传统文化符号而存在，而品牌的核心价值就在于依托中国"五行"等传统文化，发扬白银文化，用"终身免费调换"与竞争对手实现差异，让消费者明确、清晰地识别，并记住梦祥品牌背后独特的利益与个性。

（2）将企业的核心价值发扬光大。此前，金银珠宝首饰行业很少采用形象代言人的方式来进行品牌的宣传推广工作，而梦祥就抓住机会，第一次代言人就选择了杨丽萍，而背后看重的正是其对中华传统文化的独特诠释，她对艺术，尤其是民族艺术的传承与梦祥对产品质量的追崇、对传统文化的继承，两者的结合可以说推动了"梦祥"的品牌力提升。梦祥为了更好地利用杨丽萍的资源，对企业进行了一些调整，首先是企业标识的变化，最初的设计理念是将吉祥、好运的符号融进去；之后考虑到代言人杨丽萍的"孔雀"形象，梦祥对品牌标识进行创新，将孔雀的元素融进去，实现代言人与品牌的深度融合。

图8-2 梦祥银品牌标识塑造的品牌联想

（3）一次又一次地重复积累。梦祥在品牌创立之初，给予了公司上下以及渠道合作伙伴高度的重视，配置最好的资源；而到了品牌维护阶段，由于人性的贪婪和多变，"坚持初衷"就会成为一种稀缺的品格，"一次次地重复积累"很难被企业一直延续下去，有些公司更是不遗余力地改变之前所做的工作，品牌不断被赋予新的面貌，但一个品牌要想真正成为消费者心中认可的品牌，在消费者心目中打下深深的烙印，就需要建立在"重复"的行为之上。梦祥开创品牌以来已经走过20多年，现在正处于品牌拓展和维护的交叉时期，在多变的市场环境中，始终做到以传承中国文化为己任，通过对外一致性的传播，提升品牌整体竞争力。

（4）在消费者心中实现一对一的品牌联想。品牌联想即消费者看到企业的品牌（标识）后所能想象到的东西，这是对企业或产品的一种独特认知或看法，这种联想对企业来讲是很重要的。以几个常见品牌为例，大家看到海尔就会想到"海尔兄弟"，看到苹果公司的标识可能会联想到乔布斯，而梦祥现在与杨丽萍的联手就是想将她与企业的产品、品牌以及文化相联系。杨丽萍对中华民族传统文化的热爱与传承，会引导消费者思考梦祥产品的文化故事，无形之中改变了消费者的认知。

2. 以文化赋能五大品牌发展

对于企业来说，一个品牌要向目标消费者传递什么价值，如何塑造品牌价值和大众口碑，决定着企业能否在市场竞争中不断向前。梦祥董事长李杰石认为"做好品牌的塑造和传播，是在这场'战斗中'取得胜利的'利剑'"。

（1）品牌塑造与传播的第一个要素就是企业要明确自身的定位，实现精准传播。对于竞争激烈的银饰品以及其他首饰品行业而言，要想成为"行业第一"并不容易，因此，企业要进行差异化定位，需要对外塑造一个富有个性、不同于竞争对手的形象，对内要进行产品差异化分类。梦祥就是在这样的基础上敢为天下先，率先在行业内做出"终身免费调换"的承诺，目前这已成为梦祥最大的特色。同时，梦祥的目标群体是1~100岁的人群，每一类人群的消费特点是有差异的，因此就需要从目标群体出发进行产品的设计、研发以及品牌开拓。

目前，梦祥拥有五大子品牌发展规划。

九龙银象是梦祥旗下全新白银奢侈品品牌，融入千年中国宫廷文化的尊贵华美与帝王傲气，以精湛宫廷手工艺与传统智慧，演绎皇家御用品质精粹，国之重器，帝王珍藏。此类产品均由工艺美术大师设计、制作，深度融合华夏文明的古老文化，赋予产品更多的情感意义及文化内涵，从而满足人们的精神需求。

图 8-3 九龙银象品牌

梦祥盛世作为我国首个融会国际顶级奢侈品文化及中国养生文化的高端器具礼品品牌，开创了国内白银市场上全新的奢侈品品类。品牌希冀成为中国财富阶层在高端生活领域的私人健康用具，并融入传统的茶道、酒道、香道文化，打造独树一帜的梦祥养生文化。

图 8-4 梦祥盛世品牌

金梦祥是梦祥公司重点打造的婚恋市场珠宝品牌,该品牌产品以情感婚恋为设计典范,传达恋人之间的珍贵情谊。金梦祥传播友谊、爱情忠贞,是对现代社会中高功利性的一种回应。

图 8-5 金梦祥品牌

梦祥银作为梦祥公司旗下的主要品牌之一,积极向社会传递吉祥、好运的文化内涵,其产品结构以现有传统产品及自主研发的特色系列为主,兼具时尚简约、大气典雅的产品气质,大雅若俗,大巧若拙,符合大众审美意识。

图 8-6 梦祥银品牌

盈祥银饰品牌传播的是尊敬老人、照顾老人、扶老携幼的仁爱文化，该品牌所面对的主要消费者是年轻一代，这部分顾客对产品、品牌都有着独特的理解与认知，这也成为推动企业创新的主要因素。

图 8-7　盈祥银饰品牌

（2）品牌传播的第二个要素就是要贴合场景，增强消费者的认知效果。对于金银首饰类产品来说，许多场景我们都可以想象得到，比如说结婚、孩子满月、朋友之间互送礼物等都是梦祥产品背后可能出现的场景。因此，在制作广告的时候应该充分考虑上述场景，让消费者看到广告时有比较强的代入感，通过这种临场感来提高消费者的认知，增强购买力。

（3）第三个要素就是要实现品牌传播的全覆盖。目前，梦祥在与消费者接触最密切的零售门店内采取了较为丰富的宣传手段，例如店员的讲解、宣传（视频）材料、营销活动等，这些都给予了消费者较为直观的感受与理解。当然在互联网背景下，"低头族"越来越多，消费者的时间更加碎片化，为了让每一位潜在的消费者都能随时随地查看与产品有关的信息，梦祥充分利用互联网传播资源，借助电商平台以及官网传递新信息，借助微博、微信做好社交平台的传播。

梦祥作为品牌传播的策划者，希望能够构建企业的优秀品牌，与消费者之间建立更紧密的联系，为顾客创造更大的价值。明确品牌定位，增加企业的信心，发挥消费者推动品牌塑造与传播的力量，共同成就品牌精彩。通过梦祥这一独特的品牌符号，获得消费者的广泛认同；通过多品牌的发展战略，从产品层次上寻找新的发展点。梦祥充分利用杨丽萍作为代言人，融入品牌的理念，建立独特的品牌符号和价值。总而言之，"梦祥+品牌"的战略使企业看到了品牌在当今社会中的价值，认识到需要挖掘每个和消费者接触的点，传递一致的品牌精神。

四 "梦祥+IP"，掀起时尚新潮流

IP是当下社会最流行的词语，这代表着流量和话语权，如同一部好的影视剧需要由有流量的明星来演绎一样，自身的流量足够让作品引爆话题，达到良好的宣传效果。同样，一家好的企业也需要用流量和热点来推动发展。

企业的流量和热点可以是代言人，也可以是某个事件，而实体企业需要注重并把握营销热点，寻找合适的代言人，从而为企业的发展带来流量、注入新活力。每家企业都希望自己成为引领某种趋势的佼佼者，但是对于一家小企业来说，重要的是让用户记住自己的品牌是做什么的，然后通过适当的情感牌来引发用户的诉求。不要盲目跟风，因为用户根本记不住单独的品牌营销活动。

在任何一个以IP为核心的生态中，都首先需要有一个最基本的IP，这就是企业原创的IP，它能够吸引足够多的消费者来关注，逐渐形成自己的品牌IP，这样就可以基于品牌IP来衍生相关的产品。对于品牌与IP的跨界结合，董事长李杰石将其总结为一个词——品牌联动。"梦祥+IP"就是要借助IP资源与品牌形象互动，产生新的故事，并在故事中产生品牌的情感溢价，这也是IP元素的真正价值所在。梦祥是如何实现IP营销的呢，主要在于以下几点。

第一步，塑造。梦祥为了打造属于自己的IP资源，在2013年，签约中国舞蹈艺术家、"孔雀公主"杨丽萍作为梦祥的品牌形象代言人，开创了中国纯银制品由明星代言的热潮。杨丽萍带来的明星效应成为梦祥品牌终端营

销的流量热点，从而极大地推动了梦祥品牌在全国市场的开拓。这也促进了消费者积极进行品牌联想，让杨丽萍所代表的对艺术、对文化的热忱之心，与梦祥对产品的极致追求、对品牌文化的推崇结合起来，有力地促进了品牌的宣传，也提升了消费者对品牌文化的认知，这就是杨丽萍带来的无穷流量。

好的 IP 资源要与消费者之间实现良好的互动交流。2017 年，杨丽萍再次与梦祥续约，继续担任梦祥品牌形象大使，这是双方互相成就的过程，梦祥通过代言人获得了品牌推广的流量，而在代言梦祥的过程中，杨丽萍也更加认识到中华文化的魅力之处，在以后的文艺创作中会更多地融入传统文化。而梦祥也将消费者的意见考虑进产品的设计中，同时在交易的过程中将中国最具特色的白银文化传递给消费者，在这个过程中实现信息的分享。同时作为从中国传统文化中凝练出的品牌文化，"梦祥文化"旨在告诉消费者要学会感恩，学会站在他人的角度考虑问题；学会包容，就如同中庸思想一样，能够包容万物。梦祥将文化融入产品设计、制造、销售等各个环节中，也融进了 IP 资源的开发中。

第二步，传播。塑造了一个好的 IP，自然要推广传播，提高受众度，从而达到宣传的目的，最终实现盈利变现，这就涉及一个传播形式和传播途径的问题。记住一点，无论用何种方式都是为了扩大影响力，引来流量，聚拢人气，更简单地说就是增加粉丝群体。梦祥意识到明星、动漫、卡通等 IP 字节流量属性，如今在互联网时代被深度开发。加菲猫、米老鼠、蜘蛛侠、变形金刚、刀刀狗等这些成熟的 IP，都被赋予了巨大的商业价值。因此梦祥与刀刀狗签约，与京景景泰蓝合作，联合开发和销售《吃货宇宙》大电影卡通形象产品等，目的是借助流量来促进品牌推广，未来，还会有更多 IP 与梦祥品牌联手，来进一步提升品牌的传播效果。

第三步，变现。IP 营销最终要通过流量变现，变现的途径就是打造衍生品，跨界联合，放大 IP 的变现价值，比如迪士尼的系列玩偶产品、文具商品、日常消费品，日本动漫的周边产品等。而目前梦祥在加强对 IP 资源的开发和利用上还有很长的一段路要走，需要找准时机，将银饰产品推向世界。签约杨丽萍后，梦祥为了抓住代言人所能带来的流量，最大规模地将孔雀等相关元素扩展到产品上，在企业内部优化流程，使生产线能够快速地对市场环境变化做出反应。

梦祥要做的就是通过流量 IP 的带动，将自己的产品打造成网红爆款，但是如何打破只能红极一时的现象呢？这就需要品牌来增加消费者的黏性，培养顾客的忠诚感。借助于消费者的口碑进行营销，吸引人们将其传播至社交媒体，形成 IP 的传播力。此外，梦祥还会不断进行产品创新，结合时代特点和应季活动，让到店的顾客随时都有新鲜感。通过与消费者之间的互动体验来延伸 IP 流量，促进品牌成长。

五　"梦祥+文创"，创造有灵魂的文化产品

"我们的产品要让顾客看着舒心，用着称心。"2016 年，在一次产品设计讨论会上，梦祥公司董事长李杰石这样说。而如今，在商业化的冲击之下，"快销品"成为更多商品的选择，白银黄金珠宝饰品在"快销"的带动下，偏离了本应有的文化属性和艺术追求。在经历过几年的市场洗涤之后，人们的饰品消费观念逐渐理性化、理想化、实用化、技术化、艺术化，曾经占据市场消费主流的"快销"饰品，遇到了发展瓶颈。

"文创"是"文化创意"的简称，意为将文化植入产品中，提升商品的文化附加值。文化的创新创意延伸至手表、服装、家具用品、文具、礼品等各类大众日常消费的成熟产品上，渗透于人们的日常生活中。"要重视客户体验，深挖顾客消费需求。"这是梦祥公司总经理李梦凡对产品设计提出的新要求。2016 年起，梦祥公司先后成立了梦祥北京文化发展有限公司、梦祥深圳文创公司，并组建了梦祥文创（郑州）团队，开始探索文化与白银黄金珠宝融合的创新之路。但目前梦祥的文创业务还存在很大的不足，比如创意和设计能力不足、文化资源挖掘不充分、文化产业链条不健全。针对这些问题，梦祥开始在全世界吸纳更多优秀的设计师，从人才储备及培养上提升企业在文创产业的研发设计水平，设计出具有文化内涵的实用性产品；同时，梦祥还计划在企业内部开辟新的生产线来满足文创产品需求。

梦祥文创要做的就是让顾客在购物的过程中体验到中国传统文化，尤其是感受到白银文化的魅力。目前，梦祥将文创产品的开发与打造体验式营销有机结合起来，即依托于互联网技术，在社区、高校、加盟店植入体验设备，再通过大数据给顾客搭建一个消费体验系统平台，通过此举来促进文创产品的销售。大家可以设想，同样是一件产品，如果消费者将自己的观念融入产品中，那么这件产品对顾客而言就会有独特的价值，消费者在整个过程中也会领略到中国传统文化的力量，提升消费者的忠诚度和体验感。

创新和创意让商品承载文化，使文化与市场对接，满足了消费者多样化的文化需求。梦祥目前正在进一步加大文创产品的开发力度，比如与一些景点合作，开发高品质、价格适中的文旅纪念品；与服装结合，开发不同场景搭配的配饰；与大型活动结合，开发极具收藏价值的纪念品。"梦祥＋文创"，重点在"创"字，即创新、创造、开创……通过将产品与文化有机结合，赋予梦祥更加广阔的发展空间。不过，文创产品和品牌要想赢得市场也需要一个艰辛的过程，对于首饰珠宝行业而言，如果规模小、成本高、销售量不大，便会产生生存问题。

第二节　梦祥家展翅腾飞

一　从米家看梦祥家

梦祥家是什么呢？梦祥通过"梦祥家"想得到什么？首先，梦祥家是多品牌、多品类的开放交易平台。围绕着一个人或一个家庭，将生态链中的产品相互交织，形成一张很大的网，而这些产品与消费者的需求之间是完全契合的，而正是依托于这样的生态链，企业才能够孵化出很多的创新形态，事实上，在现代市场环境中，公司的竞争不是单枪匹马独斗，也不再只是产品间的竞争，而是企业整个供应链视角的竞争。梦祥家是一个平台，在这个平台上能够实现信息的自由交换，比如梦祥作为首饰珠宝行业的佼佼者，以用户为核心，与婚纱、会所、景区、服装等产业进行异业联盟，融合汇聚众多价值观和梦祥一致、达到产品品质标准的珠宝品牌和品类，满足互联网时代用户的消费升级需求。

其次，梦祥家是链接5000家店面的纽带。生态链是一个比较复杂的系统，实现高效的管理是梦祥一直在努力追求的事情，如同小米拥有米家App一样，梦祥也青睐于打造自己的App，通过软件来实现数据、资源的集成和共享。未来梦祥将应用互联网技术，实现自媒体新闻的推广与发布、加盟订货、用户购买、快速推送、智能客户等功能，通过大数据中心，实时处理梦祥线上线下消费者选购和配送问题，从而实现资源互联、万店一家。

二 倾力打造梦祥家

梦祥现在正在主推的App，其功能就在于可以有效获得顾客的消费数据，及时反馈到后台，就其中关于产品、品牌等的投诉以及建议进行研究，为下一步的改进提供支撑。未来，有关公司培训的视频也将在软件上进行传播，这将节约零售商或经销商接受新知识的成本，促进知识共享。再者，消费者可以通过App实现对附近门店的查询，节省时间和精力成本。最重要的是相当于给零售商构建了一条线上销售渠道，可以实现门店的信息化管理，这样就能够对店铺所覆盖的消费者进行精准画像，实现精细化管理，尤其是为后期通过会员制实现管理提供支撑。

同时，梦祥家是消费者了解梦祥的窗口。互联网时代，人和人之间的界限越来越模糊，不管用户身处世界何地，都可以通过互联网实现直接联系与交互。如今，企业的发展边界也越来越模糊，很多企业"跨界"发展获得了成功。梦祥现在的发展边界是相对比较清晰的，因此企业一直在打造互联网消费互动媒体，走进用户的需求链，进而契合他们的生活方式，持续在用户身上进行粉丝流量的变现，梦祥也想将自己的粉丝集合起来，构建社区，打造粉丝经济，从消费者手中探知多样化的需求，让消费者通过梦祥家了解梦祥。

三 上兵伐谋——梦祥的"布线运动"

1. "五大战区"与五行文化的融合

目前梦祥有5000多家加盟店和直营店，并在全国形成了"五大战区"。

"五大战区"主要有华西战区、华北战区、华中战区、华南战区和华东战区。华西战区主要包括新疆、甘肃、宁夏、内蒙古（西）、山西、陕西和青海等省份；华北战区主要包括内蒙古（东）、黑龙江、吉林、辽宁、北京、天津、河北和山东等省份；华中战区主要包括河南、安徽、湖北和湖南等省份；华南战区主要包括四川、重庆、贵州和云南等省份；华东战区主要包括江苏、浙江、江西、上海、福建、广东、广西和海南等省份。而与"五大战区"相得益彰的是梦祥的五行文化，五行文化则包含了五行品牌理论与五行管理理论。

五行品牌理论主要是指梦祥针对实际的市场需求而形成的包含梦祥银、梦祥盛世、盈祥银饰、金梦祥和九龙银象的品牌策略。不同的品牌富含不同的文化，同时有着差异化的定位。梦祥五行品牌理论是未来长期指导五大战区梦祥品牌发展的一套理论，也是梦祥企业发展的最基础的品牌文化，它为梦祥持续在五大战区开拓自己的市场渠道奠定了品牌基础。

五行品牌理论是根据社会经济发展的不同阶段，科学分析消费者不同层次新需求而形成的。五行管理理论就是五行品牌理论的实践工具、方法、方式，基于对梦祥的现实管理需求，梦祥有效地确立并完善了五行管理理论。为了更加高效、便捷地对企业实施管理，梦祥对原有的管理机构进行了系统的整合，就管理机构的重组塑造了五行管理理论，通过运行这个理论，让之前较为冗余复杂的组织结构更加扁平化，使其形式更为简单、效用更加显著，这也使梦祥可以通过管理制度在五大战区的供应链中传递自身的文化价值。

五行品牌理论与五行管理理论是五行文化的重要组成部分。"五大战区"是从企业的地理布局出发，五行文化是从企业的内部出发，二者的有效结合，可以有效地促进企业的品牌文化更加广泛地向外推广。"五大战区"与五行文化是相辅相成的关系，"五大战区"的构建为五行文化提供了实践意义，"五大战区"的战略布局，可以为五行文化的落地生根提供重要保障；而五行文化为五大战区的布局提供了理论指导，五行文化在各区域的贯彻落实，可以为五大战区的协调发展奠定理论基础。

总之，五行文化理论是依据企业管理发展现状和未来走势而诞生的一种符合时代发展特征的新型理论,这是梦祥在多年企业管理中摸索出来的经验总结和智慧结晶。"五大战区"是基于市场的区域位置,为了更加方便、有效地进行管理,所采取的划分机制。梦祥管理"五大战区"的过程中,遵循灵活运用的原则,既强调文化软实力,又强调市场硬实力。毫无疑问,梦祥未来的发展离不开五行文化与"五大战区"的相互融合。

2. 渠道拓展

梦祥制定了公司发展的三个战略,首先是聚焦战略,制造业务聚焦于礼品及优势传统首饰的制造,发展领先的、新型的制造技术,实现制造模式沉淀,进入世界纯银礼品前五强。其次是拓展战略,深度多业态开发国际市场,全面布局并拓展国内市场产品,由纯银礼品向全品类、选品项的传统时尚拓展模式转型,从单一传统首饰制造商转型成为国际市场"银饰行业礼品供应链服务商"、国内市场"供应链直销商"。最后是多元化战略,围绕银饰产业的相关多元化,以品牌为杠杆,集成优化供应链,构建创新的商业模式,通过资本运营来实现相关多元化和企业的快速、健康发展。基于这三种战略,梦祥也形成了有利于自身发展的新零售模式,它也通过对"易订货"App 平台的应用吸收了大量的客户。随着"梦祥家"以及"梦祥+"生态战略的确立,梦祥进入了全新的时代。"梦祥家"是一个融合更多品类的开放交易平台,是一个联结全国数千家店面的纽带,是一个让消费者了解梦祥的窗口,是一个完整的生态系统。梦祥家的打造过程中,标准化运营是首要也是最关键的一步。梦祥一直把标准化运营摆在支撑引领品牌发展的战略位置来谋划和推进,努力创建珠宝行业标准化体系。未来,梦祥也会更加关注品牌标准化运营的引领性和创新性,聚焦品牌和用户的互联,打造梦祥智慧大家庭。而且梦祥通过"梦祥+",实现自媒体新闻推广、新闻发布、加盟订货、用户购买、快速推送和智能客户等功能,实现资源互联,真正把品牌植入客户心中。当然,通过多种战略的整合协调,可以使梦祥不断创新出符合时代发展潮流并且值得推崇的精神文化。

2018 年,"梦祥家"生态零售店重磅来袭,不仅推动了新零售朝着智慧生态化发展,而且让合作商获得了更便捷、更安全、更高效、更多元的综合服务，提高了门店效益与效率。同时，梦祥提出了"新营销"的策略，消费者可以通过手机客户端详细地了解梦祥各种款式的产品以及零售的价格，注重线上与线下的融合，从而为梦祥的持续发展奠定基础。未来，梦祥将借助先进的互联网工具，延展梦祥银单品牌店与五星合聚的梦祥品牌生态店，打破以往的传统模式，构建新的顾客中心模式，让消费者有全新的互动体验，力争在消费者心中构建一个珠宝行业新零售的标杆。没有线上线下之分，只有品牌和体验之分，以顾客为中心，提供便捷、舒适的购物体验一直是梦祥追逐的目标。新零售模式可以使梦祥的企业文化伴随渠道的拓展得到更加有效的展示与传播，也会使其在企业与顾客的互动中创造出更有价值的文化。

多年来，梦祥始终坚持推广我国白银文化，在"一带一路"建设的背景下，积极拓展海外市场，不断加快公司对外合作的步伐。20年来，梦祥始终坚持以"传播中国高雅银文化"为己任、以"踏实做人、认真做事"为理念，驱动企业健康有序发展。2016年4月，梦祥参加了由中俄友好、和平与发展委员会健康生活方式理事会主办的"一带一路"中俄文化艺术展，董事长李杰石向各国大使赠送了由梦祥旗下健康养生礼品品牌——梦祥盛世生产的养生银壶国礼系列产品以及为此次艺术展特意定制的俄罗斯银熊书签，借此机会将中国养生文化与传统白银制作技艺展现于世人面前。2018年2月，梦祥盛世正式入驻金边国际免税城，这标志着梦祥公司国际化战略方针迈出了坚实的一步。让"梦祥"早日走向国际，这是梦祥公司董事长李杰石先生的愿望。他曾先后到欧美、东南亚、澳大利亚、新西兰等地考察，最后选中柬埔寨作为梦祥开拓国际市场的第一个试点。经调研发现，出于经济原因，银饰是柬埔寨人购买首选，而且当地市场的银饰种类比较少，品质略微粗糙，纯银制的饰品几乎没有，同时考虑到金边国际免税城是东南亚地区最大的免税城之一，各类知名品牌云集，是柬埔寨对外展示的重要窗口，因此选择了柬埔寨金边来打响国际化战略。随着国际合作交流的日趋频繁，梦祥在与俄罗斯、泰国、印度、韩国、意大利、丹麦等国企业的文化互动合作中不断博采众长，并极大地传播了优秀的中国传统文化。

四　梦祥向渠道商传递品牌文化

1. 承担助销的角色

助销文化是梦祥在银饰行业中独具特色的一种企业文化，它力图通过高效的运营方式来为企业和加盟商创造价值。品牌优势就是竞争优势，它是产品销量无形但又实实在在的极其有效的推手。小城开大店，虽不能很快带来盈利，但能迅速在本地建立起强大的品牌号召力，从长远考虑，无论是对商店后期经营、消费者的认可，还是对周边区域销售网点的招商，其产生的旗舰店规模效应都是同类普通产品所无法比拟的，这也会使周边区域对梦祥的文化理念广泛认同。梦祥总部总是会通过针对性的推广营销，结合加盟商本地的实际情况，因地制宜、因势利导地开展营销宣传活动；采用会员制、买赠、加价购等多种形式来吸引不同的消费群体，从而使梦祥的品牌文化得到有效的宣传推广。同时，梦祥利用稳定的价格策略——从不打折促销，赢得了顾客的信赖。梦祥通过对加盟商店铺管理的培训以及帮助他们建设有效分工的团队，使优质的服务文化得以传递给顾客，为顾客创造价值，从而提高顾客的满意度和忠诚度。同时，梦祥也帮助加盟商建立团队成员的营销行为考核制度，通过赏罚分明的科学考核制度，对团队成员的营销行为进行细节管理，这有利于通过高效营销团队来实现持续的竞争力。有效的团队激励机制的建立，是梦祥对加盟商帮扶的任务之一。激励是一门艺术，在加盟商为顾客提供商品和服务的过程中，物质激励与精神激励都是必不可少的手段。由此可以看出，梦祥的助销文化对加盟商的开拓进取具有重要的意义。

梦祥在开展助销的过程中时常强调：梦祥做品牌，坚守和维护价格线，换句话就是要维护品牌在消费者心目中的形象，让消费者对品牌有信心，形成口碑，若轻率降价打折，无异于饮鸩止渴、自毁招牌。在助销团队管理方面，梦祥坚持人性化管理。无论是领导阶层还是加盟商老板，对工作始终保持高度热情，潜移默化地感染身边每一名员工。而员工选择与梦祥共事，是对梦祥的信任，在生活上梦祥会给予他们全方位的保障和照顾，在工作中给予充分信任和授权，为他们创造一个宽松、人性化的工作环境，从而提升了员工的忠诚度和积极性，为梦祥的长期发展奠定了坚实的基础，这是梦祥助销文化的一部分，也是梦祥所蕴含的内在价值文化的体现。通过助销文化，传递了梦祥独特的服务价值理念，梦祥体贴入微的售后服务备受顾客青睐，尤其是"终身免费调换，终身免费清洗保养"的服务承诺，免除了客人的后顾之忧，带给他们作为梦祥消费者的荣誉感，也为经营者带来了丰厚的回报。

2. 深度访谈渠道商

梦祥的发展与加盟商的经营是相辅相成的，梦祥的品牌文化对加盟商的成长起到了耳濡目染的作用。以下四位加盟商的分享便可体现梦祥的企业文化。

驻马店加盟商魏丽，经营梦祥这个品牌大概已有八年了，在初期经营店铺时总是会遇到这样或者那样的问题，每当她遇到困惑时，公司领导都会给予她无微不至的支持，这使她受益颇丰。她的店面也从小到大，从一家到多家，而且经营业绩稳步上升，这使她坚定了做好梦祥品牌的决心。同时，她通过公司给予的店面管理和营销的帮扶，运用互联网在店面管理问题上做了一个系统，利用大数据帮助解决管理难的问题，同时对店面的进出货情况做出详细的数据分析。通过对这些数据的分析，可以看出哪个员工卖出哪些产品、得到了多少提成，也可以对顾客的详细资料进行收集，从而了解什么货品畅销、什么产品滞销，节省了大量的时间和金钱成本。为了调动员工的销售热情，提高业绩，她在总公司的指导下做了大量的有针对性的营销活动，场面十分火爆，营销额也是节节攀升。利用多样化的营销活动，把利益回馈给消费者的同时，拉近了品牌与消费者的距离，最大限度地提高了店内人流量，聚集人气，提升了经营绩效。在"心怀感恩，共赢共成长"的理念引导下，她紧紧跟随公司的步伐，并以饱满的热情执着进取，为梦祥银饰继续保持银饰行业第一品牌而努力，也为自己更加辉煌的明天而奋斗。

中牟加盟商曹超，他在搜寻投资项目时，无意间发现了梦祥银，通过细致的了解，他认为这是一个值得一试的投资。最初，梦祥终身免费调换的服务承诺给他带来了巨大的震撼，后来与业务经理进行了深入的交谈，最终为梦祥企业的经营理念与文化价值所折服，坚定了他想要成为梦祥加盟商的决心。2012年，他在中牟开了自己的第一家梦祥专卖店，实践的检验证明他当初的选择是对的，梦祥银产品货真价实，售后服务也获得了消费者的一致好评，这使他的经营效益获得了巨大的提升。后来在公司的帮扶之下，他又陆陆续续开了五六家梦祥银专卖店，销量更是节节攀升，这使他获得了巨大的利润。他认为梦祥银的免费终身调换的理念以及银饰品所蕴含的文化，增加了客户的黏性和忠诚度；客户有了忠诚度，还会源源不断地介绍新客户来购买，形成了口碑效应。他的辛勤付出带来了丰厚的回报，梦祥银成就了他今天的幸福生活。在"感恩梦祥，助我成长"的理念引导下，他利用梦祥银这个机会和平台，积极参加企业文化的培训以及品牌文化的传递，紧紧跟随公司的发展趋势，从而实现加盟商与企业的共赢。

商丘加盟商冯献勤，他看起来有点憨厚稳重的儒雅，又有点沉静睿智的中正，而一路的创业坎坷使他对梦祥银的信念越发坚定。"选择了高山，就选择了坎坷；选择了执着，就选择了磨难。"他始终坚信"言必信，行必果"，正因为他也是银匠出身，所以他对银的品质有着很高的要求。基于对梦祥银材质的信赖以及做工精致的认可，他对梦祥银这个品牌产生了极高的信任度，而其关于诚信的经商理念，也与梦祥集团董事长李杰石十分一致。他认为产品和人品是生意的决定性因素，产品决定了品牌的生存，而人品决定了自身的人脉，这在梦祥银的品牌文化上也得到了很好的体现。自经营梦祥银以来，他觉得梦祥银给他最大的印象是专业、高效、求真和务实，梦祥对他的店铺布局和团队构建给予了众多的支持，帮助他建立了有效的团队激励机制。梦祥银不仅提供了货真价实的银饰品，而且提供了各种新闻媒介的宣传，这为他加盟店形象的传播奠定了基础。梦祥总部同时也为他的加盟店提供了零风险的配货和免费调换制度，这极大地体现了梦祥的"吃亏"文化。不仅如此，他曾和众多加盟商一起会聚梦祥珠宝文化产业园，参加了珠宝行业管理与营销方面的系统培训。通过培训学习，他掌握了更多的专业知识和服务技巧，激发了他发展梦祥银品牌和加盟店的热情。当然他也时刻注重对梦祥银品牌文化的传播，让顾客对梦祥银所蕴含的中国传统文化有更加深刻的认识。

赣榆加盟商宋春燕,她认为吸引消费者的是招牌,打动顾客的是产品。产品是基础,品牌是保障,管理是效益。正因为如此,梦祥银所承载的品质以及品牌文化深深地触动了她。她认为梦祥银具有卓越的品牌效应,梦祥银作为银饰品牌的领头羊,其品牌代表着高质量、高信誉、高品位和高效益。品牌优势就是竞争优势,基于消费者的认可以及后期梦祥总部的帮助经营,梦祥银这个品牌使她在周边区域的竞争中占据了主导地位。在经营梦祥银的过程中,她体会到品牌文化的重要性。而随着人们生活水平的提高,消费者更期望所佩戴的饰品是具有文化内涵的、更能彰显个性的。而梦祥银的产品本身就具有传承中国优秀传统银文化的意义,同时它又继往开来、与时俱进,创造出了符合新时代消费者需求的定制化产品。这使梦祥银在与其他银饰品牌的竞争中占据优势,此外梦祥银体贴入微的售后服务也使宋春燕坚定了做梦祥银这个品牌的信念。看到如此朝气蓬勃、蒸蒸日上的品牌平台以及数年的店铺经营和运作体验,她对未来的发展前景充满了信心。

无论是企业还是加盟商都是以顾客为中心,一切为顾客着想。良好的沟通是业务的关键,而成功则得益于贯彻落实优秀企业文化。梦祥把品牌文化传递给加盟商,而加盟商再把文化理念传递给消费者,从而形成了三者彼此相互依赖的关系,他们之间的相辅相成也造就了梦祥如今蒸蒸日上的局面。

小 结

首先,在代言人方面,梦祥集团选择了形象等各个方面都与梦祥银极为契合的杨丽萍女士作为代言人,这也在潜意识里透露着梦祥最基本的品牌文化诉求。通过杨丽萍女士的形象侧面展示出梦祥集团是一家"为中国纯银制品享誉世界而孜孜以求"的企业。而盈祥银饰的代言人首先选择小彩旗而后又变成李梦盈,是在考虑市场形象以及影响力之后做出的巨大创新与改变。金梦祥代言人采取了内部代言的方式,选择了李梦荷作为代言人,这也更加符合金梦祥的婚嫁市场定位。

其次，在品牌文化的媒介传递方面，梦祥集结了各个时代的媒介形式，早期选择四开报纸，慢慢地衍生出了时代杂志月刊，如今为了跟随时代发展的浪潮，开展了新媒体形式的网络公众号的传播，全面的文化传播方式使各个年龄层次的大众都可以及时获取信息。从初始的报纸，到电视上的广告，再到互联网上各种新兴平台的宣传，梦祥的每一步都紧跟时代的脚步，即使梦祥不断紧跟时代的脚步，但是从未放弃传统工具，至今为止，梦祥还在受众少的报纸上投入了些许的精力。同时，梦祥的新营销模式融入了"吃亏"文化，这与一味追求利益是相反的。每一位员工受着这样的文化熏陶，他们从不觉得这是吃亏，他们觉得这是"福"，这也是梦祥能够越走越远的原因。

再次，在梦祥"互联网+"的发展方面，其核心在于通过新技术对企业所掌握的资源和生产要素进行合理的分配。在网络思维的影响下，梦祥开始推动企业的产品、品牌、IP资源和文创融合，从而构建"梦祥+"系统。梦祥人通过建立完善的质量控制体系来提升产品质量，为顾客创造更大的价值；梦祥还非常重视品牌建设，借助于互联网实现品牌传播、建立独特的品牌符号，拓宽企业竞争优势来源。同时，在网络环境中，梦祥依托已有的IP资源，不断打造新的消费热点；而在"定制化营销"占据主导趋势的影响下，梦祥通过发展"文创"加快企业创新步伐，以更好地满足消费者的个性化需求。企业还通过构建"梦祥家"实现资源整合，打造一个集订货管理、渠道管理、顾客关系管理、大数据分析和新产品展示等于一体的综合性平台，依托平台，企业能够更快速地响应消费者对产品、服务的需求，从而及时改进管理，提升综合实力。

最后，在渠道拓展方面，通过对"五大战区"与五行文化的融合分析可以充分了解梦祥文化传播的途径，这对持续加强企业的凝聚力、发挥企业的创造力具有重要的意义。梦祥也通过三种战略（聚焦战略、拓展战略以及多元化战略）为梦祥在国内与国际市场的开拓制定了宏伟的规划蓝图，它为中国纯银制品享誉全世界而不懈努力，向国际社会弘扬了千年传统技艺，展示了大国匠人风采。梦祥同时承担了渠道商助销的角色，利用不同的形式来实现对加盟商的有效管理与帮扶,向其传递其品牌文化与理念。从加盟商的故事中,可以准确地了解梦祥为加盟商的成长与发展所做的一系列努力,以及梦祥所承载的文化内涵。

梦祥自创立以来,始终围绕"为中国纯银制品享誉世界而孜孜以求"的使命,不断开拓进取,勇于创新,创造属于梦祥的商业奇迹。但今天的梦祥在"新技术、新营销"的影响下也面临着一些新问题,例如难以适应的消费需求变化、员工素养亟待提高、科技水平亟须提升,这些问题一直困扰着梦祥,所以在未来还需要进一步改进管理、提升效率,以便更好地传递品牌文化。基于以上分析总结,提出以下针对性建议。

(1)合理选择代言人,塑造品牌形象。实现品牌与代言人的完美结合,是企业以代言模式打入市场的梦寐以求的效果。所以梦祥品牌的代言人需要围绕品牌个性,在众多产品中使梦祥的产品、服务脱颖而出,拥有一张非凡的脸,吸引大量受众的眼球,俘获众多的品牌游移者,牢牢抓住品牌忠诚者的心。另外,要注意产品生命周期与代言人人气的搭配。代言人的人气有一个萌芽、成长、鼎盛和衰退的过程,因此要注意利用代言人的更替来持续宣传品牌文化。

(2)整合多种媒介,传播品牌文化。品牌文化的传递不能只依靠某一种媒介,也不能简单孤立地利用不同的媒介,而是需要多种媒介的相互融合。可以通过线上与线下传播方式的融合,来共同发挥媒介的传播效应,从而达到受众的最大化。也可以充分考虑传统媒介与新兴媒介的优劣势,对它们实行一个标准、一体化管理,使它们优势互补,以达到最好的传播效果。

(3)优化加盟商管理制度,高效传递品牌文化。形成一套符合企业发展客观规律的管理体系,对加盟商实行更有效、科学的管理,使加盟商承担起更多的传播品牌文化的功能。梦祥可以对加盟商进行定期的企业文化培训并配合一系列激励措施,将自身良好的信誉度和企业品质传递给加盟商,从而使加盟商认同梦祥的品牌文化和企业价值观。而品牌意识与服务理念的强化同样会使梦祥的品牌更具凝聚力和竞争力。

(4)强化品牌文化建设,提升品牌力。品牌文化建设首先要立足于企业发展的实际，制定"品牌文化发展规划"战略，之后细化为具体的战术目标，确保企业能够实现；其次，品牌文化建设不是一句空口号，它需要建立在企业良好的产品或服务的基础上，缺乏载体的品牌建设是不可能成功的；最后，品牌文化建设根本上还是要和履行社会责任联系起来，这里的社会责任不是简单的捐款、助学、献爱心，而是在自身业务经营活动中尽力对社会发挥最积极的影响，包括企业的消费者，企业要用负责任的态度来为顾客提供更好的产品和服务。

（5）做好"梦祥家"，实现品牌文化新发展。首先，通过"梦祥家"的打造，拉进企业与消费者之间的距离，便于顾客关系管理，所以未来的梦祥家应该通过设置"顾客建议台、投诉台以及互相交流平台"来进一步使梦祥的品牌文化深入消费者观念中；其次，不断提高服务水平，尤其是直面消费者的一线销售人员的服务水平更需要提高，因为他们直接影响顾客对企业服务文化的感知；最后，梦祥目前的技术应用能力还比较薄弱，今后还需要加强企业的智能化建设，比如大数据应用和管理平台，以期能够及时把握消费者需求，实现"精准营销"，可以更有效、更广泛地向消费者传播品牌文化。

第四部分　梦祥品牌文化共享

　　梦祥除了在全国有 5000 多家加盟商和经销商以外，还有最终购买和使用梦祥产品的消费者。梦祥对消费者采取产品"终身免费调换"的"吃亏"策略。但无论是产品的装饰功能，还是产品本身所具有的实用功能，只有在终端消费者那里，才能实现梦祥自身的价值，进而使企业和直接客户实现共赢。我们直接接触梦祥的直接客户——加盟商和经销商，直接接触梦祥的最终消费者，了解了他们对梦祥品牌文化的体验。

第九章
直接客户的梦祥品牌文化体验

遍布全国的加盟商和经销商，是梦祥银最为重要的客户。为了与终端消费者相区分，我们不妨将其称为直接客户。在这些直接客户中，有些客户已经陪伴了梦祥 10 年、20 多年，他们大多文化水平不高，但与梦祥同甘共苦，一起度过了一段艰苦奋斗的初创期，因而对梦祥有很深的感情，也逐渐积累了丰富的珠宝行业经营知识和技巧，在行业内大多站稳了脚跟；在直接客户中也有刚刚迈入珠宝行业圈、经验较少却充满干劲的年轻客户，他们对梦祥的品牌文化可能尚处在一种"说不出来的感觉"中，但总体上对梦祥银这个品牌还是非常认可的。

第一节 直接客户关于梦祥品牌文化的认知

为了了解直接客户对梦祥品牌文化内涵的认知，我们对加盟商进行了访谈。访谈法一直是质性研究领域中收集资料的主要方法。为了使受访者的观点能够在相对开放的访谈情境中更好地表达出来，同时又防止因资料范围过广与资料过多造成研究成本和负担过重的问题，我们采用了提纲访谈法，即以访谈提纲的方式将开放性的问题引入访谈，供受访者自由地对此做出回答。我们首先精心设计了半结构化的访谈提纲，主要访谈内容围绕四个问题展开：①直接客户与梦祥合作的故事和经历；②直接客户对梦祥品牌文化的了解、认知和认同程度;③直接客户与梦祥就品牌文化方面的沟通交流情况;④直接客户之间及其与消费者之间传递梦祥品牌文化的情况。访谈地点集中在梦祥银郑州总部,时间是从 2019 年 4 月 17 日到 22 日,由于这一时期梦祥银在开展线下订货会,因此访谈对象的寻找和选择相对比较容易。最终我们完成了 20 名直接客户的访谈,访谈时间最长为 2 小时,最短为 30 分钟。

一 直接客户关于梦祥的品牌印象

品牌印象是消费者对一个品牌的总体感觉,印象好坏影响消费者对品牌的选择和信赖程度。从访谈结果来看,大部分直接客户对梦祥品牌的印象比较好,他们具体的观点可以汇总为以下几个方面。

(1)梦祥有自己独特的魅力。梦祥的确"有自己的东西",有文化内涵,这主要体现在产品款式和设计上,"尤其是龙凤那种,看着就很有文化"。

(2)梦祥以传统为主。梦祥诠释出"中国风",演绎民族情,寓意吉祥好运,比较传统,可以实现"一品传三代","戴出好运来",对身体有好处,目标市场偏重于中老年人。

(3)梦祥是一个老品牌、大众品牌。梦祥在银饰领域,可以被称为一个老品牌,市场份额较大,随处可见,比较"贴近大众审美"。

(4)梦祥的产品质量过硬。梦祥品牌的产品质量确实很好,纯度很高,做工精美,戴着也让人安心,"不会出现过敏现象"。

(5)梦祥是一个服务好、讲信誉的品牌。梦祥是一个踏踏实实的诚信品牌,终身免费调换,比较"实在",有口碑。

整体上看,大多数直接客户都比较认可梦祥这个品牌,希望它的发展能越来越好。特别强调的是,直接客户普遍认为,李杰石董事长是一个有文化内涵、爱学习的人,做事踏踏实实,做人认认真真。在这样的好领导的带领下,梦祥品牌也经营得很踏实,是一个诚信的老品牌。不过,当具体问及梦祥的独特品牌文化是什么时,有些人会犹豫,表示梦祥的确有自己的魅力,但具体说不清楚,比如有受访者表示梦祥"有说不出来的专业性"。另外,也有一些直接客户认为梦祥的文化底蕴还不是很深,需要继续沉淀才能显得更有文化品位。还有的直接客户提到梦祥的产品更新速度稍慢,需要加大产品款式的更新力度。

二 直接客户关于梦祥品牌文化内涵的认知

1. 有守正厚德之根

守正,即坚持正道和操守,涵养和发扬正气,诚信守诺,以义为上。诚如孔子所言:"不义而富且贵,与我如浮云"。厚德,即增加美德,以德服人,承载万物。语出《周易》:"地势坤,君子以厚德载物。"《国语·晋语六》:"吾闻之,唯德厚者能多福,无福而服众者,必自伤也。"

> 梦祥银坚持了20多年的终身免费调换政策,并且,以后会一直坚持下去,冲这一点,我的选择没有错,人无信不立!企业亦然!
>
> ——李杰石

加盟商李先生有着15年的珠宝银饰从业经验,从2009年接触梦祥银到现在为止,与梦祥10年风雨同舟,李先生感触最多的是梦祥公司是良心的代表,所谓守正厚德——承诺不会变质。据李先生讲,其实以前他也发现免费调换政策免掉了加工费,虽然吸引了不少消费者的眼球,但随着企业的发展,这种政策使企业让利过大。以前在珠宝行业中,加工费也是赚钱的一项,但免费调换政策不仅增加了来回调换的麻烦,而且让出去的利想收回也很难。在一次与李杰石董事长面对面的交流中,他也曾提到这个政策会让公司少赚很多钱。可是李杰石董事长说,"免调政策是梦祥银在创立之初给消费者的承诺,古语言'人无信不立',当初我既然说了这句话,就应该遵守诺言,我愿意让利给消费者,保障他们的权益。我不能出尔反尔,搬起石头砸自己脚,无论梦祥以后走多远,终身免费调换这一政策永远不会改变。"李先生听完李杰石的一席话,内心很受触动。

文化基因的品牌镌刻

梦祥的终身免费调换政策，意味着消费者只要购买了梦祥银品牌的产品，如果日后感觉产品陈旧、过时了，任何时候都可以拿着梦祥银产品标签和购买票据，到梦祥银任何一家门店调换同等克重的其他产品。梦祥银不仅是这样承诺的，也是这样做的，由此传递给其直接客户的是品牌的诚信文化。终身免费调换政策也是直接客户选择加盟梦祥的一个重要原因。

你买一件产品，只要你拿着标签、拿着实物到我们公司任何一个专卖店、直营店，都可以给你免费调换，是无限度的。比如咱们的那个项链、耳钉啊，项链戴断了，只要不丢东西，我们这边也是可以免费调换的，虽然这个东西等调换回来的话，只能作为一个旧料……

——直接客户冯女士

从新密一锤一凿敲出来的精美银制品，再到包装进库，送到直接客户手里，它就被赋予了梦祥骨子里的淳朴和谦逊，也让每一个直接客户时时刻刻践行着给顾客的每一个承诺，这叫守正——自己企业的良心。把梦祥打造成优质的民族企业，不仅有梦祥员工在奋斗，直接客户也在马不停蹄地前进着。

在餐饮行业中，有这样一个评价："9 分的口味配上 5 分的服务有人吃，但在一些有苍蝇的馆子，就算 5 分的口味配上 9 分的服务，消费者也不会来第二次。"服务固然重要，但是产品质量才是前提、是基石，是一个企业不断向前发展的原始动力。梦祥公司使用纯度极高的银砖（99.99% 国标 1 号）制作银饰品，从原料到加工到生产，再到后续和国家珠宝鉴定中心贴标签，每一个环节都严格遵守国家设定的标准，因此能够做出最实在、质量最好的产品。产品质量几十年始终如一日，每一件手镯都经过精雕细刻，每一个银壶都经过手工千锤万锤的敲击，每一套景泰蓝都是手工细心绘制的……此外，公司还发放二维码以核查产品的真伪，目的是确保售出去的产品能对终端消费者负责，同时也有利于终端消费者对产品质量进行监督。

我们的银锭一点不掺假，李总是农民出身，他是在做良心企业和产品，我们的产品是由质检局检验的，每一个产品标签、银锭都是由质监局检验的……不像市场上一些产品，有很多外面是银，里面是铜。

——史斌（梦祥银信息化建设负责人）

我非常热爱这个品牌，选择它，我很安心，也很开心。

——直接客户居女士

居女士从考察到加盟虽然只有短短几天，却开始了14年的坚守，并且想一直陪伴梦祥走下去。服务好每一个直接客户是梦祥公司的宗旨，帮助每一位客户发家致富更是他们的追求。居女士从14年前到现在，对梦祥银充满感激。她说："梦祥银是一家很传统的企业，这可能和创始人李杰石的发展经历有关，从小银匠成为公司董事长，他是靠一步步打拼出来的。董事长很注重消费者的口碑，也很关心每一位客户的发展，董事长以及梦祥银的员工对我们这些客户都很和善。我非常感动，因为梦祥很关心我们加盟商的生活，经常有总部的人在店里给我们指导，并希望我们过得越来越好。"一家企业，只有倾听客户的声音并和客户一起成长才是正确的，梦祥银让居女士感受到企业和她是一体的，她也更有动力经营好自己的店。毕竟，有这个品牌在，她觉得很踏实，因为热爱，所以幸福！因为选择，所以安心！在梦祥的文化传递中，这叫厚德——大善至美。

2. 有传统文化之魂

习近平总书记在孔子诞辰2565周年国际学术研讨会上曾指出："优秀传统文化是一个国家、一个民族传承和发展的根本。我们要善于把弘扬优秀传统文化和发展现实文化有机统一起来，紧密结合起来，在继承中发展，在发展中继承"。梦祥也积极响应党中央的号召，力求在继承和发扬中华优秀传统文化方面贡献自己的力量。这不仅表现在它对传统工艺技艺的传承上，还体现在具体产品和款式的设计上。

文化基因的品牌镌刻

> 梦祥是一家传统的企业,它讲求文化,也秉承传统的工艺制作理念。
>
> ——直接客户谢先生

梦祥的前身就是俗称的小作坊,而李杰石董事长则是凭本事吃饭的银匠。谢先生这样说:"梦祥,是尊重手艺的企业,参观了它在新密的工厂,觉得它并不像私人藏品室那么惊艳,反而更像是有着一个个流程的手工艺作坊,从银锭到精美银器,说它'苦尽甘来'也不为过。我们看着银锭从熔化到定型到打磨,再到最后修饰、包装,就像是看见了一个孩子的成长。"

很多直接客户都会多次参观梦祥的工厂,在这里,让他们最为感慨的就是梦祥的这些传统手工工艺:①无缝焊接水壶。这是梦祥的独门手艺,这种银器不是机器批量生产出来的,而是一锤一锤地手工凿出来的。在我们这个时代,机器生产做工已经取代了大部分手工小作坊,而梦祥还能坚持手工制作,实在令人震撼。②银胎景泰蓝工艺。制作银器的工艺,可以分为两种,一种是手工錾刻的工艺,另一种是掐丝珐琅的工艺。掐丝珐琅的工艺源自明代,之前被称为景泰蓝,现在学名叫作掐丝珐琅。过去只有金胎和铜胎景泰蓝,银胎则很难制作。在传承传统的景泰蓝同时,梦祥也在不断改进、不断创新。为此公司不惜花费重金进行钻研和学习,经过 20 多年的研发,最终成功研制出了银胎景泰蓝工艺并为此申请了国家专利——银掐丝珐琅。银掐丝珐琅比以前的工艺更复杂,做工更精细。目前,银胎景泰蓝工艺被誉为"梦祥瑰宝"。③手工錾刻工艺。手工錾刻这个工艺起源于汉代。与之前相比,梦祥现在所用的这个工艺基本没有改动,它把这份手工艺保存并传承得很好。有关梦祥的品牌文化有这么两句话:一锤一錾一匠心,一诗一界一乾坤。梦祥传承的是中国真真正正的工匠文化精神,它始终保持初心,不偷工减料,不欺骗客户,对传统工艺取其精华去其糟粕,把珐琅工艺完整地传承下来。

梦祥的产品以银饰品为主,每一件产品中也都包含着优秀的传统文化,或是国学,或是感恩,或是吉祥。每一件产品都包含着不同的寓意,传承着不同的文化,都是镌刻在银饰品上的美好祝福。实际上,梦祥传统文化的传递不仅仅是通过话语、文字等交流方式,更是用最真实的锉刀、小锤等一下下地将文化镌刻在心底。因为尊重传统,所以才更值得信赖!梦祥的工匠精神传承始终如一。

很多直接客户表示,正是对传统文化的完美接纳,才有了现在的梦祥。无论是品牌代言人的选择,还是产品的款式设计,都充满了浓郁的传统文化气息。

> 最明显的就是梦祥银的品牌代言人——杨丽萍女士,杨丽萍女士是我国传统文化传承的代表,她代表的是民族和传统文化。老祖宗留下来的东西,我们要一代一代地传承下去,梦祥做的就是民族品牌。
>
> 看到代言人就觉得梦祥是一家具有民族文化的企业。
>
> 比如说龙凤呈祥,它寓意着身体健康、吉祥;再比如说,带太阳花的那个,代表着朝气,像冉冉升起的太阳,寓意着工作、学习和生活都顺顺利利。还有梦祥做的祥云、龙凤、双喜,这些都是非常有传统文化色彩的。
>
> 梦祥是传统品牌,它有着很深奥的寓意,梦祥做的是一个比较扎实的品牌,不像市面上那些忽然火起来的品牌比较浮躁。梦祥是一步步走出来的,它传承着中国的文化传统,拥有浓郁的中国风和民族风。并且它和少林寺有合作,还有自己的专利。我觉得这些都是展现梦祥产品有着传统文化的地方。
>
> 李杰石董事长也是一位尊敬传统文化的人,他将传统的五行文化运用到自己的企业发展理念中,衍生出了梦祥银、金梦祥、盈祥银饰、梦祥盛世和九龙银象这几个子品牌,这分别对应了五行文化中的土、火、木、金、水。这为梦祥以后的发展提供了好的前景,也让很多加盟商认可这一发展理念。

3. 有时尚潮流之灵

近年来，中国以飞快的步伐跻身世界大舞台，吸引着全世界观众的目光。在这样的时代变革中，人们的观念和社会规范都在随之改变，某些我们原以为永远美丽的界定被刷新，处处彰显着时尚和创新生活的力量。面对如此缤纷多彩却又变幻莫测的世界，当许多企业被搞得晕头转向时，有一些富有创新精神的企业却变得生机勃勃，甚至开始引领时尚潮流，提出了蕴含深厚文化底蕴的产品创新主张。这其中，就包括梦祥。梦祥认为，随着社会和时代的发展，人们越来越注重精神层面的追求，而能够承载人们诸多精神追求的时尚和潮流，也必将得到客户和顾客的青睐。

> 小猪佩奇，我第一次听说卡通形象可以做银饰品。
> ——直接客户李女士

说到猪年，大家不约而同会想到小猪佩奇，《小猪佩奇》这部影片讲述了小猪佩奇与家人的愉快经历，幽默而有趣，借此宣扬传统家庭观念与友情，鼓励小朋友们体验生活。梦祥银买断了《小猪佩奇》的版权，紧跟时代的潮流，设计研发出小猪佩奇系列的项链、手链、手镯等银饰品。同时，梦祥与各大 IP 电影也有合作，设计萌宠系列产品，如刀刀狗。另外，梦祥还与意大利著名珠宝设计师安东尼奥合作，不断创新款式，力求一直走在时尚潮流的前端。这些举动改变了一些人对梦祥是传统品牌的看法，让人们感受到梦祥产品的进步、青春、时尚和潮流。对此，李女士十分感慨："我加盟了这么久，第一次觉得这么震撼，没想到孩子们爱看的动漫形象成为我们梦祥的产品图案，并且全国只此一家。"

梦祥，不仅尝试紧跟潮流，还努力在潮流中变得更加"可爱"。在梦祥的文化传播中，不仅仅要塑造一个传统手艺的匠人模样，还要成为时代的"弄潮儿"。这一点无论是在梦祥和法国设计师联合设计的产品中，还是根据市场形势推出符合消费者审美和需求的产品中都有体现。

第九章 直接客户的梦祥品牌文化体验

> 梦祥的产品挺时尚的,不过,我希望它能更时尚,来满足消费者的需求。
>
> ——直接客户解女士

解女士在小镇上开了一家规模相对小的加盟店。她说:"街坊邻里在镇上买首饰,只要是镯子类的首饰都在我们这儿买,这不仅是因为梦祥的品牌大,它的款式、产品也很好,买过的人都说好。"产品除了质量分好坏,吸引消费者的更多的就是那一见钟情的惊喜——而梦祥一直给消费者带来惊喜。解女士说:"店里只要一有新款,顾客就都过来调换了,好多人也都说我家店里的镯子、耳钉、项链戴在身上都很时尚……我们店里的东西,有时候比其他店还要潮流,一些年轻人进店以后,就觉得我们这里非常好。这些年轻顾客认为,老凤祥、周大福这些老店都没有我们这里更能满足消费者追求时尚的需求……我能感受到梦祥的创新精神,不过,我希望它能更时尚,更能满足消费者的需求。"虽然解女士认为梦祥有时候产品上新的速度不够快,但还是觉得梦祥是一个十分有创新精神的品牌。当梦祥的新产品到店后,很多顾客反馈很好,认为梦祥能够紧跟时代潮流。

> 我在消费者面前能很自豪说,梦祥的专利我都数不过来。
>
> ——直接客户刘先生

梦祥以传承高雅银文化为己任,从全国各地聘请银器制作工艺大师,为之提供优越的待遇、宽松的环境和自由的创作空间。同时,梦祥还结合现代科学技术,挖掘并保护了一批濒临失传的制银工艺。在梦祥研发基地的博物馆,还可以看到多个国家的银饰品,意大利、荷兰、地中海等多种风情的装饰,以及日本的银碗等,这对于梦祥银设计新产品都具有很强的借鉴意义。梦祥在此基础上,创新了一批新的制银工艺和技术。比如银胎景泰蓝、传统产品上的点翠技术等。通过工艺大师和工匠们的创新,梦祥打破了过去的产品单一色彩的桎梏，向消费者推出了更为丰富多彩的热销产品。目前，梦祥银拥有发明专利200多件，其中外观设计方面就有100多件。尊重知识，崇尚创新，是梦祥孜孜以求的目标。也正是因为如此，梦祥才能紧跟时代潮流，走在时尚前列。

4. 有健康养性之能

《本草纲目》：银有安五脏、安心神、治惊悸、坚骨、镇心、明目、除邪等保健功效。

银对人有好处吗？有！还记得在《甄嬛传》等宫廷戏里，后宫娘娘们为了防止被下毒迫害，用银针鉴毒，很多人觉得这是假的。实际上，它还真不是假的，"鉴毒"只是银的一个最常见的用法；除此之外，银还有消炎、杀菌的功效。比如，从古至今，爱美的女性都喜欢穿耳洞，有耳洞的人都知道，如果刚穿的耳洞戴上一对铁耳环，百分之百是要发炎的，而戴上银耳环，不但不会发炎，伤口也会愈合得很快。耳朵本身当然偏爱价格更高的银饰，对此只有一个解释，即银有很强的消炎和促进伤口愈合的功效；并且，银饰品中的银离子有很强的杀菌作用，对很多感染性疾病、烧伤或一些外伤都有非常显著的疗效。实际上，当前银的作用已经得到广泛识别，并被用到诸如消炎、杀菌、防腐保鲜、去湿、净化水质等方面。

现代医学认为：银能杀菌消炎、排毒养生、延年益寿。长期使用，可以起到加速新陈代谢、增强抵抗力的作用。可见经常佩戴银饰品，对健康有百益而无一害。

银壶烧出来的水，对身体更好；用银保存食品的时间越长功效会越好。梦祥正是发现了银制品对身体的好处，才又推出了梦祥盛世这个品牌，从生活用品到装饰用品，梦祥想让更多人了解银制品的健康养生功能。很多企业和客户建立的双向沟通交流途径，最终都会慢慢成了客户的被动接受。而梦祥却不是这样，它不会让客户被动地接受产品，而是让每一位客户都去使用银制品，都亲身体验。通过加盟商的亲身经历向消费者转达，这样消费者才会相信银制品功效的真实性。毕竟很多事情，只有接触，只有亲身体验，才会懂得。

> 在我们店里，一般来买银碗、银筷子的消费者，都是六七十岁的老人，他们非常注重健康养生。银有保健作用，在使用银碗、银筷子的时候，银器分解的银离子对人的身体有很大的好处。他们也会给孙子或者孙女买银手镯，因为自古就有"戴银戴健康"的这种说法。银饰品哪怕是一个小小的银戒指，就可以作为身体变化的晴雨表。身体要是不好的话，银饰品就会出现酸性物质，它就会出现变化，就可以去检查下身体，确认身体是否出现问题。
>
> ——直接客户刘女士

银饰品虽然对人的健康有好处，能够预防或治疗一些疾病和外伤，但是这里有一个需要注意的关键问题，即"银的纯度"，一般纯度越高，效果越好。如果纯度不高，一些过敏体质的人反而会出现种种不舒服。那么纯度的标准是什么呢？我们以常见的925银为例，它是92.5%的银加上7.5%铜的纯银，是国际公认的纯银标准，现在通常把925银镀上白金（白铑），以防止银在氧化或硫化情况下变黄变黑。925银能够将工艺和纯度完美的结合，制造出许多令人心动的款式，因此目前银制品首饰市场上，大多采用的是925银。而990银主要针对那些皮肤敏感的人群，以及儿童和老人。"足银"则是含银量99%以上，一般用于手镯、礼品类，从硬度方面来讲足银比925银要软。而梦祥产品所使用的银砖，纯度是非常高的。当前，梦祥银的产品纯度有3种，即S925、S990、S999，纯度分别为92.5%、99%、99.9%，充分考虑到了老人、孩童、过敏体质及对纯度要求高的消费者的需求。也正是因为这样，很多梦祥银的顾客才有戴银饰戴出愉悦的感觉。直接客户李女士说："我戴了一段时间的梦祥银饰品，感觉每次睡觉都很舒服，心情也舒畅。"

古人就有"身戴纯银，健康富贵相伴"的说法。正因为如此，梦祥提出了"梦祥银，戴出好运来"的文化理念，并深深印在了直接客户的心里。可以说，"梦祥银，戴出好运来"，并不仅仅是梦祥为了提高知名度的宣传，而且是真实存在的，可以在很大程度上打消直接客户的顾虑！好运气，就在不远的地方。

三 直接客户关于梦祥品牌文化的期望

尽管大部分客户对梦祥的品牌文化都是比较认同的，但是在访谈过程中，也听到了不同的声音。这些不同的声音，也代表了客户们对梦祥的更多期待。

"有时候传统是好的，不过还是希望产品能再时尚点。"

有一部分直接客户认为，虽然梦祥产品的很多款式都不错，但还是不够新颖，仍需要进一步的创新。如果产品的更新速度慢，就会降低一部分消费者的体验，尤其是对于那些追求时尚感和潮流感的消费者而言，是一个很大的缺失。

> 新产品跟不上、进不来，让门店的发展陷入了困境。
>
> 款式更新慢了，就是拿着旧货去公司换的话也没什么款式，镯子没有啥新款式，都是很一般的款式。
>
> 我卖梦祥这么多年，只觉得梦祥的有些产品太传统了，不时尚，之前我加盟别的小品牌的银饰，它们的款式比梦祥的要新要好看，价格也比较低。而梦祥的款式却跟不上潮流，有时候情况还好，有时候就会晚一步。就像那个小银鱼，当时一个星期内我都要跑两次济南去进那个小银鱼产品，而梦祥就没小银鱼的货品。

的确，现在消费者越来越趋于年轻化，年轻人对时尚的追求要多于以前的消费者群体。如果新产品进店的速度比较慢，消费者体验就会不佳，而第一次产品没有销售出去的话，消费者第二次再来的欲望自然就下降很多。直接客户希望梦祥在继承传统工艺的同时，能够紧随时尚潮流，推出更多款式新颖的产品，走在市场的前列，从而最终实现消费者、客户和企业的共赢。

"限期调换，会让梦祥慢慢失去诚信的形象。"

在访谈过程中，有小部分直接客户抱怨梦祥的"限期调换"做法。

梦祥银现在并不是随时免费调换，而是限期调换，三个月内不允许调换，以前是上午买，下午就可以换，现在不支持了。

旧货卖不出去，新货进不来，三个月内无法进行免费调换，以前的宣传成了现在打脸的武器……

现在觉得调换太多了，公司压力太大……你看我一个店，两三天收一次旧货，我三个店，两三天就能收一包旧货，那镯子啊，小的零件就能收一大包，你想所有加盟商的旧货收到公司，公司能收多少旧货，现在公司现状就是调换太多了，压力太大。所以说，也能理解啊，所有人都去退旧货了，公司进新款肯定要付现金啊……前期销量太大，后期调换的就比较多，所以现在就到一个瓶颈期了。其实我觉得现在公司面对的问题也不少，刚开始你没跟客户说三个月或者半年调换一次，现在再规定时间的话，加盟商都不愿意了……

梦祥银给消费者的最大承诺之一就是终身免费调换，希冀带给顾客一种完美的终身消费体验。而限期调换，笔者相信这是梦祥在发展过程中的一小段曲折。实际上，笔者也曾对包括李杰石董事长在内的十多名梦祥高管进行访谈，从中了解到梦祥实施"终身免费调换"政策的决心和信心。把终身免费调换坚持下去，做良心企业、诚信企业，是梦祥给直接客户和消费者的郑重承诺。所谓内不欺己、外不欺人，梦祥肯定不会自毁长城。但在企业的发展过程中，总是会出现这样和那样的变故，因此暂时的"限期调换"可能是不得已的临时举措。虽然给一些直接客户的经营带来了不便，但相信梦祥会很好地解决这个问题。毕竟，梦祥对直接客户的意见和建议一贯是非常重视的，他们知道，只有切身维护好客户的权益，才能让客户心甘情愿地跟随，才能实现梦祥持久发展的目标。

总之，在和直接客户的访谈过程中，笔者听到的大多是关于梦祥的正面评价，但突然出现的一些抱怨或意见，却让梦祥这个品牌变得更加真实，也让笔者更加了解企业在经营过程中所面临的问题和困难。

第二节　梦祥与直接客户共享品牌文化的途径

一　梦祥品牌文化的传播

"梦祥的品牌文化传播，从来不是只说不做的标语。"

1. 梦祥品牌文化传播途径之一：品牌故事

品牌故事，是品牌文化的有效载体，是对品牌文化的生动诠释。国内著名品牌专家艾丰说："故事是品牌的筋骨，如果一个品牌没有故事，那么它的内容将是苍白的，品牌最有价值的载体就是充满感情地讲产品经营中的故事。"一些象征意义的品牌故事，很容易获得客户和顾客的情感共鸣，容易让他们在接收这些故事的过程中，自觉或不自觉地和品牌之间建立一种联结关系。实际上，品牌建设的核心就是在客户、顾客和品牌之间建立一种有机的联结和紧密的关系，就是让消费者接受、认同品牌理念，感受品牌文化。

通过真实故事吸引直接客户来了解梦祥，让他们感受到梦祥不一样的地方、不一样的品牌文化。比如讲述梦祥在李杰石董事长带领下的发展历程，包括李杰石如何从农民开始不断成长和进步，最终创立了从梦祥银到盈祥银饰、金梦祥、梦祥盛世、九龙银象这五个子品牌；比如讲述梦祥对传统文化的匠心传承和执着追求，一锤一凿出模型，一点一缀景泰蓝。从梦祥工厂的1楼到5楼，是见证梦祥产品问世的过程，也体现了梦祥对手工作坊式生产的坚持，体现了梦祥文化孕育着深深扎根土地的厚重，包含着对技艺的千锤百炼。

梦祥通过这些故事讲述，来体现董事长的领导魅力，传递梦祥"踏踏实实做事，实实在在做人"的企业精神，让客户了解梦祥的使命、价值观和文化理念，体会梦祥"客户至上、诚实守信"的经营理念，感受梦祥的淳朴和勤劳。不知不觉中，客户会被梦祥的"为中国纯银制品享誉世界孜孜以求"的伟大理想而感动，会因梦祥"用自己的双手成就梦想"的行为而觉得安心，从而坚定和梦祥一起奋斗的信念。

说实话，一家企业能不能发展，在于老板。梦祥的那个老板，比较诚信嘛，实在。这也是它能发展到现在的一个基石，这个东西，它就相当于一个人的人品。你人品不好的话，慢慢就会夭折。人家为啥能够一直做好？那就是他的人品够。

——直接客户关女士

跟着梦祥的时候还没我女儿呢，但是我女儿现在都十七了，你想我做了多少年了。当时做的时候觉得老板李杰石人确实挺好的，可朴实的一种人，跟着他走好像有一种后盾一样，让你感觉到很踏实，所以跟着他一直都没想过换其他的牌子。

——直接客户张女士

梦祥是我的老朋友，是可以依赖的对象。为什么这样讲，你看我从几千元起家，到现在的身家百万，我在这个地方改变了人生，而且现在人生越来越好，所以我不会做其他的品牌，我只做梦祥……

——直接客户刘先生

董事长的为人、人品、好学的这种精神，还有对品牌的长远规划吸引了我们，可以看出，董事长是一个有理想、有情怀的人……

——直接客户王先生

我们把经销商和加盟商请到我们的总部，让他真正地来感受。就像我们现在一样，你简单看一下这一面墙，有这个工艺的展示，有这些银器的展示……首先我们从直观上让加盟商来感受什么叫工匠文化，什么叫银器文化。另外，我们会在线上做很多文化的工艺的讲解，当然，这个文化不单单是我们的錾刻文化或者是工艺文化，我们还融入了茶具、茶艺文化、茶文化、酒文化和中国传统文化。

——梦祥盛世品牌负责人宋经理

2. 梦祥品牌文化传播途径之二：客户创业成功典范者的口碑

梦祥的发展，离不开众多客户的倾心支持。而在20多年的发展历程里，涌现了很多成功典范，这些客户在梦祥的带领下，不仅个个赚得盆满钵溢，实现了财务自由，也开展了自己的事业，建立了新的人生目标。而他们，也成为梦祥品牌文化的忠实粉丝和宣传者。

> 跟着梦祥也确实赚钱了，从 2012 年到 2017 年确实赚钱了，我在郑州买房都买了三套，……我最早是在婚纱银楼里打工，后来跟我平顶山的大姐做事情。我姐做的是梦祥银，我在给她帮忙，帮了 11 个月吧……我去的时候不怎么费劲就卖了，销量挺好的。那时候我姐就说，你要不回郑州也开个银饰店，我姐说了之后我也受影响了，我想着就是。那时候我自己没啥钱，也没做生意的经验，但还是和我老公商量，凑钱，凑了几万块钱，在棉纺路那个丹尼斯做了第一家梦祥店……后来到紫荆山易初莲花开店，在那个店赚到些钱，一下子干了 8 年多……
> ——直接客户张女士

> 我们家人，我嫂子做这个做了快二十年了吧，没有也至少有十几年了。我以前给她帮忙，在她店里上班，后来就自己干了……
> ——直接客户刘女士

> 这个，做梦祥这一块儿，刚开始是我几个堂哥在这边，原来我在上海那边也是做其他的生意，木材生意。后来，木材生意没做了，回到老家，因为在老家也没有什么事做，正好我的亲戚在这边做，他们叫我过来一起做，然后就是 2012 年过来开始做……
> ——直接客户王先生

> 前几年，我们那边有个乡镇熟人，他说见有人从我这里买梦祥饰品，我就说那是咱的加盟店，你要是闲着在家没事的话，也可以卖卖这个产品，万一卖不好的话，到最后也都可以退还，没有任何风险，多好啊。当时没过多长时间，他和家人商量之后就开始做这个牌子了……我还有一个学生，他也是听我介绍梦祥后才开始做，那时候我就告诉他梦祥是中国民族品牌的第一品牌，其他的牌子都没法和梦祥相提并论……
> ——直接客户赵女士

梦祥的直接客户遍布全国各地，其身份也是千差万别，既有一直经营珠宝行业的行家里手，也有装修、服装、化妆品、木材等其他行业的从业人员。他们在加盟梦祥以后，不仅见证了梦祥的壮大，也实现了自己事业的腾飞。更为重要的是，他们成了梦祥的"福音传播者"，通过自身的奋斗故事，让更多人了解了梦祥品牌，了解了梦祥的品牌文化，并从中看到了实现自己理想和人生价值的希望。

3. 梦祥品牌文化传播途径之三：通过践行服务承诺加深客户的理解

> 我是从一名银匠走过来的，我深深知道做生意的不容易，我希望我能帮助更多人发家致富。我们的每一个客户都是上帝，我们坚持践行我们对客户的每一句承诺！
>
> ——李杰石董事长

商业的发展之道是赢利，每一位客户最担心的自然也是能否通过梦祥赚到钱。梦祥坚持帮衬每一位直接客户，并用心服务他们，包括事先调研、开店辅导、店面策划、开业辅助。在新店刚营业时，梦祥会下派优秀的员工进店督导，使当地的消费者能更好更快地熟悉梦祥的产品。梦祥还会帮助客户进行免费的店面形象设计，开业还会有活动支持。用心服务、真诚待人，这也是梦祥品牌文化传播的内容之一。针对经营不理想的店面，梦祥会想办法进行补救。而万一客户不想做梦祥了，不管出于什么原因，货品都可以全部退到公司。比如说一个客户当年花15万元订了货，到不想做的时候可能还剩10万元的产品，或者说还剩更多，但无论有多少，都可以退到公司，公司会按正常的价格退钱，从而减少了有意向加盟者的后顾之忧。

当初加盟梦祥时很迷茫，不知道应该在哪里开店，该怎么设计、摆放产品。但梦祥的"一条龙服务"让我瞬间把心放在了肚子里。首先，店铺开业之前梦祥的一线销售人员会站在货品的立场上，做一个综合的货品储备；其次，在开业时，会有专业的督导，现场指导我怎么去陈列、去摆放，甚至他们会做一些开业的活动策划以及开业的人流统计调查，并且教我如何管理门店；再次，在门店刚开始运营时，梦祥的指导人员会在各方面协助我，门店走向正轨后，梦祥的指导人员才会返回公司；最后，在后期的经营中，梦祥也会经常打电话询问门店的近况，可能打一个电话是很微小的一个举动，但这让我很感动，因为我感受到了梦祥的负责，感受到了梦祥用心的售后服务。

——直接客户韩女士

比如说驻马店好几个地市，有很多不同的加盟商，过去经常会打价格战，市场有点乱，现在梦祥派人过去，把加盟商叫到一块儿开协商会议，统一组织大的营销活动，共同维护市场秩序，然后就是帮助我们做地推，大型的地推活动，帮助我们提高销售额……

——直接客户田先生

梦祥每年还对直接客户发放广告补助。公司规章规定，直接客户可以做广告，如果广告费用在规定的范围内是有补助的。公司对客户的广告支持力度很大，比如说活动支持，客户想促进销售，公司总部会派员工来帮扶，甚至会给客户做一个大型的文化节，从而给客户带来可观的利润，且相关活动费用梦祥总部也会承担一部分。

在访谈过程中，无论是跟着梦祥走过20多年风雨的老客户，还是刚刚入门不久的新成员都表示，梦祥一开始的承诺，到现在都一直践行着。而这些，处处体现了梦祥"客户至上""为客户创造价值"的文化理念，也正是梦祥"守正厚德"的表现。

4. 梦祥品牌文化传播途径之四：通过培训活动加强客户的品牌文化认知

知识是无穷无尽的，企业要想处于不断发展中，就需要不断地学习，不仅企业要学习，直接客户也要学习。因为只有企业品牌有文化，这个企业才会不断发展，只有直接客户更好更透彻地理解品牌文化，他们才会把产品卖得更好，把知名度打得更响。因此，梦祥公司每过一段时间就会组织直接客户培训学习，讲述梦祥的品牌文化、经营理念、经营技巧等，为此还开办了梦祥大学。此外,梦祥也会下派优秀的员工对店员进行培训,传递梦祥的价值观和对待顾客之道。另外,如果直接客户销售得不好,总部每个月会进行一次店长培训,所有加盟商都可以参加培训。公司会带着客户融入这个品牌,再慢慢把客户带入正轨。公司会让客户加盟的第一家店赢利,紧接着公司建议客户发展第二家店。此外,公司每年都会举行一到两次新品发布会、品牌发布会,对企业产品、企业文化以及品牌文化进行宣导和培训。

> 培训还是比较多的,再加上新产品介绍,一推出新品,它会介绍寓意等很多东西,就这样去了解……
> ——直接客户刘女士

> 定期有培训、产品介绍,官网也有介绍寓意。
> ——直接客户蔡先生

> 学习,去公司学习,企业内容呀,成长之路呀,包括营销呀,各方面的。
> ——直接客户路女士

> 公司也会有年会、新品发布会,会邀请我们去参观,包括他们的制作工艺,我们都有观看……每隔一段时间也会组织去公司里面培训,参观活动啥的……
> ——直接客户常女士

> 董事长经常去给我们讲一些东西,创业历史,咱企业发展、规划,每年都会召开一两次加盟商大会……
> ——直接客户刘先生

> 这个课是很多的,梦祥银有一个梦祥大学,会介绍很多知识和技巧……
> ——直接客户田先生

5. 梦祥品牌文化传播途径之五:基于传统媒体的大众传播

为了扩大知名度,宣传品牌文化理念,梦祥也基于传统媒体做了很多宣传工作。比如在河南知名电视台《梨园春》栏目做广告,在中央电视台频道参加《一槌定音》节目，独家冠名河南电视台全力打造的大型青春励志真人秀《最强校花》节目，连续在中央电视台2套、3套和7套等频道播放梦祥广告宣传片。同时，梦祥还刊发了自己的内刊《银饰界》，其中记载了梦祥发展的重大事件和活动、梦祥从业人员的创业经验和感悟、产品设计理念、白银艺术、技术文化发展等。每期印刷一万多本，向全国的客户免费发放。目前，《银饰界》已成为梦祥品牌文化传播的关键途径。通过这些宣传，让人们更加了解和理解梦祥的品牌文化，极大地提升了品牌知名度和美誉度。很多人也因此加入了梦祥，成为梦祥的一员。

因为品牌，首先是梦祥的广告力度非常大。你知道吧，好多人都知道这个梦祥。对咱们的生意来说，基本上都好做。

——直接客户郑女士

每一季都有《银饰界》期刊寄给我们，公司也会有年会、新品发布会，会请我们去参观他们的制作工艺等……

——直接客户王先生

首先，上过央视，不管怎样有那个荣誉，央视推广品牌、央视合作品牌，有品牌知名度。

——直接客户高先生

有一个《银饰界》，自己公司出的期刊，基本上每一期都会拿一本回去看。

——直接客户常女士

咱们公司发的那些册子，那些宣传册子，拿回去读一读看一看，有时候去我们公司学习，我们不是有培训嘛。去年的时候去了一次，还有在过去让我们参观那个工厂，工厂我都去了两三次了，通过这些来学习一些东西。

——直接客户赵女士

6. 梦祥品牌文化传播途径之六：基于新媒体的立体式传播

随着信息技术的快速发展，微信、微博等新媒介不断涌现，传统的大众媒体功能减弱，新媒体对社会与人的影响不断增强。所谓的新媒体，是有别于传统媒体的、基于现代数字技术的传播媒介。在技术上，新媒体表现为"数字化"，即借助于计算机技术，把语言、文字、声音、图像等转换为数字形式进行信息交流的过程，新媒体正是通过"数字化"技术实现了信息的有效传播。在传播上，新媒体表现为"交互性"，传统的信息主要是由信息源到信息接收端的单向传输，信息表现为"不可逆性"。而新媒体中，信息传播不再是"点对点"，也不再是"点对面"，而是实现了"双向""非线性""交互式"的信息传播，不同信息源与信息接收端构成了立体式的传播网络。在应用上，新媒体表现为"社交性"，新媒体在互联网技术基础上使人类"交往"的形式、时空、内容、话语等都发生了根本性转变，由新媒体构建的"扁平化""个性化"世界中，人的主体性极大增强，人与人之间的内在联系更加紧密。新媒体的发展深刻改变了人们的生活和交流方式，越来越多的客户和顾客通过网络数据库、新媒体平台获取最新的品牌、产品和服务信息。

自 2010 年起，梦祥就开始建设自己的官方网站，入驻阿里巴巴平台，随后又在天猫、京东等网络平台建立自己的旗舰店，并注册了梦祥官方微博、QQ 和官方微信。2014 年，梦祥又成立了自媒体事业部，组建了一支能独立策划、拍摄、剪辑制作的队伍，陆续制作了五大子品牌的宣传广告，策划并制作了几部融合梦祥品牌文化的微电影，从全新角度对梦祥进行一系列的品牌宣传。目前，梦祥不仅有自己的官网、官微、官博，还有自己的 App、小程序、公众号、头条和抖音，能够用文字、图片、视频等多种形式，及时向客户和顾客推送梦祥公司的重大活动、重要举措、营销信息、企业动态、人物专访、产品设计、技术研发、物流配送等内容。负责梦祥信息化建设的史斌经理说，企业正向"梦祥＋"转变，未来梦祥将全力建设一个智能化平台，梦祥大学视频、文创作品和宣传视频等，都会通过这个窗口进行展示，客户和顾客也会因此对梦祥这个品牌更加有"黏性"、有情感。

我们今年会做大量的线上视频和图文的推广……随着自媒体的发展，我们会推出更多的视频。比如说我以前讲这个茶艺、茶道，大多停留在文字上，那么现在我们直接通过真人的展示，让大家更直观地去感受，可能这样会更简单直接一点，因为现在人们都比较忙，你让他看一大段文字，他可能没时间，但是你给他一个视频，他可能会尽量接受。这个就是我们今年在方式上去做一个调整。

——梦祥盛世品牌负责人宋经理

7. 梦祥品牌文化传播途径之七：基于社会公益活动的品牌形象传播

梦祥的品牌文化传播，从来不是写在 PPT 上的标语，梦祥在用自己的实际行动传递着它的品牌文化。感恩乡里、资助贫困、创建小学、节日慰问老人、成立爱心基金会……梦祥有大爱。其实，这不仅仅是善因营销、慈善营销，更多的是在向众人展示梦祥勇于承担社会责任的一种民族品牌的担当和勇气。更让人感动的是，梦祥不仅自己做公益，还带动一大批客户开展了公益行动，他们称为"公益活动联盟"。

安阳有一位金梦祥客户，坚持做公益20年，他号召当地的加盟商们办了一个义工团队，自己兑钱，每天早上四点起床去给环卫工人、孤寡老人做免费早餐。然后会去寺庙，给寺庙中的100多人做午餐。做完午餐之后，回来还要去救援中心……还有一位开封的客户，坚持每天早晨给环卫工人提供爱心粥。他这样说："李杰石董事长每逢过节都会去问候村里的孤寡老人，而我做这些只是为了让我们辛辛苦苦的环卫工人早上不再饿肚子，我也应该用我的力量回报社会。"

咱有很多加盟商也有一定财力了。比如说资助荥阳的刘文博，他妈去世了，他爸精神崩溃了，生活很困难。路总在电视上看到了，非常难过，这两年一直在资助他。我们的加盟商也希望加入公益行业，也希望跟着梦祥一块儿去做……现在梦祥在做的，比如说苏寨的那些老人，基本上都能照顾到，每人发100块钱，逢年过节发一些东西，这是公司能做到的。然后董事长、路总他们另外资助的困难大学生、孤儿……很多加盟商也表达了做公益事业的愿望，他们希望梦祥将来做公益的时候带着他们。首先是他们自己要做，然后还带着他们的店长、店员也参与其中。

——《银饰界》刘编辑

二　梦祥品牌文化的双向沟通

当前，随着数字技术、网络技术和云计算的快速发展与广泛运用，信息传播更加注重情感诉求和互动沟通。叫卖式的口号、空泛的宣传广告已经很难引起客户和顾客的兴趣和关注，企业更加重视通过情感营销、体验营销和关系营销来培育品牌文化。而在这个过程中，围绕品牌文化的双向沟通是必然的，唯有如此，才能进入客户和顾客的内心，得到他们的理解和认同。中国传媒大学胡正荣教授曾指出，互联网思维有三个关键词，即用户、开放和分享。当前，梦祥不仅重视向客户进行单向的信息宣传活动，也非常重视与客户之间的双向沟通，强调和客户的互动、沟通和分享。通过这种方式，客户可以尽快了解梦祥的品牌文化、发展理念、相关政策及活动，梦祥也可以迅速了解客户需求和面临的问题，及时为客户解决问题，从而加强了相互的理解和认同，增强了情感联系。在这方面，主要体现在梦祥工作人员与客户的直接沟通和交流。

　　我们每次要把公司的企业文化和公司的一些思想动态以及未来发展趋势，给客户重新讲一遍，而且我们与客户沟通的时候就像朋友在聊天一样。在沟通的过程中有很多印象比较深刻的事，比如说，当我们有一些新的政策时，客户会站在公司的角度上去考虑一些问题；再比如说，开新店时，客户会直接来梦祥这边咨询，询问哪个地方能开店，而我们就会把正常的市场情况反馈给他们……

——梦祥银郑州展厅负责人徐经理

以前我去一个店面，就是跟那个老板沟通。他以前可能比较迷茫，这个店怎样去发展，他就比较迷茫，怎样去发展下去？他遇到了一些瓶颈，第二次我去的时候，他在门店直接在门店挂横幅，欢迎我去店面做指导工作。我可以感受到，这个老板在听到这些新的路子、新的理念之后，他心中的欣喜。他明白了他未来的路，他知道希望在哪里，知道如何带领更多的店员，知道他的店长应该怎样去发展。而不是在原地停留、不知道明天在哪儿，他有一个非常清晰的目标。

——梦祥盛世品牌负责人宋经理

因为我是负责加盟的嘛，经常有客户过来，然后我们一块儿在沟通嘛……就像我们之前禹州永辉超市的一个客户，他当时是在永辉才入驻禹州的时候，做了一个梦祥银专柜，而他旁边就有另外一个银饰专柜。开业前一天，他给我打电话，说生意不好，因为旁边这个银饰品牌才卖九块九，九块九卖三天啊。我就说，他九块九卖的低价销售，只能拉拢一部分占小便宜的人。等到第二天，这个客户又坐不住了，他说不行啊，竞争对手那边还是很多人，你让我卖一个小时的九块九吧。我说，不可以的，做生意，要做长期的生意而不是短期的生意。过了一个星期之后，这个客户又给我打电话，他说冯经理，你说得很对，我没有降价是对的，等三天过后，他的生意不好了，我的生意好了……咱们公司所说的品牌文化，是从来没有更改过的。对于加盟商来说，他就像是吃了一颗定心丸一样，所以他会一直这样，一直跟随你走下去。

——梦祥主管加盟管理的冯经理

平时对老加盟商开座谈会，收取他们的资料，包括卖得怎么样，客户反馈啊，畅所欲言，说说他们的想法。还有就是市场部，下市场把资料收集回来，汇报市场问题，提出反馈，我们自己也会反思梦祥到底有什么优势。

——梦祥信息化建设负责人史经理

公司微信的客户群里边，经常讨论这个。

——客户雷女士

比如说每年召开加盟商大会，或者年会的时候会邀请一些表现好的加盟商……然后董事长先给他们讲讲品牌未来会怎么怎么样，邀请他们去登封、少林寺，参加音乐大典。然后那几年签约杨丽萍，杨丽萍在全国有好几场演出，就带着咱这些加盟商去看，都是公司来出费用，行程等食宿费用都会让公司来承担……还会有一场大型的签约仪式……每次活动，正常的话至少有300人，公司会和他们有一些情感上的互动……每年还会有几个加盟商，会被带到国外走一走，像泰国、印度这一块，一个是考察当地市场，再一个就是看看他们那一块的银饰消费文化、银饰文化。另外，还会看看他们的消费能力。董事长也有更多的目的，就是他希望将来有一天，咱中国的银饰能走到国外去，占领国外的市场，这也相当于带加盟商海外游学。

——《银饰界》刘编辑

图 9-1　加盟商店铺

第十章
终端消费者的梦祥品牌文化体验

终端消费者是指在梦祥直营店、加盟店或者在线上购买梦祥产品的人，他们不同于直接客户的中间商角色，而是最终购买和使用梦祥产品的人。无论是产品的装饰功能，还是产品本身所具有的实用功能，只有在终端消费者那里，才能实现其自身价值，进而使企业和直接客户实现共赢。

为了了解终端消费者对梦祥品牌文化内涵的认知，我们对一部分消费者进行了访谈。我们精心设计了半结构化的访谈提纲，主要访谈内容围绕四个问题展开：①消费者选择梦祥品牌产品和服务的故事和经历；②消费者对梦祥品牌文化的认知、了解和认同程度；③消费者与梦祥就品牌文化方面的沟通交流情况；④消费者之间交流梦祥品牌文化的情况。然后，在梦祥工作人员的协助下，我们选择了郑州3家店铺，即郑东新区凯德广场店、卜蜂莲花超市一楼公司直营店、锦艺城王府井一楼公司直营店。时间是2019年4月13~16日，一共分成3个调研组（每组2~3人），在店铺里蹲点守候和邀请已经完成交易的消费者。为了取得消费者的信任，所在店铺店长还向答应访谈邀约的消费者发放了精美银饰礼品。最终完成了20名终端消费者的访谈，单个消费者访谈时间为20~40分钟。

第一节 终端消费者对梦祥品牌文化的认知

品牌文化是文化特质在品牌中的沉淀和品牌经营活动中的一切文化现

象,以及以这些文化特征和现象为代表的整体的利益认知、情感属性、文化传统和个体形象。品牌文化以市场为导向,在消费者与企业价值融合和文化融合目标的基础上,通过建立共同的价值观和行为准则,实现企业市场利润和消费者价值的最大化。因此,品牌文化的培育需要关注两个方面的问题:①品牌的知名度。企业需要在分析消费者需求的基础上,利用一定的传播工具,以品牌文化为导向,将相关信息传递给目标消费者,从而形成品牌文化的社会影响力。②品牌的美誉度。消费者可以根据自己的体验,产生品牌文化联想,最终形成对品牌文化的综合评价,树立品牌文化形象。也就是说,品牌文化并不单单是由企业创建的,它实际上也是成活于消费者头脑中的。只有当消费者了解、理解和认同这些品牌文化理念,并能将之内化于头脑和心智之中、产生品牌文化联想的时候,品牌文化才能够真正变得鲜活起来。

一 终端消费者关于梦祥的品牌印象

梦祥的终端消费者大多是女性,男士占比很少。女性消费者中,各个年龄阶段的人都有,既有喜欢时尚潮流或者个性化产品的年轻人,也有注重健康、看重传统的老年人。从受教育程度、收入和社会阶层来看,则是遍布各个层次。从中可以看出,梦祥的受众范围十分广泛。从购买时机上看,大多数人会在人生重要时刻来选择一些具有纪念意义的产品,比如为家中刚出世小宝宝购买礼品、将自己的心意送给父母、为自己的女儿/儿媳置办嫁妆……这些购买者比较看重产品和款式所蕴含的文化寓意,比如龙凤呈祥、花开富贵、长命百岁等。当然,也有仅仅出于追求时尚美感的消费者,她们只是因为看到了款式新颖且又符合自己个性的产品或款式,就心生欢喜而进行购买,并不考虑是不是重要的"人生时刻"。

> 中年人买的多,老年人、年轻人买的也比较多。成年人会给刚出生的宝宝买,年轻人因为款式比较新嘛,会戴着玩玩。老年人也戴银嘛,因为即使她不需要这个,也肯定需要那个,总有一款适合她的。
>
> ——店员张女士

> 这个不分年龄段吧,上年纪的、年轻的都喜欢吧。
>
> ——顾客李女士(40岁)

在访谈过程中,只有一名消费者提到,最初她丈夫曾为她买过梦祥品牌的产品。

> 没结婚的时候,我老公送了我一条梦祥银的手链,挺漂亮的,第二次买的时候就来这儿了……
>
> ——顾客朱女士

具体而言,消费者对梦祥的品牌印象可以汇总为以下几个方面。

1. 品牌知名度高,是银饰领域中的中高端品牌

一些消费者认为,梦祥在银饰领域中属于比较高端的品牌,知名度很高,值得信赖。

> 我觉得(梦祥)是银饰里边算比较顶端的了。
>
> ——魏女士(30岁)
>
> 在中国,梦祥银在银饰行业算是佼佼者……品牌影响力比较大。
>
> ——朱女士
>
> 梦祥银也算是全国品牌比较大的连锁企业,比较值得信赖……梦祥银在咱们河南比较有名吧。
>
> ——黄女士(37岁)
>
> 我感觉是个大牌子吧。
>
> ——刘女士(25岁)
>
> 河南这边都知道这个牌子,很认可这个牌子。
>
> ——李女士

2. 大众品牌，价格平民化

梦祥属于大众性品牌，价格不是很高，比较平民，一般工薪阶层都能够接受。

> 款式挺多，比较大众的一个牌子。
>
> ——郭女士（24岁）
>
> 这个牌子不像大牌，比较平民，比较平价，一般人都能接受。
>
> ——赵女士（26岁）
>
> 平价，每个人都能买得起。
>
> ——曹女士（29岁）
>
> 现在都是工薪阶层，你看……又不贵，活动下来的话，一两百块钱，大家都消费得起，而且款式又非常好看，一个手镯的话两三百块钱，大家都买得起，还可以换新的，主要是这个款式呀、价位呀，大家都比较认可。
>
> ——顾客李女士（28岁）

3. 产品品质好的品牌

梦祥的产品有品质保证，纯度高，即使是过敏体质的人也可以使用；并且梦祥产品的款式较多，做工精致，戴上去好看。可以说，梦祥的产品是配得上"货真价实"这四个字的。

> 它这个产品款式非常多，比较精致，戴着也比较好看。
>
> ——李女士（40岁）
>
> 质量还可以，用的都是国标1号银。
>
> ——朱女士
>
> 梦祥银的品质比较好。
>
> ——张女士（36岁）

最吸引人的是品质保证，款式新颖……戴上这个东西，货真价实，不过敏，我戴其他的都过敏。

——李女士（48岁）

梦祥产品质量没问题，有好多人戴东西会过敏，但是戴梦祥的基本上不过敏。俺在店里也保证了要是戴着过敏就可以来退钱，但是基本上没有来退钱的，说明质量这一块做得都比较过关。

——直接客户常女士

4.服务好，讲诚信，能让人安心的品牌

梦祥是一个诚信、负责任的品牌，它的售后服务好，承诺并践行着终身免费调换的政策，免费清洗和修复，很讲信誉。

这是一个负责任的品牌，也是一个诚信的品牌吧，比如说，你有东西坏的话，然后你想去换……或者你特喜欢这一款，不想换的话，梦祥会帮你返到厂里边，给你修得跟新的一样，这是比较好的……还有礼品呀，还可以免费清洗，洗得跟新的一样。

——李女士（28岁）

我感觉是诚信吧，免调很好的，很有信誉。

——梁女士

我感觉梦祥银特别好。换的时候没有折旧费，随时就可以换，再说梦祥银也不错。我以前都是在紫荆山百货大楼买的，他们那换新都需要折旧费，最后看见咱们梦祥银，梦祥银不需要折旧费，挺满意的，所以我今天又来换手镯来。

——关女士

服务比较好，也可以调换……调换也没有工本费、折旧费，价位也不高。

——张女士（36岁）

5. 店铺非常多的品牌，让人感觉方便

梦祥银的品牌店在全国各地的数量非常多，这不仅方便了消费者的购买，也方便为消费者提供售后服务，包括调换、清洗、维修等。

> 送给别人，他所在的城市也有，到时候调换也比较方便。
> ——刘女士（25 岁）

> 身边的人也都有买这个品牌，而且它的分店也开得比较多，到时候退换也都比较方便。
> ——陈女士（20 岁）

> 挺好的一个牌子……非常方便吧，像家里面的老人，在县城比较好换一点。买的话，老人家不喜欢了，去县城就可以换了。
> ——史女士（24 岁）

> 梦祥银全国各地开的店也比较多，调换比较方便。
> ——张女士（36 岁）

二　终端消费者关于梦祥品牌文化内涵的认知

珠宝行业属于时尚行业，它不能单纯地销售产品，而是要在文化和情感上下功夫。只有深厚的文化底蕴和浓厚的情感才能为品牌带来生命力，并最终赢得消费者的青睐。在我们的访谈对象中，既有对梦祥还不算了解的初次购买者，也有已经消费了十几年甚至二十多年的忠实购买者。忠实购买者对梦祥的品牌文化有着相对较多的了解，而新购买者则很难说出梦祥品牌文化的内容。实际上，对于消费者尤其是那些年轻的购买者而言，他们更多关心的是产品的款式、寓意、售后服务，对于品牌背后的文化理念则思考较少。但无论是新购买者还是老购买者，他们大多认为，自己选择了这个品牌，就代表着认同这个品牌。

1. 可靠信赖的仁德观

"仁德"是中华传统美德中最为核心的观念之一，体现了中国文化的

"可久、可大"之道。仁，仁者爱人，立己达人；德，厚德载物，国无德不兴，家无德不和，人无德不立；仁德者得其寿。梦祥主张仁德，关爱消费者，关爱社会，推己及人，以诚待人，因此才得以快速发展，赢得消费者的认同和偏爱。

在消费者的眼中，梦祥是一个非常可靠、值得信赖的品牌，这个品牌不仅产品质优，也信守承诺，真心诚意地为顾客着想。正因此，梦祥获得了业内诸多赞誉，比如 2012 年被评为"百姓放心品牌"、2015 年获得"3·15 最受公众喜爱的河南珠宝行业十大品牌"荣誉、2017 年被评为"全国质量诚信标杆典型企业"。无论是产品的原料、设计、做工，还是售后免费调换的承诺和相关暖心服务，都让消费者体会到梦祥对大众的良心保证，这也是梦祥赢得消费者、实现快速发展的坚实支撑。

"我感觉梦祥品质特别好。"

"它这个产品款式非常多，比较精致，戴着也比较好看。"

"梦祥的终身免费调换的政策一直没有变。"

这是经常来梦祥购买产品的老顾客的心声。梦祥最吸引消费者的特质，可以总结为：纯度高、做工好、款式新、比较精致，又可以随时换，没有折旧费。很多消费者在机缘巧合的情况下接触到梦祥这个品牌，在尝试购买一次之后，就会成为梦祥的忠实顾客。此后，他们只要买银饰品就会来梦祥。在珠宝行业，谁的产品占据时尚和潮流，谁就能抢占先机。而梦祥坚持走"传统+创新"的道路，很多产品在消费者眼里都是非常时尚的。并且，梦祥坚持手工打造，产品不仅质感好还精致，消费者的可选择性也多。

> 最吸引我的地方，做工好，样式好，比较精致，又是随时换，没有折旧费，我很中意，就是回家我也能换，我很中意这个品牌。它的价格方面也可以接受。
>
> ——关女士

梦祥银成立比较早，其他银饰没有保证，品质也没有保证，其他银饰，我属于敏感性皮肤嘛，容易过敏。买它家第一次是耳环，我说我不带银的，要戴金的，因为戴银的容易过敏。店员说售后比较好，可以免费调换啊。我就想一个耳环也没有多少钱，就买了，然后就不过敏，后来镯子啊、吊坠啊就都在这买了，也介绍我身边人在这里买……有品质保证，款式新颖，也很有热情，售后服务也不错，我经常换，他们很有耐心愿意给我换。我们一家人基本都在这买。

——李女士（48岁）

就是款式（吸引我）吧，每个人的眼光不一样，就是今天来看，感觉挺好，觉得合适就买，比较果断，不一定是牌子的，但货真价实，是银的款式比较好就会去买。

——刘女士

就是感觉好看，便宜，售后好……比较为顾客着想吧，不会说一味让你买特别贵的，会给你推荐一些比较适合你的。

——黄女士（37岁）

以前戴其他的过敏，就只能戴银的……买银饰的话都在（梦祥）这儿买……东西的质量好，就是比较放心吧，好多家连锁店，每家店都比较好调换。

——赵女士（26岁）

梦祥的东西也是挺好的，比方说它的镯子、吊坠，定期有新款出来，也比较让人喜欢。

——李女士（28岁）

因为可以免费调嘛，可以交叉着买。它这个产品款式非常多，比较精致，戴着也比较好看……有时候走到这里了，看见好看的款式可能就买了，或者是家里还有可以来换换，嗯，断断续续一直在消费吧……女性嘛，戴着挺好看的，我挺喜欢的，或者过段时间不喜欢了，我还可以换换。比如说这个是小动物图案的，挺好看的，我很喜欢，那就戴戴嘛，设计的款式挺精致的，挺喜欢的。

——李女士（40岁）

"他们这里从来不骗人，说到做到。"

"买了可踏实，一点担心都没有。"

梦祥产品采用的银砖纯度都很高，坚持用国标一号银，99.99%的纯度，在工商局有备案，可随时查询。也正是有了这样的"仁德"，才让消费者产生这样的感觉："一直觉得在梦祥这里买东西很踏实，不用担心产品虚假的问题"。作为消费者，买产品就是买踏实舒心。如果购买一个产品后，没用多久就出现这样或那样的问题，就会很糟心。在访谈过程中消费者也提到了梦祥的产品很可靠，买了梦祥的产品之后，完全不需担心产品的真假。

梦祥承诺的终身免费调换政策，也是实实在在地执行着，不打一丝折扣。在被访谈者中，有一位在10年前购买梦祥产品的顾客。他说："当时产品的吊牌都烂坏了，就抱着试试看的态度，来梦祥的一个店里看看能否调换。谁知道，店员在看到标签的时候认出来这是梦祥的产品，二话没说就给我换了，这一点，很让我感动。"梦祥从一开始就坚持免费调换的政策不改变，免费调换，是让顾客花一次的钱，享受终身的服务。也正是因此，梦祥赢得了一大批消费者。

> 我闺女出生的时候买的镯子，可以随便调，我就买了这个牌子，银戴一段时间就会不好看，可以调换……一年调换一两次。
>
> ——曹女士（29岁）
>
> 因为我喜欢这个牌子，这个牌子它比较方便，不像其他的，买了然后就找不到地方了，而且去其他地方换，也是可麻烦的。因为这个梦祥比较方便，搁咱老家或者外地都可以调。
>
> ——李女士（28岁）
>
> 梦祥银，最吸引我的地方还是服务吧，后期免费调换挺方便的。免调服务，我老公给我的时候就知道了。免费换确实很方便，不需要折旧费。其他品牌，银饰这一块好像是没有免调的。金饰品也免调。
>
> ——朱女士
>
> 没接触这个品牌之前，我在酷银、七度等小品牌买过，然后后期调

换很麻烦，你如果说调换不加钱，店员就很强硬，不给调换……而梦祥，只要你不想再戴了，都可以换，手镯换手镯，小件换小件，一开始买的时候就说好了。没有其他乱七八糟的，很明确。

——尹女士（26岁）

其他品牌的话也都看了，不是说直接买这一家的，其他品牌的话有的也免费调换，但是有点骗人。比如说，有时候你过去换，他又跟你说必须高于多少克然后才能免费换。并且，服务态度也不是特别好，就是想让你加钱的感觉啊，或者强硬地让换这个不能换那个，反正乱七八糟的都比较多。然后梦祥的话，说是免费调换，刚开始也不太相信嘛，后来去调换的时候确实是。换的话也可以换个相同价位的，那个服务态度也特别好，并且他就是真的能给你免费换，并且不限制次数……然后梦祥的话，不管你去哪个店铺换，都给你换。

——刘女士（31岁）

用诚信的态度对待消费者，消费者会记在心里。在梦祥的文化感知里，消费者会用最朴素的话来表达自己对这个品牌的认知和理解。其实，调查发现，消费者普遍关心产品质量、款式、价格、售后的问题，比如产品质量的优劣、款式的新旧、价格的合理性、售后服务的好坏。如果梦祥时时刻刻都从消费者的角度进行思考，何愁发展不好！

2. 银饰领域中亲民的领导品牌

有多少消费者是奔着梦祥的品牌去的？答案是很多。有消费者说，梦祥银在河南省比较出名，是本土企业，且正在一步步发展壮大中。有消费者说，之所以选择梦祥银的银器，可能是因为名气大，一下就想到它。有消费者说，梦祥的品牌店分布很广，在哪儿都能看到它，记得在小时候就已经有了这个品牌，它伴随着我长大。从中也可以看出，梦祥就是这样一个优质的本土品牌。经过20多年的沉淀和发展，梦祥银的影响力正在不断扩大，慢慢散发着独特的个性化魅力。

梦祥的故事有很多，尤其是一些忠实的老客户，对梦祥品牌还是非常青昧的。访谈过程中，看到这些消费者对梦祥有这样一种认知：喝胡辣汤就去"方中山"，买银饰品就选"梦祥银"。因为是老品牌，就像酒一样，越老越有味。

"梦祥是个老品牌。"

"不像大牌，比较平民。"

在我们的访谈对象中，有一位刚刚大学毕业的消费者，她觉得梦祥很平价，也刚好属于自己可以承受的范围。有消费者说，梦祥是一个很平民化的品牌，无论你在河南的哪里都能看到梦祥，它不像其他品牌那么高端大气，那些牌子让人一开始就觉得有些高攀不起。

梦祥的门店或多或少都包含着一些朴素的元素，和他们的创始人一样，给人一种踏实的感觉。买过梦祥银产品的顾客都会说："梦祥的产品不贵，价格又都可以被接受，而且能免费调换，为什么不在这里买呢？"一个初次购买梦祥产品的消费者说："我感觉梦祥的价格也没有那么贵，产品也还可以，所以当时没有太多考虑就买了，有种很亲民的感觉。"的确，梦祥从一开始走的就不是高端路线，李杰石董事长在创办企业之前还是个小小的银匠，梦祥的发展史，亦是他的创业史，经历过酸甜苦辣，才会更显珍贵。梦祥就是面向大众的企业，满足大众的需求，是他们孜孜以求的"梦想"。

> 产品是最有说服力的，作为银饰，尤其是平价银饰，款式都是物美价廉的。
>
> ——尹女士（26 岁）
>
> 你看现在有九龙银象和梦祥盛世，传承的都是传统的工艺技术，这些器皿，以前只有皇宫和达官贵人才可以拥有，现在平民百姓可以买了。
>
> ——朱女士
>
> 我就知道梦祥银这一个品牌。因为就梦祥银做得比较好，大众的品牌就知道这一个。一想到买银饰就想到买梦祥银饰……梦祥银知名度也高，我们那里开的也有，所以我就想到梦祥银。因为这个

牌子品质也好，开的也多，不管我走到哪儿都可以调换，所以我选择这个牌子。

——张女士

3."戴出好运来"的幸福文化

"为什么选择梦祥银产品，因为银制品对身体好。"

"戴出好运来"——好运文化就是梦祥传递出来的文化。首先，银饰对身体是有好处的，梦祥银也希望能借此向消费者传递健康好运的文化理念。其次，梦祥的产品也具有较强的象征意义，代表了人们对幸福生活的追求和向往，是一种美好的祝愿。比如，儿童的"长命锁"寓意平平安安、祈福禳灾、长命富贵和吉祥如意等美好愿望；各式手镯不仅对人体具有保健作用，还暗示着花开富贵、龙凤呈祥、福如东海、步步高升、寿比南山、喜事临门、财源广进、幸福安康、年年有余等美好愿望；各种景泰蓝和手绘珐琅器皿，则是身份和富贵的象征。很多消费者购买梦祥的产品，都怀揣着一种对爱和美好的希冀——"戴出好运来"。最后，梦祥的产品也是财富的象征，代表人们对富裕生活的追求。金子是贵金属，一金传三代，这是其保值升值的体现。银虽然不像金那么值钱，但也算是贵金属之一。有消费者说，自己的一些金银饰品是爷爷奶奶辈传承下来的，对自己很有纪念意义和收藏价值，而梦祥坚持真金真银，消费者购买产品后便有了保障。

银饰对身体比较好，而且银是传承啊，一代一代传下去，并且银是一种送礼物的选择，我给朋友送礼物都会把梦祥银作为首选。

——李女士（48岁）

一般就是看小孩子戴的那个首饰什么的，就是那个锁什么的……最起码有个纪念的意义吧，等长大了之后有个纪念的意义，比如说长命百岁什么的……

——魏女士（30岁）

购买梦祥产品对我对来说，意味着一份爱吧，因为要送给我的家人，对家人的爱。

——刘女士（25岁）

它是一种银文化嘛，因为自古以来就是用银饰嘛，可以除湿呀，包括喝茶都可以用到，这是自古以来都用的银饰，这也是有文化的。

——李女士（28岁）

小孩老人都可以戴，银从古代到现在都非常火，从古代就知道银比较好，能检测出来有没有毒，然后，银可以杀菌，大家虽然对银了解得不多，但是都知道银对身体比较好。

——张女士

就是纪念吧，像首饰这种东西可能都会带有情感的，然后给家人一起买，也送给自己……反正都是一种祝福吧……家人每人买一个，就像一家人在一起的那种感觉，而且戴银饰对身体比较好。

——陈女士（20岁）

我们县城有梦祥银，当时就是口号嘛，梦祥银，戴出好运来，对于这个品牌还是很认可的。

——朱女士

（年长的人）会看花纹的寓意，你看这光面的式样不是比较简单么，这刻着龙凤的不是龙凤呈祥么，这寓意不是挺好的么，买这个的就比较多。一般镯子上就是刻花、龙凤还有福字，比较大众嘛。龙凤是龙凤呈祥，花是花开富贵，鱼不是富贵有余么，他们在乎这些。

——店员史女士

我知道黄金这个东西，给我女儿买的18岁礼物，黄金有永久保值的价值，相当于给女儿一个小小的理财吧……我以前买金子都是散金，在散货店，不过在店里买，这个服务和售后啊，都会比散金店有保证，会好一点……一开始我不知道（免费调换），后来才知道。觉得我选对了……我觉得保值，不经常戴，主要是保值，我这次买了个转运猪，手链。

——王女士

综上所述,在访谈过程中,虽然很多消费者表示对梦祥品牌文化了解不多,但基本上对梦祥品牌的评价是正向的,认为梦祥是一个知名度比较高的大众品牌,价格不高,货真价实,诚信守诺,让人放心。这其实就是梦祥品牌文化精神的体现,说明梦祥品牌是具有一定社会影响力的,消费者看到这一品牌,会产生正向的文化联想,而这种较高的品牌文化价值评价,是能够转化为较高的市场效益的。很多受访者表示,他们会继续购买梦祥的产品,还会向周围的亲戚朋友推荐产品。而梦祥的终身免费调换和暖心服务也缩小了它与周大福、老凤祥等知名品牌的距离,让诸多消费者对梦祥这个品牌产生好感和偏爱,这是梦祥的竞争力,也是独特的优势。甚至一些比较忠诚的老顾客还会主动关心梦祥品牌的起源和发展,对一些品牌信息也能比较清楚的表达,表现出了较高的品牌文化素养。

它属于家族式的品牌,里边员工比较辛苦……我看他们梦祥的成立到壮大都很不容易,不过这样的企业还是要拿产品来说话,诚信很重要……他刚开始好像就是个银匠……感觉非常不容易。

——李女士(48 岁)

它是一种银文化嘛,因为自古以来就是用银饰嘛,可以除湿呀,包括喝茶都可以用到。这是自古以来都用的银饰,这也是有文化的……手镯嘛,如果是给母亲买的话,我比较喜欢用花开富贵呀,这个寓意比较好一些。

——李女士(28 岁)

这个是杨丽萍代言的,杨丽萍是跳舞的,她那么出名,大家也可能受这方面的影响,比较认可这个牌子……别的都不想再看了,就是认可这个牌子,其他牌子的就是看看却不会去购买……我这个人就是比较恋旧的那种……会一直用下去,比较专一一点,这个其他牌子也很多,但是不去了解,就是不信任,就是觉得很好也不会去深入了解。

——李女士(40 岁)

梦祥品牌文化来自企业背景吧，时间长，坚持更新、学习、变化，以德来做工作，讲究职业道德。

——尹女士（26岁）

肯定会来买，我朋友需要的话也会来买……会宣传，向朋友推广。

——刘女士

对品牌的信赖会让我买更多的东西，贵的也会买……朋友亲戚想购买银饰会第一推荐它。

——黄女士（37岁）

我忠实这个牌子，反正每次有新款，我都会要……我会让我身边的朋友有需要的话都来买这个牌子。

——李女士（28岁）

我也给身边人推荐过，在梦祥买没有折旧费，在哪儿都可以换，这个都挺好，好多听了觉得比老凤祥好。下次就还在这儿买。我感觉梦祥银挺好，我都是在这儿买，这个大姐都是我推荐的。

——关女士

三　终端消费者关于梦祥品牌文化的期望

"产品更新不及时。"

在访谈过程中，也有一些消费者提到了产品更新不及时的问题。有消费者这样说，"服务做得再好，货品跟不上永远都是没有用的。货品更新换代快一点，就跟衣服一样，做出来的都是老衣服，你还愿意买吗？你肯定是想添加一些新款衣服"。这些反馈，让人深知梦祥的不易。作为民族品牌，梦祥不遗余力地关注着与消费者的审美变化相关的信息，不断进行创新，力求跟上时代的潮流和时尚的变化。李杰石董事长曾说："现在进入了个性化消费时代，每个人的爱好、品位和习惯都在随着环境、地点、时间、空间的不停变化而快速变化，客户有这样的需求，我们作为企业就应该想办法去满足消费者的愿望,希望用更美好的方式来装点每个人的生活。"然而,消费者的欲求是无穷的,消费者总是希望品牌能够更好地去满足他们的需求。

"文化传播不到位。"

在访谈过程中,当向消费者询问,他们是否会围绕梦祥品牌文化而和公司员工或其他消费者进行互动沟通时,结果80%的人回答说不会。这也从侧面说明梦祥面向终端消费者的品牌文化传播并不到位,消费者无法深入了解其文化内涵,从而梦祥品牌文化无法内化到消费者的心中,品牌文化共享也并没有真正得以贯彻。在这方面,梦祥需要做出一些改变,以便使梦祥核心品牌文化能够真正与最终消费者、与社会大众实现共享。

第二节　梦祥与终端消费者共享品牌文化的途径

一　梦祥品牌文化的传播

对于任何一家企业来说,终端消费者都是最重要的,只有得到消费者的喜爱与支持,企业才可以长久地生存下去,才可以更好地向前发展。梦祥是一个有文化底蕴的品牌,那么消费者是否接收到这一信息,能否感受到梦祥文化的传播?答案是肯定的,消费者一定或多或少都会接收到相关信息。

在文化传递方面,梦祥做了很多努力,在中央电视台和地方电视台都投放了大量的广告和进行了大量的赞助,得到了消费者的关注。同时,梦祥还通过一些自媒体,比如微博、抖音以及头条等来传递他们的品牌文化,包括品牌宣传、公益行为。让消费者逐步从知道梦祥到了解梦祥,最后忠于梦祥。就好比谈恋爱一般,始于颜值,陷于才华,最后忠于人品。一些非常忠诚的消费者认为,梦祥有文化是因为它选的代言人是杨丽萍女士,而杨丽萍又是中国传统文化的传承者,所以他们认为梦祥是一个有文化底蕴的品牌。

我在电视上看过广告,感觉广告打得挺多的,代言人是跳孔雀舞的杨丽萍老师。

——刘女士（25岁）

看广告代言，我当时比较喜欢杨丽萍的孔雀舞，就喜欢这个，代言人对我比较有影响……宣传力度和公益活动，对我都有影响。

——李女士（48岁）

尽管梦祥在努力地传递文化，但是消费者是否能够有效接收呢？在被访者中，有很多消费者感觉梦祥有文化，但是具体的文化底蕴说不出来。在对一线销售经理徐女士访谈时，她提道："面对终端顾客，我们有很多对他们有利的政策。但由于间接性原因会出现传达不到终端的问题，这是我们以后需要改善的地方。"实际上，由于梦祥将主要的精力放在直接客户身上，因此他们和终端消费者的直接接触并不是很多。很多详细的文化理念必须通过直接客户进行间接传递，但是在信息传递的过程中，由于直接客户的经营理念、动机、获取知识和信息的能力等方面的限制，可能产生文化理念传递不到位的情况。在品牌文化的实际传递过程中，也会出现理解偏差或不尽心、搭品牌广告的便车、只着重于产品的质量与免费调换政策等情况，这些都对梦祥品牌文化的成功传递造成了很大的阻碍，导致消费者对品牌文化的认识模糊。

而对于很多消费者而言，他们关心的仅仅是产品的品质、价格和款式，并不会对产品背后的品牌文化产生兴趣。只有当他们在和品牌相处时间长了之后，才会对品牌逐渐形成更多的认识，对其所蕴含的文化特质产生一定的了解和认同。因此，梦祥如何通过持续的品牌关系管理来维持消费者对其品牌的忠诚度，进而让消费者认同其品牌文化，还有很长的路要走。

二 梦祥品牌文化的双向沟通

梦祥品牌文化的双向沟通，主要体现在店员和消费者之间的沟通和交流上。双向沟通效果，关键在于店员对梦祥品牌文化的认识和理解，以及店员的沟通技巧和服务态度。当然，还有一点就是直接客户的大力支持。有一些直接客户非常重视与消费者的互动沟通，还会举办一些活动，比如老顾客答谢会，听取顾客的意见，向顾客传递梦祥最新的产品和服务动态。

> 比如我们去年，在这里开办了老顾客答谢会，只要是老顾客，凭积分领取赠品，公司这种活动挺好的，给消费者一种我们心里有他们的感觉……向消费者宣传的话，一般都是咱这个公司起源于什么时间，售后是怎么做的，老板是从打银子开始一直做到如今这个地位的，等等。我们老板也是从普通老百姓开始创业，所以他知道普通老百姓需要的是什么啊。
>
> ——店员刘女士

> 就比如他帮我挑出几个款式不同的镯子，我只指了一个镯子，他就帮我拿同系列的其他产品看看，服务比较到位，提供的建议也挺合适……他们在卖产品的时候挑选的比较符合我的心意，不用在那么多的品牌中盲目挑选。
>
> ——刘女士（25岁）

> 有时候我的老顾客来拿，我会告诉她哪些实惠一点，我都会给她讲。
>
> ——店员李女士（28岁）

> 通常是和消费者聊天嘛，介绍产品会讲一些产品的文化寓意……讲梦祥发展多长时间了，然后免费调换，顾客有点不太相信，我们就是好好给他们讲……我们会有会员登记，生日时我们会邀请到店里，免费送个小礼品啊，都是这样……我们有梦祥会员群，有时我们会在里面发信息……遇见一个调换顾客，我们说他愿不愿意等到明天回复，她不愿意，那我们就只能第二天想想办法自行承担费用来寄给她，争取她满意，没必要因为这个小事，让顾客对这个品牌有什么看法或者意见。
>
> ——店员尹女士

我们也会介绍很多东西的利与弊。比如有些顾客可能给小孩选择镯子呀，我们一般都建议选那种不带坠的。如果他想选坠的话，我们会把他介绍那个坠的铃铛也是焊死的，一般像1岁以下的宝宝，他是怎么拽也拽不掉的，所以是非常安全的，然后稍微大一点的话，你可以再给她换那种不带坠的戴。多给他介绍，多给他讲。

——店员刘女士

感觉服务员都挺好的，也没有像有的店一直推销，也没有不搭理人那种，就比较适合我这种风格。嗯，你需要的时候能解决问题就可以。

——陈女士（20岁）

和店员沟通过，老店员，很长时间没来，来了之后不常见，我听他们这个企业文化从开始到以后发展壮大啊，都有，他们刚开始好像就是个银匠，我只是片面了解，感觉非常不容易。

——李女士（48岁）

可以说，直接客户和店内服务人员的品牌文化素养，直接决定了消费者对梦祥品牌文化的理解和认同。一些直接客户非常具有沟通意识，不仅能够快速接收、消化公司传播给他的文化，还会迅速把这些应用到店铺里，产生好的反响，这不仅给直接客户带来了利益，同时也在较大程度上提高了公司品牌的知名度。

我刚开始在县城做金梦祥的时候，我的一些亲戚还有包括梦祥银的一些客户不太看好我。确实，我在做金梦祥的时候也费了很大精力，只要是在店里购买首饰的顾客，我都会在他们结婚当天让公司导购到婚礼现场去赠送祝福。赠送一些礼物或鲜花去祝贺他们，通过赠送这些东西来表示祝贺，这一举动紧紧抓住客户的心理，反响也非常不错。因此，在后期发展中就会着重考虑这种情况，对于一个人来说，都有很多非常重要的时刻，比如说出生的时候、结婚的时候，又或者说在有小孩的时候。这些都是人们人生中非常重要的点，在每一个重要点上，可能有些细节他记不住，但是结婚那天穿的、戴的或者那天发生的一些记忆深刻的事，对于他来说可能是一生都不会忘记的事。所以利用这些人生中的重要点做宣传，让梦祥这个品牌进入老百姓心中是不成问题的。

——中年的一个直接客户

很多时候，一个消费者为什么会选择梦祥而不是别的品牌，在很大程度上取决于其对某位店员的认同。从访谈中看，梦祥企业品牌直营店的服务人员，品牌文化素养一般都是很高的，服务人员对产品的文化底蕴了解得越多，对待消费者会越有耐心，沟通技巧也会越好。这可能是因为梦祥总部非常重视对店员培训的结果。但是在一般的加盟店中，除了那些"金牌服务员"，大多数店员的品牌文化素养并不是很高，这可能与年龄和工作经验相关，但更多的还是因为缺乏知识和能力培训以及学习意识相对薄弱。

综上所述，梦祥的品牌文化内涵还是很丰富的，但是在文化共享的过程中还存在一些问题。这些问题需要公司品牌管理层通过与直接客户、消费者、直营店员的沟通以及彼此间的互动来加以解决。比如，需要时刻关注社会发展动态，迅速把握新的流行趋势并将其融入自己的生产；关于上下信息不对称的问题可以通过走访各个区域的直接客户进行了解，并做出相应的决策；定期培训的内容不应只把产品、政策的介绍作为重点，也要将品牌的文化内涵作为培训的重心，使内部工作人员以及直接客户能够很好地了解公司，认同品牌文化，进而高效率地传递给终端消费者；可以进一步拓宽文化传播渠道，使梦祥的身影更加频繁地出现在微博、知乎、百度论坛等网络社交平台上，广告策划的内容要简洁清晰地表达梦祥的品牌文化，《银饰界》的期刊内容也可以更多地介绍梦祥品牌文化，最终让梦祥丰富的品牌文化内涵实现真正的共享。

第十一章
梦祥的品牌文化——共享"梦想"

习近平总书记指出,中国人民是具有伟大梦想精神的人民。在几千年历史长河中,伟大的梦想精神深深融入中华民族的血脉,成为中华优秀文化的基因,成为中华民族历经磨难而屹立不倒、克服险阻而坚毅前行的精神支撑。而梦祥,也在发扬这种伟大的梦想精神,希望能把梦祥品牌文化做大做强,让中国银文化享誉世界,让梦祥品牌走向世界。

李杰石董事长曾在采访中表示:"我希望,每一件展示出来的梦祥饰品都能成为一种精神名牌,将来作为中国银饰文化的名片传递到不同的地方,铭记那些为之付出贡献的匠人们。银饰,不仅代表着一种个人的审美情趣,也能表达出自我的内心向往。我希望有朝一日,银饰能够作为我国悠久历史文化的载体,成为一种新的信仰,希望它能代表人们对于纯真、善良、美好的信仰。梦祥,也将有幸为世人提供一个了解我国银饰文化、弘扬我国银饰文化的舞台,未来,我们依旧会秉持梦祥精神,继续肩负起传承我国吉祥银饰文化的历史使命,不负此生,不负此志。"

第一节 梦祥:有"文化梦想"的品牌

人生好似一条路,漫漫长长,每个人都追求着财富与理想,一步一步前进。绝大多数人，绝大多数时候，人都只能靠自己。没什么背景，没遇到什么贵人，也没读什么好学校，这些都不碍事。关键是，你决心要走哪条路，想成为什么样的人。向前走，相信梦想并坚持。只有这样，你才有机会自我证明，找到你想要的尊严。天道酬勤，在追逐梦想的道路上，你只有花费精力踏踏实实地走好每一步，才能创造出一片自己的新天地。

《西游记》中唐僧师徒四人，一路经历了九九八十一难才最终取得真经。这些磨难不仅是对他们四人所怀信念的考验，也是对他们整个团队相互合作和彼此信任的考验。在企业发展的道路上，只有怀揣信念、有梦想的人才能走到底。企业和员工之间由最初的彼此相信变为大家生活中的信念，最终再成为我们人生的信仰。跟随谁，交给谁，依赖谁，生命就在那里显现。伟大来自实践、坚持不懈。

你心中有梦想吗，有坚定的信仰吗？有梦想的人是不惧怕眼前的困难的，有梦想的人不管遇到什么艰难险阻都义无反顾地走下去。他们知道，幸福就在他们实现梦想的过程中。一个人贫穷不可怕，可怕的是没有挣钱的本领。如果老板的使命是给大家光明、心灵的指引，那么作为梦祥大家庭的掌舵人，我会尽自己的力量服务好梦祥的每个人，使大家成长；服务好全国的父老乡亲。也希望每一个梦祥人都能扮演好自己的角色，跟着老板一起飞翔，总有一天我们会在平凡的土地上呈现不平凡的人生。

梦在心中，路在脚下，事在人为！

——摘自梦祥董事长李杰石手记《梦在心中　路在脚下》

梦祥是一个有文化梦想的品牌，这种文化梦想与李杰石董事长的个人文化理念密不可分。梦祥的董事长李杰石先生，是一个热爱学习、内心充满激情和梦想的人。1990年，李杰石先生在郑州大学路一间简陋的出租屋里写下"我是一名首饰匠"这首诗，同时也在心中勾画了一个关于白银世界美丽的梦。

如今，二十九年过去了，李杰石从一名首饰匠变成了梦祥白银帝国的缔造者，成为中国珠宝行业的传奇人物。二十九年的时间里，梦祥乘着梦想之翼振翅高飞，从立足河南到影响全国，用温润皎洁的白银之光点缀着人们的生活。

一　梦祥的品牌文化阵地：《银饰界》

对于一家民营企业来讲，创办企业内刊是一件不容易的事。实际上，很少有民营企业家会意识到创办企业内刊的必要性和重要性。而梦祥就克服了重重困难，最终实现了自己的"文学梦"，于2010年10月创办了内刊《银饰界》。《银饰界》的内容有价值，设计有新意，画面精美，质量高。《银饰界》，及时记载了珠宝行业内的潮流资讯、梦祥公司的重大事件和活动、梦祥的工作人员和加盟商的创业经历和故事、产品设计理念和产品动态、白银艺术和技术文化发展等内容。当前，《银饰界》不仅是传播梦祥品牌文化的阵地，也是弘扬中国白银文化、彰显纯银制作美学价值的重要载体。

> 公司刚开始办《银饰界》的时候，有很多人反对，不明白办它是为什么、有什么用。因为每年都得花几十万块钱，设计费、印刷费、邮递费，办它干啥，花的都是真金白银，却产生不了什么效益。大家看不到效益，很多人反对，但是李杰石董事长坚持要办……我们在讨论的不是它办不办的问题，而是"为什么要办，怎么办"这个问题。其实这跟企业文化有关系，就是梦祥企业文化和品牌文化的核心到底是什么……当时办企业内刊我们也在摸索，所以一直在考虑价值观这个问题。
>
> ——《银饰界》刘编辑

> 咱出了一个《银饰界》，这个《银饰界》是一月一份的，实际上是讲银的文化、银的知识，还有公司的新闻动态。其实也可以从谐音上理解成"世界银，银世界"嘛，这个品牌文化，一句话讲不完，它相当于那个毛毛细雨，下了一次它没感觉，它得连着下，今天下、明天下，

慢慢它就滋润了……《银饰界》每出一期,都会送给加盟商看。谁做得好咱宣扬,谁做得差咱就批评……

——李杰石董事长

二 梦祥的五行品牌文化规划

梦祥的五行品牌文化,是其将传统文化和梦祥产品及市场进行有机融合的产物。一家银饰小作坊起步的企业,怎样才能在这个变化不断的市场上存活下去呢?怎样才能让企业愈加壮大呢?李杰石董事长深深思考着这个问题。他想,人们所追求的文化是永远不变的,如果在产品中注入不同的文化,品牌就有了灵魂,梦祥就能通过文化满足客户需求,最终获得持续发展。在长期思考的过程中,梦祥的五行品牌文化理念逐渐变得清晰,也因此有了五大品牌的规划。

可以说,梦祥五大品牌的诞生与五行理论息息相关。梦祥结合五行理论的原理,衍生出的五大品牌覆盖了各个年龄段消费者的品牌需求,并有效根据这些需求转化成产品和概念,进而引导其消费。梦祥的五大品牌可以形成封闭循环,在企业和家族中世代传承,成为每一位梦祥人终生为之奋斗的事业。

梦祥五行品牌文化中,品牌的核心是梦祥银。属于大众品牌的梦祥银诞生于中原,专注打造富有吉祥文化寓意的"中国风"民族银饰品牌,积极向社会传递吉祥、好运的文化。

以轻时尚银饰为概念的盈祥银饰,主位在东方,东方属木,木代表着生、发,喻示着青春飞扬、朝气蓬勃。

立足于婚嫁市场的金梦祥,主位在南方,南方属火,季节变化不太明显,一年四季都适合佩戴首饰,金梦祥的寓意为"爱如金坚,情似金纯",定位为K金的金梦祥,代表着时尚、个性、信仰。

"高端养生银器"礼品品牌——梦祥盛世,主位在西方,西方属金,倡导"银养生和品质生活"的全新健康理念,注重"实用性"和"文化内涵"。

作为国礼品牌、皇家品牌的九龙银象，定位北方，北方属水，水代表权力和金钱，是地位和财富的象征，它是文化传播的载体，是文化传承的见证。

五行学说是中国古代劳动人民创造的朴素的辩证唯物的哲学思想。梦祥把它有机地融合到五大品牌之中，形成了一套独有的品牌文化哲学体系，赋予了品牌深厚的文化内涵，对梦祥的发展有着重大意义。

三　梦祥的品牌文化梦想

1. 追求幸福生活的梦想

爱和吉祥，是梦祥对美好幸福生活的具体诠释。有爱，才有幸福；吉祥才能如意，才能好运，才能幸福。

（1）传递爱的情感诉求。不论是从产品设计到做人的道理，还是从做好服务到紧抓产品质量，梦祥公司李杰石董事长在不同场合都在向梦祥人强调，心中有爱是梦祥人最高的境界，只有心中有爱的员工，才会站在他人的角度看问题，才会为消费者设计出符合他们精神需求的好产品，才会发自内心地为消费者提供优质的服务。只有心中有爱的员工，才会想方设法为消费者设计出他们喜爱的产品，才会真心实意为他们做好售前和售后服务，才能让梦祥的每一件产品表达出爱与被爱的深厚感情，这就是梦祥的文化梦想。唯愿每一件产品都能传递给消费者不一样的爱。

购买梦祥的产品转赠他人，比如赠送给恋人的银戒指，送给孩子的银锁，送给亲戚朋友的银项链、银手链等，这都赋予了爱己、爱家、爱人的情感诉求。消费者购买和使用梦祥产品，在很多情况下是为了追求一种情感上的满足或自我形象的展现。当一款产品能够满足消费者的情感需要，或能充分表现其自我形象时，它在消费者心目中的价值可能远远超出商品本身。而基于这种爱与被爱的情感诉求，又衍生出了人们对吉祥文化的追求：祝愿我爱的人和爱我的人都可以吉祥平安。此时，人们佩戴的不再是饰品，而是一种对美好和幸福的希冀。

（2）传递吉祥和好运的祝福。在绵延数千年的中国传统文化长河中，吉祥文化是一条十分重要的支流，是中国优秀传统文化的重要内容。它凝结着中国人的伦理情感、生命意识和审美趣味，这一文化源远流长，博大精深。它的核心在于帮助人们更好地生活，激发人们的创造精神。凡是人们认为好的东西，都会表现在吉祥文化之中，构成吉祥文化的永恒主题和幸福美好的生活画面。

用谐音表达吉祥的祝愿，是吉祥文化的一大特点。举例来说，比如花瓶中插如意为"平安如意"；百合花、柿子或狮子、灵芝在一起叫"百事如意"；万年青和灵芝在一起为"万事如意"；童子持如意骑大象为"吉祥如意"；盒子与荷花、如意或灵芝组合在一起为"和合如意"；瓶中插月季花为"四季平安"；鸡立石上被称为"室上大吉"等。其实这些图形的组合大多数是没有内在逻辑关系的，有的甚至有些滑稽，比如马上蹲坐着一只猴子，称为"马上封侯"；福字倒着写，叫"福到了"；喜鹊落在梅枝上叫"喜上眉梢"等。但这并不影响老百姓对吉祥文化的喜爱，春种夏收、娶妻生子、祝寿延年、开市营业、科考应试、提拔晋职、乔迁新居等与人生有关的大事，都离不开吉祥文化。吉祥意识、吉祥文化已深深地植入中国人的生活中，甚至具有凡物皆可为吉祥的特点。吉祥对于中国人而言，就像水之于鱼、天空之于鸟、空气之于人。

梦祥品牌的银饰承载着梦祥人对我国银饰文化的热爱，承载着梦祥人对我国吉祥银饰文化的传递。梦祥根据地域差异、风俗差异、符号和图腾差异，已开发出上万种银饰品，每一种都代表着梦祥对中国吉祥传统文化的深深敬意，也代表梦祥对人们美好幸福生活的真诚祝愿。

2. 传承工艺和工匠精神的理想

传统制银是中华文明根基的一部分，是历经无数劳动者磨炼的民族文化的精髓。继承和弘扬传统制银工艺和文化，就是守住民族之根，这样才能无愧于祖先和后代。面对暴利经济、现实效应、粗暴经济、唯利是图等商业思潮的冲击，传统的银工艺文化也在遭受着极大的挑战。一边是机械化、高产量、统一化、高利润的量产工厂，另一边是手工制作、艺术化、有限产量、低利润的手工匠人，后者面临着严重的生存危机。但梦祥不忘初心，千辛万苦，以传承高雅银文化为己任，在整理传统工艺技术资料的同时，积极培养工艺的传承人，挖掘和保护了一批濒临失传的制银工艺，也创新了一批制银工艺和技术。梦祥，身负传承和创新传统珠宝工艺文化和技术的使命，坚守着银饰锻制技艺的文化传承。

工匠精神的目标是打造本行业最优质的，且其他同行无法匹敌的卓越产品。手工艺人在制作时的目的性，对于作品的优劣有着至关重要的作用。一般工匠只是出于生计或谋求生活而制作银饰，这样就限制了技艺的创新性发展。梦祥则要求自己的银匠怀着工匠精神，耐心、细心和创新地对待手中的银饰品，不仅谨慎认真，还要融入情感。这不仅提高了技艺，同时也为社会留下宝贵的精神财富。客户至上，质量优良，服务完美。这是梦祥对自己产品和营销的品质要求，不能有丝毫的折扣。从原材料的选材，到图样的设计，再到生产过程，直至最后出成品，梦祥一直在追求卓越的创造精神、精益求精的品质精神和用户至上的服务精神，这就是梦祥的文化梦想与工匠精神，力求极尽极致。

3. 保护和传承中国银文化的使命

品牌的一大成功之源，在于其所蕴含的民族文化特质。品牌在空间上的国际化、本土化，并不意味着品牌自身的文化丧失。相反，品牌的文化内涵从来都是民族性的，而不是国际化的。一个成功的、历史悠久的国际品牌，总是体现着这个国家、这个民族最根本的民族性和文化内涵。而努力保护和传承中国银文化，就是梦祥的一个重大使命。

白银文化，就是围绕着银做文化。银文化是我国古代灿烂的民族文化，银饰品所追求的精神文明是我国民族文化的组成部分，也是我国精神文明的重要组成部分。银饰是中国银饰文化的载体，有着极高的文化价值，它在装点和美化人们生活的同时，承担着传承历史文化的重任。白银能够通过饰品和日用品给人们带来美丽和美好的幸福生活。我国人民也极为喜爱银饰及银制品，并赋予其很多的文化内涵，而银饰也成为这些特殊文化含义的载体，包含着人们的希望和精神寄托，是人们精神生活的象征。同时，我国的一些少数民族将银及银制品作为首饰及生活用品，其银制品工艺之精美、内容之丰富无可比拟，且祖祖辈辈之间传承，是一道亮丽的风景线。

梦祥纯银制品有限公司针对银饰所具有的历史价值、文化价值和工艺价值，潜心钻研传统银饰制作，并在传统技术的基础上加以创新，将时尚感与时代感更加完美地结合起来，让经几代人流传下来的银饰制作技艺得到了更好地发扬与传承，也让中国银饰逐渐走向国际市场。时至今日，梦祥银品牌成了消费者心目中的"名牌"，它不仅具有良好的内在性能，还凝聚了民族优秀的传统文化，梦祥也成为真正意义上的民族品牌。

4. 建立文化产业园的宏图

梦祥有一个宏伟的梦想，那就是要做一个银饰文化产业园。这个文化产业园是一个银饰的设计、生产、加工、流通的集散地和平台，将成为中国甚至世界的一个银饰文化中心，银饰文化将就此落地、生根、发芽。如果这个宏伟蓝图得以实现，梦祥就可以通过这个中心向世界展示中国银饰文化、工艺与技术的集成。一方面可以展示品牌精彩的一面，另一方面也可以将之作为集中人才和技术的平台，促进工艺技术创新。各个银饰企业和各方面的人才都可以在这个平台上沟通交流、平等对话，共同为中国银饰的设计、创造、创新贡献力量。梦祥可以借此平台开发创意产品。同时，全国各地的人也会愿意光顾这个产业园，白银文化就可以借此通过口碑不断地流传出去。这样，白银文化产业园就成为一个标杆、重点，在这里会展示白银的国际文化、中国几千年的银文化、梦祥公司的品牌文化。在这里，会有娱乐、有享受、有住所、有体验……公众可以看到其他地方看不到的白银文化，可以近距离地了解白银文化，感受不一样的瑰丽文化。

综上所述，梦祥是一个有"文化梦想"的品牌。它的目标、梦想以及不断向前发展的动力就是"为中国纯银制品享誉世界而孜孜以求"。一个品牌要传播什么？最重要的就是要传播文化，以文化定位品牌，品牌的生命才会永久流传。

品牌核心价值是一家发展中的企业经营品牌的唯一价值追求，更是一家企业品牌营销推广宣传的起点，企业通过频繁的品牌营销推广，将品牌价值展现在消费者面前。而一切的品牌营销推广宣传都需要围绕企业能为消费者提供的品牌核心价值而展开，这是对公司品牌核心价值的不断渗透，并能进一步强化消费者内心的品牌核心价值。梦祥的品牌核心价值就在于它是个有"文化梦想"的品牌。

无论社会怎么变，梦祥品牌对美好幸福生活的追求、对工艺和工匠精神的传承、对白银文化的继承和发扬、对白银文化产业区创建的初心不会变，梦祥人踏踏实实做事、认认真真做人的精神不会变。让客户的人生更有价值，让消费者的生活更加幸福，让中国的纯银制作工艺和文化更丰满，让自己的家和每个家都更和谐，让每个佩戴和使用梦祥产品的人更健康……这就是梦祥一直要拼搏的初心，这就是梦祥一直追求的文化梦想。

第二节　梦祥：奋斗是追求"文化梦想"的最美姿态

习近平总书记指出："幸福都是奋斗出来的"，"奋斗本身就是一种幸福，只有奋斗的人生才称得上幸福的人生"。梦祥人坚定品牌自信、品质自信，始终以"愈战愈勇"的最美姿态，把企业打造成银饰行业的引领者、先行军。

"紧跟时代的发展，不断学习和创新。"

李杰石董事长深知在企业的发展过程中要面对无数的问题与困惑，但身上肩负的使命一直是他坚持的动力。他说："我希望通过梦祥这个品牌以及我们的产品来传播中国的高雅银文化，这其中要有文化的传承，也要有与时俱进的现代时尚，所以必须不断去学习。"梦祥不仅在说，更是在做，比如梦祥在产品设计过程中，不仅会融合国外的银饰品设计元素，也会借鉴国内的竞争对手经验。同时，梦祥签约小猪佩奇等一些流行 IP，也是适应时代、跟随潮流的一种表现。梦祥不断调整自己的品牌产品结构，不停地追赶时代潮流的步伐。通过奋斗去追求新的产品设计，通过奋斗去追逐自己的文化梦想。现在梦祥已经初步奠定了在中国纯银领域的领导地位，并基于梦祥的深厚文化延伸品牌的独有价值。梦祥融合了黄金、K金、钻石、翡翠等多种品类，形成了以梦祥珠宝为主体的五星品牌矩阵群，这涵盖了梦祥银、金梦祥、梦祥盛世、九龙银象、盈祥银饰等五大品牌。

随着互联网的快速发展，越来越多的企业靠着互联网迅速走红，梦祥也在不断努力着。电商营销经理史先生说："我们现在开展了社群营销，而真正的社群营销还是通过分享实现的。新零售模式可以和消费者直接联系，通过客服可以了解需求，能够解决以前存在的众多问题。而且公司现在有官方网站、App、小程序、认证微博等，我觉得这是一个转型，现在梦祥逐渐朝着'梦祥+'转变。并且在新媒体方面，梦祥现在也涉足抖音视频；短视频方面，我们也很潮。梦祥虽然是个传统的民族品牌，但在新媒体领域也要进行不断的创新。"

在未来的路上，必须通过不断学习和实践，我们才能茁壮成长，实现梦祥的梦想！

——李杰石董事长

我们走到了今天，也将近30年的路程了。但是走到现在，我认为公司还需要更进一步地去发展生产，深挖生产力。毕竟时代在前进，我们要随着时代走，不能停止不前，要继续奋斗下去。

——梦祥银经理龙先生

我们从做银饰，转型到做黄金珠宝，我们面临着巨大的压力。但是我们坚信李杰石董事长的一句话，即踏踏实实做事，实实在在做人，我们始终把周大福、谢瑞麟（TSL）作为我们的目标，逐步向这些品牌学习。也就是说我们不是停滞不前而是不断前进着，尽管前方道路坎坷，但是我们不会放弃，因为奋斗是我们最美的姿态。

——金梦祥经理冀先生

为了实现"让白银文化享誉世界"的伟大理想，提升梦祥品牌价值，梦祥提出了打造白银文化产业园的设想。但是，产业园打造之初肯定会遇到各种各样的困难,对此,梦祥人表示,困难的确很大,但这不是不去奋斗的理由。

如果你没有一个远大的蓝图,最后的结果一定超越不了那个规划。但如果你能给员工设立一个更高的目标,我们要打造文化产业园,他们就会朝着这个目标,冲起劲往前走。

钱要花在刀刃上,也许做事情有轻重缓急,这个事情也许花了好多钱,但是最后的结果谁也看不见。做事业就是这样,谁也看不见结果,但是它符合企业的战略。梦祥就要把大家都请进来,至于最终的结果怎么样,谁也不能确定,但是如果我们做了,当有一天我的能力没有办法支撑我的理想的时候,相信车到山前必有路,只要你奋斗了,那么便无悔了。

当前,梦祥已经成为中国银饰行业的龙头企业,但是它不曾懈怠,不曾停滞不前,反而在不断学习,不断奋斗,不断创新,紧跟时代的潮流,时刻保持着敏锐的洞察力,致力于"为中国纯银制品享誉世界而孜孜以求"。

图 11-1 梦祥店铺内部

小 结

首先，从直接客户方面，本部分主要从直接客户关于梦祥的品牌印象和直接客户对于梦祥品牌文化内涵的认知两个方面，探讨了直接客户对梦祥的品牌文化体验。梦祥的直接客户是指其在全国范围内的加盟商和经销商，他们是梦祥最为重要的客户。通过访谈可以了解到，直接客户关于梦祥的品牌印象主要有五大方面：①梦祥有自己独特的魅力；②梦祥以传统为主；③梦祥是一个老品牌、大众品牌；④梦祥的产品质量过硬；⑤梦祥是一个服务好、讲信誉的品牌。而直接客户对梦祥品牌文化内涵的认知包括：①有守正厚德之根。梦祥坚持了20多年的终身免费调换政策，并且以后会一直坚持下去，人无信不立！企业亦然。②有传统文化之魂。不仅表现在梦祥对传统工艺技艺的传承上，还体现在具体产品和款式的设计上。③有时尚潮流之灵。梦祥银买断了《小猪佩奇》的版权，紧跟时代的潮流，设计研发出小猪佩奇系列的银饰品等。④有健康养生之能。银能杀菌消炎、排毒养生、延年益寿。在访谈过程中，客户们大多比较认同梦祥的品牌文化，但也有客户对梦祥提出了一些希冀，例如希望梦祥未来的产品能更时尚些；希望梦祥坚持随时免费调换政策不改变。

通过访谈，我们还了解到，对于直接客户而言，梦祥品牌文化的传播途径主要有七大途径：①品牌故事；②创业成功典范客户的口碑；③通过践行服务承诺加深客户的理解；④通过培训活动加强客户的品牌文化认知；⑤基于传统媒体的大众传播；⑥基于新媒体的立体式传播；⑦基于社会公益活动的品牌形象传播。这七大传播途径相互补充，目的是让直接顾客多方位了解品牌文化。

其次，从终端消费者角度，本部分介绍了终端消费者对梦祥的品牌印象以及对梦祥品牌文化的认知。终端消费者是指在梦祥直营店、加盟店或者在线上购买梦祥产品的人，他们不同于直接客户的中间商角色，而是最终购买和使用梦祥产品的人。终端消费者对梦祥的品牌印象可以汇总为以下五个方面：①品牌知名度高，是银饰领域中的中高端品牌；②大众品牌，价格平民化；③产品品质好的品牌；④服务好，讲诚信，能让人安心的品牌；⑤店铺非常多的品牌，让人感觉方便。终端消费者关于梦祥品牌文化认知可以归结为以下三个方面：①可靠信赖的仁德观。在消费者的眼中，梦祥是一个非常可靠、让人信赖的品牌，这个品牌不仅产品优质，也很讲诚信，真心诚意地为顾客着想。②银饰领域中亲民的领导品牌。梦祥经过20多年的沉淀和发展，其影响力正在不断扩大，慢慢散发着亲民的独特个性魅力。③"戴出好运来"的幸福文化。第一，银饰对身体是有好处的，能向消费者传递健康好运的文化理念；第二，梦祥的产品具有较强的象征意义，代表了人们对幸福生活的追求和向往，是一种美好的祝愿；第三，梦祥的产品也是财富的象征，代表人们对富裕生活的追求。

虽然很多消费者表示对梦祥品牌文化了解不多，但大多数消费者看到这一品牌，还是会产生正向的文化联想，而这种较高的品牌文化综合评价是能够转化为较高的市场效益的。一些比较忠诚的老顾客还会主动关心梦祥品牌的起源和发展，对一些品牌信息也能比较清楚地表达，表现了较高的品牌文化素养。终端消费者关于梦祥品牌文化也有更高的期望，比如他们希望品牌能够提升更新速度，推出更多款式；希望更多了解梦祥的产品知识和品牌文化。在文化传递方面，梦祥做了很多努力，投放了大量的广告和赞助，还通过一些自媒体，比如微博、抖音以及今日头条等来传递他们的品牌文化，包括品牌宣传、公益行为。

最后，本部分阐述了梦祥的品牌文化梦想。梦祥是一个有文化梦想的品牌，它的目标、梦想以及不断向前发展的动力就是"为中国纯银制品享誉世界而孜孜以求"。梦祥的这种文化梦想，是与李杰石董事长的个人文化理念密不可分的。《银饰界》是梦祥的品牌文化阵地，也是梦祥弘扬中国白银文化、彰显纯银制作美学价值的重要载体；梦祥的五行品牌文化是其文化梦想的具体体现。梦祥把五行学说融合到梦祥的五大品牌之中，形成了一套独有的品牌文化哲学体系，赋予了品牌深厚的文化内涵，对梦祥的发展有着重大意义。梦祥当前的品牌文化梦想，主要体现在四个方面：①追求幸福生活的梦想，其中包括实现爱的情感诉求和传递吉祥好运祝福的梦想；②传承工艺和工匠精神的理想；③保护和传承中国银文化的使命；④建立文化产业园的宏图。梦祥坚定品牌自信、品质自信，始终保持"奋斗"这种最美的姿态，去克服发展中的困难，不断学习和创新，与时俱进，紧随互联网和新零售的发展，朝向"梦祥+"转变，朝着"白银文化产业园"的蓝图奋进，致力于"为中国纯银制品享誉世界而孜孜以求"。

总而言之，梦祥的品牌文化内涵还是非常丰富的。但是，在品牌文化共享的过程中，还存在一些问题，比如品牌文化理念传递不到位、部分直接客户和终端消费者对品牌文化认识模糊等。这些问题需要公司品牌管理层通过与直接客户、消费者、直营店员的沟通以及彼此间的互动来加以解决。

1. 加强和直接客户及消费者的互动沟通

企业要获得长久发展，必须时刻倾听客户和顾客的声音，并及时做出反馈。在访谈过程中，我们也听到一些客户的抱怨。这些抱怨如果不能得到很好的处理，就会损害客户对梦祥的信心。另外，尽管梦祥也非常重视与直接客户的沟通，比如通过加盟会、座谈会、产品推广会等方式进行互动，但这些沟通还不够深入，很多普通的直接客户并没有机会与梦祥公司管理层进行深入沟通，不能很好地反馈自己的意见。对此，梦祥需要克服在资源方面的限制，加强与直接客户的互动沟通。比如，可以组织专门的调查组（也可以安排《银饰界》的人员来做这个调查和信息反馈的工作，他们有访问直接客户和终端消费者的工作需要），定时走访各个区域的直接客户和终端消费者，以便及时传达公司的政策和举措，敏锐地洞悉他们的问题、需求和期望，并做出相应的决策。尤其是对于直接客户和消费者的抱怨（比如限期调换），要给予耐心的解释和处理，争取客户和消费者的理解和支持。

在访谈中，有一些直接客户和终端消费者不太在意品牌文化，很少主动了解和谈论品牌文化。这其实是一个重要的信号，警示梦祥在品牌文化共享过程中的问题。实际上，品牌文化是以市场为导向的，只有在客户和顾客真正理解和认同了品牌文化理念，并能将之内化于头脑和心智之中从而产生品牌文化联想的时候，品牌文化才能真正变得鲜活起来。因此，梦祥必须加强基于品牌文化内涵的双向沟通，唯有如此才能进入客户和顾客的内心，实现品牌文化的内化目标。

2. 拓宽文化共享渠道，注重品牌文化培训

在访谈过程中，我们发现一些直接客户和终端消费者的品牌文化素养不够，对梦祥的品牌文化了解得不够深入，不能清晰地说出梦祥的品牌文化内容。因此，梦祥需要加强在品牌文化内容方面的培训，拓宽文化传播渠道。

首先，在公司的定期培训方面，培训内容不应只把产品、政策的介绍作为重点，也要将品牌的文化内涵作为培训的重心，使内部工作人员以及直接客户能够很好地了解公司，认同品牌文化，进而高效率地传递给终端消费者。

其次，可以进一步拓宽文化传播渠道，使梦祥的身影更加频繁地出现在微博、知乎、百度论坛等网络社交平台上，广告策划的内容也要简洁清晰地表达梦祥的品牌文化，《银饰界》的期刊内容也可以更多地介绍梦祥品牌文化，最终让梦祥丰富的品牌文化内涵实现真正的共享。

3. 大力提升直接客户与店员的品牌文化素养

从大部分受访者的回答中可以看到，终端消费者最主要的文化了解来源为直接客户和店员。直接客户和店内服务人员的品牌文化素养，直接决定了消费者对梦祥品牌文化的理解和认同。很多时候，一个消费者为什么会选择梦祥而不是别的品牌，很大程度上取决于其对某位店员的认同。而店员的文化素养，在很大程度上又取决于"店老板"（直接客户）的品牌文化素养。一些直接客户具有较强的互动沟通意识，非常重视店员品牌文化素养的提升，他们不仅能够快速接收、消化公司传递给他的文化，还会迅速把这些内容分享给店员。但我们也发现，在一般的加盟店中，除了那些"金牌服务员"，大多数店员的品牌文化素养并不是很高，这可能与年龄和工作经验相关，但更多的还是缺乏知识和能力培训，学习意识也比较薄弱。另外，一些直接客户的目光比较短浅，他们只关心短期的盈利，不关心品牌文化素养的提升。

因此，梦祥应该鼓励直接客户参加品牌文化培训，同时鼓励和帮助他们

提升店员的品牌文化素养。实际上，直接客户和一般店员对品牌文化底蕴了解得越多，他们对待消费者就会越有耐心，沟通效果也会越好，最终肯定会为他们带来丰厚的回报。因此，梦祥当前需要做的一项重要工作，就是让直接客户和一般店员认识到品牌文化素养提高的重要性和必要性，切实帮助他们，并让他们尝到品牌文化素养提升带来的甜头。

4. 紧跟时代流行趋势，强化产品创新

针对部分直接客户和终端消费者对梦祥产品款式更新的期望，梦祥需要重视起来，密切关注与消费者审美变化相关的信息，迅速把握新的流行趋势并将其融入自己的产品设计和生产过程中，尽最大努力去满足消费者的需求。尤其是面对年轻群体的盈祥银饰品牌，其产品更应该注重款式的更新和多样化，为消费者提供更大的选择自由度。因为对于很多年轻人而言，他们在选择产品时看重的就是款式，只要产品款式独特或者与其个性相符，他们就会义无反顾地选择购买。

结 束 语

在这里，我们提起著名管理大师赫尔曼·西蒙所提出的"隐形冠军"企业。"隐形冠军"企业就是社会知名度不是很高，但在国内或国际市场上占据绝大部分份额的最优秀的中小企业。它们几乎主宰着各自的市场，占据着很高的市场份额，往往在一个狭窄而又精尖的市场中砥砺前行。"隐形冠军"企业成功之道就是目标明确、专注偏执、掌握客户、另辟蹊径、与狼共舞，而这一成功之道必会带给企业一些启示，帮助企业在"残酷"的市场竞争中长久发展。梦祥正朝"隐形冠军"这一方向发展着，梦祥立志成为在银饰产品质量、种类和银艺技术等方面具有独特竞争力，并具有一定市场垄断性的企业。

梦祥公司从草根起家，经过20多年的执着专注和不间断的追求，成为银饰品企业中唯一进入全国500强的企业，梦祥也完成了从一个银饰手工作坊到拥有数千加盟商、五个子品牌、百余件专利的民族企业的蜕变。那么，是什么原因支撑它的执着追求，以期"为中国纯银制品享誉世界而孜孜以求"，从它的发展历程来看，我们可以概括为以下几点。

第一，草根起家，不忘初心，目标明确，专注偏执。梦祥的董事长李杰石先生童年时代过着贫穷的生活，后因家庭的重担辍学打工，但这并没有磨灭他想要出人头地、为家乡为社会做出贡献的理想与追求。对于目标明确的人来说，生活总是有契机的，他先拜师于银匠高师傅，后者给了李杰石银饰制作的启蒙，后师承朱碧山的传人刘师傅。拜师求学这个阶段奠定了他诚信经营、服务消费者、致力于匠人精神的"初心",他将银饰手工作坊变成石磊工厂,再由石磊工厂变为梦祥银饰加工厂,随后又一步一步由梦祥银饰加工厂完成了梦祥品牌的转变,最后升级成为有着企业愿景和惠民梦想的企业。类似"隐形冠军"的成功,梦祥的发展离不开梦祥创始人的目标明确和专注偏执。李杰石董事长对梦祥的发展一直有着极其明确的目标,那就是梦祥要成为中国第一的银饰品牌,不仅要占据高额的市场份额,而且要在技术和服务方面突破传统,完成人人都戴银饰的梦想。这样明确的目的就是企业屹立民族之林的基石。此外,面对瞬息万变的市场和多元化的需求,一家企业的全体员工不仅要怀有匠人精神兢兢业业地工作,还需要极强的专注和偏执才能赢得客户,这也是一家企业成功的关键。李杰石没有忘记初心,除了秉持工匠精神外,梦祥还克服了多元化的诱惑,没有涉猎与其发展无关的行业,力图在银饰品行业里形成绝对的竞争优势。

第二,"不懂不怕,就怕想不出来"。企业,特别是像梦祥这样草根起家的企业,在发展过程中会遇到很多各方面的不确定性。梦祥在其发展过程中也遇到了很多不确定性,没有现成答案,不好估计。一方面,梦祥通过不断的学习解决困难。在发展初期,梦祥员工都是李杰石董事长的同乡和亲戚朋友,组织规模不大,结构单一,但后来员工和公司不断发展壮大,企业建设初期采用的松散的口头管理已经不能满足发展要求,但缺乏管理经验的李杰石又不知如何进行科学的管理。因此,他组织员工进行学习、培训和分享,自己也和其他管理者去先进企业参观交流,就这样摸着石头过河,把梦祥的组织管理带入了正轨。但是对于一家企业长久的发展来说,仅仅学习如何进行规范的管理是不够的,还要因地制宜,形成一套属于梦祥、适合梦祥的管理模式。李杰石结合梦祥的实际情况和五行理论创造了"五行管理理论"和"五行品牌理论",把中华传统文化中"相生相克"思想注入梦祥的管理思想,赋予企业更加深厚的文化内涵。就在这种探索-学习-再探索-再学习的氛围中,李杰石培养了梦祥学习为先、重视实践探索的学习型企业文化。

另一方面,梦祥还在不断地创新。在企业管理中,不怕不懂,只要想出来，不断学习，不断创新，切合公司实际，确定属于自己的管理模式，便可以形成企业的一种核心竞争力。梦祥也正通过这种管理方式培育着自己的一种核心竞争力。梦祥的学习型企业文化不仅让其发展壮大，还让李杰石知道梦祥是如何发展壮大的，在发展的过程中真正获得了什么资源，如何取得更多的优势。因此，梦祥在近几年中也在不断创新。梦祥的创新不仅体现在技艺改进上，还体现在企业的生态建设上，起航"梦想+"战略思维，构建"梦想家"网络平台。截至2018年1月，梦祥公司共拥有发明专利209件，当然，这与李杰石的勇气和胆识也是密不可分的。就这样，李杰石攥紧了自己的直接客户和终端消费者，在学习和创新中传承并丰富着中华文化。

第三，"家文化，爱其实是无边界的"。梦祥一开始的成员多是李杰石的家人、亲戚和好友，当企业遇到"金融危机"等重大问题时，这些家属、亲戚、好友都拿出了钱，拯救了面临危机的企业，这给了李杰石深深的"家之爱"的感受。后来企业发展了，规模扩大了，他给予公司内所有人像家人一样的"关爱"，还对直接客户——经销商展现出了大爱，不仅免费培训员工和直接客户，设立梦祥爱心基金会，甚至针对终端消费者也实行"终身免费调换"。此外，李杰石经常强调，不仅要爱公司，还要爱国家。梦祥的成长过程，就是释放"大爱"的过程，他对爱的理解，就是中原文化的"大爱"。当然，他同时也强调勤俭、勤奋、清廉的作风，制定"三大纪律、八项注意"来严格控制公司的各种浪费和腐败行为。

第四，"让员工腾飞，共建文化梦祥"。当然，很多中小企业特别是民营企业发展中面临的一些问题，梦祥公司也绕不过去。现在，梦祥公司也大了，作为民营企业，特别是家族企业，如何克服家族本身所具有的局限，使企业决策更为精准，让梦祥从一家民营企业发展成为民族企业，更好地弘扬中国银文化成为其面临的问题。为了解决这个问题，梦祥首先毫不吝啬对员工的培养和关爱，因为只有员工产生了对企业、对管理者、对企业文化的认同，才能成为梦祥人，才能产生企业凝聚力，以小爱成就大爱，把对银文化的热爱与传承印刻在每一件银饰品中。其次，梦祥打造客户体验区，建设梦祥银楼，以便贴近客户，关注客户关注的东西，让梦祥与客户进行密切频繁的交流，这样才能更好地向外界展示梦祥想要传达的文化。最后，梦祥有着建立文化产业园的宏图。梦祥坚定品牌自信、品质自信，不断学习和创新，与时俱进，紧随互联网和新零售的发展，朝向"梦祥+"转变，朝着"白银文化产业园"的蓝图奋进，致力于为中国纯银制品享誉世界而孜孜以求。

  我们相信，梦祥可以把文化刻在品牌上并带着梦祥人的希冀发展，践行其所追求的理念，带领着人们体验中华银文化，一起追求幸福生活和吉祥，传递爱的情感诉求……

附录
梦祥公司发展年谱（1989～2019年）

1989年

"梦祥"创始人李杰石先生从事首饰加工行业，开始在银饰领域追求自己的梦想。

1996年

石磊工艺品厂成立。

1999年

新密市银梦祥工艺品厂成立。

2002年

"梦祥"商标在国家工商总局注册成功，"梦祥"商标正式启用。

2004年

10月5日,中央电视台新闻联播对梦祥公司做了专题报道。

2005年

3月15日,梦祥纯银首饰有限公司成立。

2006年

3月15日,梦祥公司被郑州市工商局评为"郑州市重合同守信用企业"。

2008年

1月,公司董事长李杰石先生被中共新密市委评为"关爱职工优秀企业家"。

6月22日,"梦祥"系列产品被中国中轻产品质量保障中心评为"中国著名品牌"。

2009年

4月,郑州梦祥纯银首饰有限公司被新密市总工会授予"五一劳动奖状"。

10月,郑州梦祥纯银首饰有限公司包装厂成立。

11月12日,"梦祥"系列产品再次被中国中轻产品质量保障中心评为"中国著名品牌"。

2010年

3月,公司正式更名为"河南梦祥纯银制品有限公司",企业内刊《银饰界》成功创刊。

梦祥银产品通过了严格的ISO9001国际质量管理体系认证。

2011年

2月,"梦祥爱心基金会"成立。

4月,ERP项目全面启动,建立梦祥信息化管理平台。

5月1日,梦祥小学正式开工建设。

2012年

3月,河南梦祥纯银制品有限公司生产基地分厂成功落户广东梅陇。

4月,李杰石先生当选新密市政协委员;路英霞女士受聘梦祥小学名誉校长;李杰石先生荣获郑州市"五一劳动奖章";河南梦祥纯银制品有限公司生产基地分厂成功落户云南大理。

6月,河南梦祥纯银制品有限公司研发大楼各项工程验收合格,共6层,总体建筑面积5600平方米。

2013年

1月,李杰石获选"河南省珠宝十大影响力人物"。

2月,李杰石先生获得新密市来集镇"2012年度道德模范"称号。

4月,意大利著名珠宝设计师安东尼奥·兰多、印度珠宝设计师特南贾伊签约成为梦祥设计师。

5月,孔雀公主——杨丽萍成功签约代言梦祥银。

2014年

9月，梦祥银与陕西国际商贸学院校企合作项目正式启动。

2015年

3月15日，梦祥公司董事长李杰石先生获得"中原珠宝行业十大领军人物"；梦祥品牌获得"3·15最受公众喜爱的河南珠宝行业十大品牌"；梦祥银"凤求凰"景泰蓝系列产品荣获"3·15中原珠宝行业十大金牌产品"。

2016年

3月，新密市市长张红伟为梦祥颁发"中国驰名商标"授牌。

6月，梦祥银入选并通过河南郑州非物质文化遗产保护项目。

12月，网易河南态度峰会年度盛典隆重举办，李杰石获"卓越匠人"荣誉称号。

成功签约春晚新晋女神小彩旗为梦祥珠宝代言人。

2017年

3月，梦祥银启用新Logo。

7月，中国著名舞蹈艺术家杨丽萍女士再次与梦祥续约，成为梦祥品牌代言人。

7月18日，梦祥报送的6件珐琅、景泰蓝工艺产品成功入选郑州市政府"六个一工程"优秀作品，成为郑州城市名片。

8月4日，新密市政府授予梦祥品牌"市长质量奖"荣誉，并奖励现金20万元。

10月，梦祥被国家质检总局评为"全国质量诚信标杆典型企业"。

2018年

1月19日，梦祥入选央视"铸造民族品牌·传承工匠精神"企业名单。

2月，梦祥公司副董事长路英霞荣获新密市第五届道德模范称号。

3月15日，梦祥被授予"CAQI"资质认证和2018年"3·15全国产品和服务质量诚信示范企业"荣誉。

3月，梦祥荣获"全国百佳质量诚信标杆示范企业"。

4月3日，央视《生财有道》栏目"咱们家乡春天美"系列节目拍摄小组走进新密，对位于新密市来集镇苏寨村的梦祥生产基地进行拍摄报道。

4月20日上午，由新密市委、市政府主办的"第三届蓝领人才暨田园工匠技能大比武活动"银雕专场，在梦祥珠宝文化旅游产业园区举行启动仪式。

4月23日，新密市市委市政府、新密总工会组织召开"庆祝五一国际劳动节暨表彰大会"，梦祥公司总经理李梦凡获新密市"五一劳动奖章"荣誉称号。

4月，公司组织梦祥希望小学学生代表赴北京参加央视《向幸福出发》节目录制。

4月，国家首饰质量监督检验中心暨全国首饰标准化技术委员会参观访问梦祥。

5月15日，梦祥公司与河南财经政法大学工商管理学院"校企合作签约授牌仪式"在河南财经政法大学工商管理学院隆重举行。

5月27～30日，2018中国（郑州）国际旅游城市市长论坛在郑州国际会展中心开幕，梦祥银饰锻制技艺非遗项目亮相2018年第六届国际旅游城市市长论坛。

5月，路英霞当选新密市新一届道德模范。

6月22日，新密市首家企业大学——梦祥大学成立暨揭牌仪式在梦祥珠宝文化生态产业园隆重举行。

6月,河南省工信委对2018年河南省青年企业家库名单进行公示,河南梦祥纯银制品有限公司总经理李梦凡等201名青年企业家入选。

8月,梦祥公司董事长李杰石获新密市"十大创新创业明星"殊荣。

9月20日,郑州市文化产业协会成立,梦祥公司董事长李杰石当选为首任会长。

9月21日,梦祥荣获中华商标协会举办的"2018年中华品牌商标博览会金奖"。

10月29日,李杰石发表《银胎景泰蓝工艺制作方法》理论文章。

11月18日18点整,CCTV-2财经频道重磅栏目《一槌定音》白银专场特辑正式播出,本期节目特邀梦祥品牌创始人、银饰锻制技艺非物质文化传承人、梦祥公司董事长李杰石先生担任现场专家评委。

11月20日,国家知识产权局专利局专利审查协作河南中心新密社会服务工作站授牌仪式举行,在河南梦祥纯银制品有限公司设立流动检查站。

11月29日,南开大学、河南财经政法大学联合举办"梦祥银品牌文化"案例研究座谈会。

12月13日,央视财经频道介绍梦祥银坊。

12月18日,河南省文化产业协会第七届会员代表大会通过选举产生了河南文化产业协会第七届理事和副秘书长、副会长,河南梦祥纯银制品有限公司等多家企业当选为新一届理事单位。

12月19日,河南梦祥纯银制品有限公司荣获河南文化产业先锋"影响力文化品牌"榜单的殊荣。

12月19日,梦祥公司董事长李杰石、拓新药业董事长杨西宁、遂成药业董事长周遂成等企业家被授予"改革开放40年——河南创新先锋"。

2019年

1月24日,河南梦祥纯银制品有限公司董事长李杰石荣获2018"感动新密"年度人物。

1月29日，梦祥公司董事长李杰石被评为"中原大工匠"。

2月14日，梦祥品牌知识产权贯标。

3月6日，河南梦祥纯银制品有限公司与郑州城市职业学院举行了隆重的校企合作签约暨揭牌仪式。

4月13日，由中南财经政法大学、中原工学院、郑州市人民政府、中国政法大学联合主办的"礼遇南湖论坛，赋能工艺美术"首届中国（河南）工艺美术与知识产权保护论坛在郑州开幕。郑州大学原教授高天星、梦祥公司董事长李杰石受邀出席。

4月，"梦祥"商标先后在美日韩三国注册和认证，为梦祥走向国际化迈出坚实的一步。梦祥蝶恋花银胎景泰蓝荣获2019年中国旅游商品大赛银奖。

5月27日晚，新密市豫发米兰小镇康宁街，历时一周的"2019中国（河南）国际大学生时装周暨青年时尚创意文化节"闭幕式隆重举行。组委会向河南梦祥纯银制品有限公司董事长李杰石颁发了"2019河南服装推动大奖"。

5月，梦祥公司继送选的"蝶恋花银胎景泰蓝掐丝珐琅茶具"套装勇夺2019年中国旅游商品大赛银奖之后，其"高浮雕龙腾盛世仿古银壶"又荣获2019年河南旅游商品大赛三等奖。

图书在版编目(CIP)数据

文化基因的品牌镌刻:梦祥品牌文化/牛全保等著. --北京:社会科学文献出版社,2020.6(2020.12重印)
(新时代河南企业创新发展论丛)
ISBN 978-7-5201-6215-9

Ⅰ.①文… Ⅱ.①牛… Ⅲ.①品牌-企业文化-研究-中国 Ⅳ.①F279.23

中国版本图书馆CIP数据核字(2020)第029104号

新时代河南企业创新发展论丛
文化基因的品牌镌刻
——梦祥品牌文化

著　者 / 牛全保　李东进　张亚佩　等

出 版 人 / 王利民
组稿编辑 / 邓泳红　吴　敏
责任编辑 / 张　媛

出　　版 / 社会科学文献出版社·皮书出版分社(010)59367127
　　　　　 地址:北京市北三环中路甲29号院华龙大厦　邮编:100029
　　　　　 网址:www.ssap.com.cn
发　　行 / 市场营销中心(010)59367081　59367083
印　　装 / 三河市龙林印务有限公司

规　　格 / 开　本:787mm×1092mm　1/16
　　　　　 印　张:15.5　字　数:228千字
版　　次 / 2020年6月第1版　2020年12月第5次印刷
书　　号 / ISBN 978-7-5201-6215-9
定　　价 / 79.00元

本书如有印装质量问题,请与读者服务中心(010-59367028)联系

▲ 版权所有 翻印必究